भगवद्गीता से सीखें सफलता के सूत्र

डॉ. कपिल कक्कड़

डायमंड बुक्स

प्रकाशक : डायमंड पॉकेट बुक्स (प्रा.) लि.
X-30 ओखला इंडस्ट्रियल एरिया, फेज-II
नई दिल्ली - 110020
फोन : 011- 40712200
ई-मेल : wecare@diamondbooks.in
वेबसाइट : www.diamondbooks.in
संस्करण : 2024
मुद्रक : रेप्रो (इंडिया)

Bhagwatgita Se Sikhen
SAFALTA KE SUTRA
By - *Dr. Kapil Kakar*

समर्पण

यह पुस्तक उस
ईश्वर
को समर्पित है जिसने इसे मेरे और मेरी माँ
स्वर्गीय श्रीमती सरिता कक्कड़
के द्वारा लिखवाई। इसके साथ ही मैं अपने
पिता बहन एवं पत्नी
को भी उनके संपूर्ण सहयोग के लिए
धन्यवाद करना चाहूँगा।

प्रस्तावना

जब मैंने यह पुस्तक लिखी, तो कल्पना तक नहीं की थी कि इतने थोड़े समय में यह इतनी लोकप्रिय हो जाएगी, इस बात ने मुझे और भी विस्मित कर दिया। जब लोग इसे पढ़ने के बाद, मेरे ऑफिस में इसकी पाँच से दस प्रतियाँ खरीदने के लिए आने लगे। पूछने पर सभी से लगभग एक-सा उत्तर मिलता कि ''पुस्तक ने उन्हें बेहद प्रभावित किया क्योंकि इसने उनकी प्रारंभिक धारणाओं तथा विश्वासों को चुनौती देते हुए, उन बातों के विषय में सजग किया जिनसे वे अब तक अनभिज्ञ थे, अब वे इस ज्ञान को अपने प्रियजन के साथ बाँटना चाहते थे।''

इसने मुझे अध्यायों में नई सामग्री जोड़ने के साथ-साथ 'रहस्योद्घाटन' नामक अध्याय जोड़ने के लिए भी प्रोत्साहित किया। यह नया अध्याय बताता है कि हम अपने मन व सृजनशीलता को कैसे निखार सकते हैं, यह मस्तिष्क की कार्यविधि पर प्रकाश डालता है, साथ ही इसमें युग की गणना भी दी गई है क्योंकि अधिकतर लोगों का यही मानना है कि हम कलियुग में जी रहे हैं। इस पुस्तक का विषय ऐसा है कि यह महान ऐतिहासिक महाकाव्य व हमारे जीवन के बीच प्रत्यक्ष संपर्क साधता है। यह हमारे वर्तमान जीवन की जटिल सुविधाओं के उत्तर तलाशने में भी सहायक है।

भगवद्गीता विवेक, बुद्धि व प्रभा का ऐसा ग्रंथ है, जिसमें सभी वेद भी सम्मिलित हैं। यह एक ऐसी पुस्तक है जिसे लाखों लोगों ने पढ़ा और करोड़ों ने जिसके बारे में सुना है। यद्यपि भगवद्गीता का प्रत्येक उद्धरण हमारे जीवन से जुड़ा है किंतु मैंने वही पाठ चुने हैं, जिन्हें आसानी से जीवन से संबद्ध किया जा सकता है। अब तो मनोविज्ञान व न्यूरोलॉजी ने काफी तरक्की कर ली है किंतु आप यह देखकर आश्चर्यचकित होंगे कि भगवद्गीता, वर्तमान जीवन तथा मानव मनोवृत्ति के बीच कैसा प्राकृतिक मेल है।

प्रसंग

एक धनी किसान ने एक युवक को काम पर रखा। उस व्यक्ति को प्रतिदिन पाँच वृक्ष काटने थे। पहले दिन के काम के बाद युवक ने देखा कि उसने छः पेड़ काट दिए थे, जो उसके लक्ष्य से एक अधिक था। वह बहुत प्रसन्न हुआ और मालिक से अपनी उपलब्धि बताने का लोभ संवरण नहीं कर सका। उसने मालिक के आगे अपनी शेखी बघारी। उसने मालिक से वादा किया कि वह आने वाले दिनों में और भी अधिक पेड़ काट कर दिखाएगा।

दूसरे दिन, पूरी आशा व उमंग के साथ उसने पेड़ काटने शुरू किए लेकिन दिन के आखिर में उसने पाया कि वह केवल पाँच वृक्ष ही काट पाया था। उसने स्वयं को समझाया कि शायद आज उसका दिन नहीं था। कल वह पक्का सात पेड़ काटेगा। अगले दिन जब वह चार पेड़ से ऊपर नहीं काट पाया तो उसकी हैरानी की सीमा न रही दिन ब दिन, मेहनत करने के बावजूद काटे जाने वाले पेड़ों की संख्या घट रही थी। वह निराश होकर मालिक के पास गया और सारी बात कही। मालिक ने पूछा, तुमने आखिरी बार अपनी कुल्हाड़ी की धार कब तेज की थी?''

वर्तमान चुनौतियाँ

हमें भी अक्सर ऐसी चुनौतियों का सामना करना पड़ता है, जब कड़ी मेहनत के बावजूद मनचाहे नतीजे सामने नहीं आते। हम बेबस होकर यही सोचते रह जाते हैं कि हमारे साथ ये सब क्यों हो रहा है। हम अक्सर समस्या को लेकर ही स्थिर रहते हैं और यह भूल जाते हैं कि समाधान व आत्मनिरीक्षण ही, जीवन की चुनौतियों के ताले खोलने की कुंजी है।

प्रत्येक बीतते दिन के साथ-साथ जिंदगी काफी हद तक पहेली हो जाती है क्योंकि यह अपने साथ पुरस्कार व चुनौतियाँ दोनों ही लाती है। हम मनुष्य चाहे कितने ही बुद्धिमान या परिपक्व क्यों न हों, इस संभावित किंतु रहस्यमयी प्रकृति के आगे विवश हो जाते हैं। हमें पल-प्रतिपल चुनौतियों का सामना करना पड़ता है और हम उनसे पार पाने के अथक प्रयासों में जुटे रहते हैं। हम हर तरह की बाधा का सामना करने को तैयार रहते हैं ताकि अपने परिवार के सदस्यों को वांछित सुख-सुविधाएँ दे सकें।

संभवतः हम हर बाधा से पार पाने का जुनून भी रखते हैं, लेकिन कभी-कभी ऐसा दौर भी आता है जब हम कुछ विचित्र सवालों से घिर जाते

हैं कि जीवन को कैसे चलना चाहिए या किसी निश्चित तरीके से क्यों चलना चाहिए। हम अपने जीवन को सुचारू रूप से चलाने के लोभ में गलत तरीके अपना लेते हैं और कभी-कभी तो अपने मूल्यों को भी दाँव पर लगा देते हैं, नतीजतन हम दुष्ट हो जाते हैं और अपने किए पर पछताने के सिवा कुछ हाथ नहीं आता।

अर्जुन का धर्मसंकट

महाराज पांडु के पुत्र अर्जुन, कुरुक्षेत्र की युद्धभूमि में युद्ध के लिए प्रस्तुत थे किंतु उन्होंने युद्ध के दोनों पक्षों के बीच खड़े अपने पितामह, गुरुओं, मामा, भाइयों, भतीजों, मित्रों, श्वसुर व शुभचिंतकों को देखा तो उनका मन दुविधाग्रस्त हो गया। अपने परिवारजन, मित्रों व संबंधियों को देखते ही वह करुणा तथा दया से विगलित हो उठे।

उन्होंने स्वयं को एक ऐसी परिस्थिति में पाया जिसकी वह कल्पना तक नहीं कर सकते थे, उन्हें अपने ही लोगों से युद्ध करना था। वह उन्हीं के आशीर्वादों से तो फले-फूले थे, वह उन्हीं से युद्ध कर भी कैसे सकते थे। यह सोचते ही वह मानसिक रूप से बिखर गये कि जिस व्यक्ति ने उन्हें धनुष-बाण चलाना सिखाया, आज वह उसी पर अपने धनुष से वार करेंगे। वह इस विचित्र-सी परिस्थिति में भ्रमित खड़े थे। उन्हें समझ नहीं आ रहा था कि वह कहाँ जाएं क्या करें। उन्हें कहीं से भी इस विषय में कोई आश्वासन नहीं मिल रहा था कि उन्हें यह सब क्यों करना चाहिए।

पहले अध्याय के 28 वें श्लोक में अर्जुन कहते हैं:- *"मेरे प्रिय कृष्ण, अपने ही मित्रों तथा बांधवों को अपने सम्मुख युद्ध के लिए प्रस्तुत देख, मेरे शरीर के अंग काँप रहे हैं और कण्ठ सूख रहा है।"*

पहले अध्याय के 29 वें श्लोक में अर्जुन कहते हैं:- *"मेरा पूरा शरीर काँप रहा है, मेरे रोंगटे खड़े हो गए हैं, गांडीव धनुष मेरे हाथों से छूट रहा है और मेरी त्वचा जल रही है।"*

पहले अध्याय के 29 वें श्लोक में अर्जुन कहते हैं: *"मैं यहाँ अधिक समय तक खड़ा नहीं रह पाऊँगा। मैं स्वयं को भूल गया हूँ और मेरा मस्तिष्क घूम रहा है। हे कृष्ण, केसरी राक्षस के वधकर्ता, मैं तो केवल इस दुर्भाग्य के कारणों को देख रहा हूँ।"*

पहले अध्याय के (37-38) श्लोक में अर्जुन आगे कहते हैं:- *"हे जनार्दन, यद्यपि ये मनुष्य लोभ से भरे हैं, इन्हें मित्रों से लड़ने या किसी के परिवार*

का वध करने में कोई बुराई नहीं दिखती, किंतु हमें किसी परिवार को नष्ट करने के पाप को जानने के बाद भी, इस पाप कर्म में रत क्यों होना चाहिए?''

आज, हम तीन प्रकार के युद्धक्षेत्र में हैं, सबसे पहले तो हम अपने आप से ही लड़ रहे हैं और जानना चाहते हैं कि हम कौन हैं, हमें क्या करना चाहिए, क्या सही है, क्या गलत है। दूसरे, हम आस-पास के लोगों से संघर्षरत हैं ताकि उन्हें बता सकें कि हम जो भी सोच रहे हैं, वह सही और बेहतर क्यों है। तीसरे, हम भौतिक वस्तुओं के लिए संघर्षरत हैं, यह प्यास केवल इसलिए नहीं कि हमें चाहिए बल्कि इसलिए भी है कि दूसरों के पास वह सब कुछ है। यह पुस्तक उन अस्पष्टताओं पर भी प्रकाश डालती है, जिनका हमें समय-समय पर सामना करना पड़ता है।

अर्जुन एक धीर, गंभीर, व ईमानदार व्यक्ति थे, जो अपने संबंधियों के बैर को जानने के बावजूद अपने राजकीय अधिकार व भौतिक नाम तक छोड़ने को प्रस्तुत थे ताकि उन्हें उन्हीं के साथ संघर्ष न करना पड़े। भगवान कृष्ण बड़े धैर्य से उनके मन की सभी गुत्थियाँ सुलझाते हैं और उनके कर्तव्यों का एहसास दिलाते हैं।

कृष्ण- प्रत्येक के परामर्शदाता

वर्तमान युग में, हमारे मन की गुत्थियाँ सुलझाने के लिए कृष्ण हमारे साथ नहीं हैं किंतु हम अकेले व असहाय भी नहीं हैं। **भगवद्‌गीता के दसवें अध्याय के 20 वें शलोक में प्रभु कहते हैं: *''मैं ही वो महान आत्मा हूँ जो प्रत्येक जीवित प्राणी के ह्दय में वास करती है। मैं ही सभी जीवों का आरंभ, मध्य व अंत हूँ।''***

आज हम सबके भीतर एक अर्जुन है, जो अपने आसपास किसी कृष्ण या गुरु की तलाश में है। हम अवचेतन रूप से किसी ऐसे व्यक्ति को खोज रहे हैं जो हमें कठिनाइयों में मार्गदर्शन के साथ-साथ हमारी उत्पादकता व क्षमता में भी वृद्धि कर सके। हम सबके साथ कृष्ण ही वह परामर्शदाता हैं, जो उस सच्चे ज्ञान के स्वामी हैं, जिसके बल पर अज्ञान के अंधकार का नाश हो सकता है। इसके अतिरिक्त हमें शोध व अन्य वैज्ञानिक खोजों का भी सहयोग मिल सकता है।

ईश्वर हम सबके भीतर बसे हैं, अतः हमें अपनी समस्याओं के समाधान के लिए, अपने ही भीतर झाँकना होगा और उस सर्वोच्च सत्ता के आगे अपने कर्मों व परिस्थितियों का समर्पण करते हुए; लक्ष्यों के प्रति पूरी निष्ठा से कार्य

करना होगा। लक्ष्य तय करने के बाद उनके प्रति अपना श्रम व निष्ठा देना तो आवश्यक है किंतु उन परिणामों की अपेक्षा रखना गलत है, जिनके अधिकारी शायद आप न हों। यदि आप संभावित नतीजों के बारे में ही सोचते रहेंगे तो न केवल काम की प्रक्रिया से आपका ध्यान हट जाएगा बल्कि आप यह भी भूल जाएँगे कि आप क्या पाने के अधिकारी हैं और क्या पाने का अधिकार नहीं रखते।

यह पुस्तक किस प्रकार आपकी सहायता करती है। यह भगवद्गीता के उस ज्ञान को सामने लाती है, जो जीवन को समझने में सहायक होगा। यह साथ ही उन मनोवैज्ञानिक व वैज्ञानिक शोधों पर भी बल देती है, जिनके अनुसार आपके भीतर किसी भी समस्या का समाधान पाने की क्षमता छिपी है। यह जानना भी अनिवार्य है कि समस्याओं व परिस्थितियों से प्रभावी रूप से कैसे निपटा जाए और यह पुस्तक आपको न केवल यह सिखाती है कि आपको क्या करना है, बल्कि यह भी सिखाती है कि आपको इसे क्यों करना है।

लेखकीय

यह कहने की आवश्यकता नहीं कि प्रत्येक व्यक्ति जीवन में ध न, मान तथा सफलता चाहता है, परंतु बहुत कम व्यक्ति इसे प्राप्त कर पाते हैं। व्यक्ति यह सोचने पर विवश हो जाता है कि सर्वशक्तिमान प्रभु धन, आनंद, प्रसन्नता तथा यश देते समय कृपण क्यों हो जाते हैं। इस पुस्तक के माध्यम से आप वैज्ञानिक तथा आध्यात्मिक जानकारी पाएंगे। यह आध्यात्मिक ज्ञान भगवद्गीता पर आधारित है। मैंने विज्ञान तथा अध्यात्म के अंतर को कम करने का प्रयत्न किया है क्योंकि मेरी धारणा है कि मानव विज्ञान, आध्यात्मिक विज्ञान का एक छोटा-सा भाग है।

भगवद्गीता ही क्यों?

जैसा कि आप सब जानते हैं कि भारतीय धर्मों तथा पुराणों में अनेक देवी-देवताओं का वर्णन मिलता है, परंतु किसी भी देवता ने संपूर्ण सृष्टि का सर्जक होने की घोषणा नहीं की। यह सिर्फ भगवान श्रीकृष्ण ने ही कहा है। भगवद्गीता के श्लोकों के अध्ययन से आप जानेंगे कि प्रभु ने न केवल सच्चा ज्ञान दिया, अपितु संपूर्ण सृष्टि का नियंता होने की घोषणा भी की है। यह कोई धार्मिक पुस्तक नहीं है क्योंकि धर्म तथा अध्यात्म में पर्याप्त अंतर है। धर्म को मनुष्य ने बनाया परंतु अध्यात्म तो प्रभु की देन है।

प्रभु ने भगवद्गीता में स्पष्ट रूप से कहा है कि वे न तो पक्षपाती हैं और न ही कृपण। नौवें अध्याय की श्लोक संख्या 9 में वे कहते हैं- ***"ये सभी कर्म मुझे बांध नहीं सकते। मैं इन भौतिक गतिविधियों से अनासक्त हूँ।"*** आप पूछ सकते हैं कि यदि प्रभु पक्षपाती नहीं हैं तो संसार में कुछ व्यक्ति धनी अथवा निर्धन क्यों हैं?

विगत जीवन के कर्मों के आधार पर ही मनुष्य विभिन्न वातावरणों में जन्म लेता है, परंतु यदि हम प्रकृति के नियमों का पालन करें तो सफल अवश्य होंगे, फिर चाहे हमारा जन्म कहीं भी हुआ हो।

एक व्यक्ति ने दूसरे की तुलना में कड़ा परिश्रम किया होगा संभवतः इसलिए उसने बेहतर परिणाम पाया।

मस्तिष्क से निकले विचारों को मूर्त रूप देकर ही हम इच्छित परिणाम पा सकते हैं। इस पुस्तक में आप मस्तिष्क के वैज्ञानिक भाग तथा श्रीकृष्ण के वचनों की जानकारी पाएंगे। इस पुस्तक में सम्मिलित सभी विषय जीवन पर ही आधारित हैं। यदि आपका आधार ही दुर्बल है तो प्रार्थना से भी कोई अंतर नहीं पड़ने वाला।

सभी आयु वर्गों के लिए लिखी गई यह पुस्तक छात्रों के लिए विशेष रूप से उपयोगी है क्योंकि इसके द्वारा उनके व्यक्तित्व का विकास होगा तथा तनाव में भी कमी आएगी। चुनौतीप्रद कार्य दशाओं, राजनीति, कार्यजनित तनाव तथा मानसिक थकान से बोझिल व्यक्तियों के लिए भी यह सहायक सिद्ध होगी। यह पुस्तक उन गृहणियों के लिए लिखी गई है जो असंतुष्ट, तनावयुक्त, उपेक्षित तथा कार्य के अतिरिक्त भार से त्रस्त हैं।

मैं श्रीमती रचना भोला 'यामिनी' की ओर अपनी कृतज्ञता प्रकट करता हूँ जिन्होंने इस पुस्तक को हिन्दी पाठकों के लिए तैयार करने में मेरी सहायता की।

कपिल कक्कड़

अनुक्रमणिका

अध्याय 1

रहस्योद्घाटन

विभिन्न राज्यों पर विजय पाने के बाद जब सिकंदर वापिस लौट रहा था, तो वापसी पर उसकी दशा अचानक बिगड़ गई और वह मृत्यु-शैय्या तक पहुँच गया। मृत्यु को सामने पाकर अचानक जैसे उसकी सारी उपलब्धियाँ, संपत्ति व विजय निरर्थक हो उठीं। अब वह किसी न किसी तरह अपनी माँ के पास घर पहुँचना चाहता था। हालांकि वह जानता था कि उसे उसका रोगी शरीर वहाँ तक पहुँचने की इजाज़त नहीं देगा।

निराशाजनक अवस्था में उसने अपने सेनापतियों को बुलाकर कहा, "मैं बहुत जल्द इस संसार से विदा लेने वाला हूँ, मैं चाहता हूँ कि तुम लोग मेरी अंतिम तीन इच्छाएँ पूरी करो।"

मेरी पहली इच्छा है कि मेरे वैद्य ही मेरा ताबूत उठाएँगे। दूसरी इच्छा है, जिस मार्ग से मेरे ताबूत को कब्र तक ले जाया जाए, उस पर वह सारा सोना-चाँदी बिखेरा जाए, जो मैंने लूट के माल में बटोरा है।"

फिर उसने एक साँस लेकर कहा, "मेरी तीसरी और अंतिम इच्छा यही है कि मेरे दोनों हाथ ताबूत से बाहर झूल रहे हों।" लोग अपने राजा की इन विचित्र बातों को सुन कर चौंक गए पर कोई कुछ पूछने का साहस न कर सका। उसके प्रिय सेनापति ने अपने राजा का हाथ चूमकर कहा, "हम आपकी सारी इच्छाएँ अवश्य पूरी करेंगे। केवल इतना बता दें कि आपने ऐसी इच्छाएँ क्यों व्यक्त कीं?" फिर सिकंदर ने गहरी साँस भरकर उत्तर दिया, "मैं दुनिया को वह तीन सबक सिखाना चाहता हूँ, जो मैंने अभी-अभी सीखे हैं।

पहला सबक– "मैं चाहता हूँ कि वैद्य-हकीम ही मेरा ताबूत उठाएँ ताकि लोग समझ सकें कि कोई भी चिकित्सक रोगी को वास्तव में स्वस्थ नहीं कर सकता और मौत के पंजों से नहीं बचा सकता, इसलिए **'जीवन को गंभीरता से लेना सीखना चाहिए।"**

दूसरा सबक– "कब्रगाह के रास्ते में बिछे सोने-चाँदी को देख लोगों को एहसास होगा कि इतना सारा धन-दौलत होने के बावजूद मेरे साथ कुछ नहीं

जा रहा। मैं सब कुछ यहीं छोड़े जा रहा हूँ। **इसलिए धन के पीछे भागना व उसको जीवन का उद्देश्य मानना, केवल समय की बरबादी है।"**

तीसरा सबक– "ताबूत से बाहर मेरे दोनों हाथ लटकते देख लोगों को एहसास होगा कि **मैं इस दुनिया में खाली हाथ आया था और खाली हाथ ही जा रहा हूँ....**" और ये कहते ही वह मौत की गोद में समा गया।

सिकन्दर महान ने जीवन के इस परम सत्य को तब जाना, जब उसे मृत्यु के भयानक पंजों ने दबोच लिया था। हमें इस तथ्य का एहसास कब होता है? जीवन में कितना कुछ है, उसे अनदेखा करके, हम अपनी ही दुनिया में खोए रहते हैं।

जब जीवन में कोई गंभीर दुर्घटना घटती है या हम किसी प्रियजन को खो देते हैं, तभी हम जीवन के विषय में इस तरह विचार करते हैं। इसके अलावा तो हम इस तरह पेश आते हैं, मानो जीवन एक निरंतर चलने वाली प्रक्रिया है और संभवतः हमारे जीवन में सब कुछ स्थायी है।

निश्चित रूप से मैं आपको मनचाहे तरीके से जीने के लिए हतोत्साहित नहीं कर रहा, बल्कि मैं तो यह समझाना चाहता हूँ कि यदि हम जीवन के सार्थक मायने जान लें, तो हम इसे पहले से कहीं अधिक सार्थक बना सकते हैं। इस प्रकार हम अपने प्रयासों में पहले से कहीं अधिक प्रसन्नता व सफलता भी पा सकेंगे।

मनोवैज्ञानिक विज्ञान ने मनोविज्ञान व परा-मनोविज्ञान के क्षेत्र में काफी प्रगति की है। जिसकी मदद से हम मन-मस्तिष्क व उससे जुड़े क्रियाकलापों को बेहतर तरीके से जान पाए हैं। वर्तमान में, पूरे विश्व में असंख्य स्वावलंबन कार्यशालाएँ चलाई जा रही हैं। यहाँ तक कि कार्पोरेट जगत भी कर्मचारियों के लिए व्यवहारगत प्रशिक्षण व कौशल की महत्ता को नकार नहीं सकता।

मन-मस्तिष्क की कार्यविधि की गहन जानकारी ने जीवन को भौतिक व आध्यात्मिक रूप से प्रगति पथ पर अग्रसर करने की अनूठी तकनीकें विकसित की हैं। वर्तमान में, भौतिकवाद तथा अध्यात्मवाद सह-अस्तित्व में है, जहाँ संपूर्णता व कल्याण दोनों पर ही बल दिया जाता है।

रणनीति

जीवन एक रणनीति है। हमारी सफलता-असफलता, उतार-चढ़ाव और हमारी स्थितियाँ-परिस्थितियाँ, उन्हीं रणनीतियों का परिणाम हैं, जिनकी हम योजना बनाते हैं व जिन पर अमल करते हैं। यदि जीवन में सब कुछ श्रेष्ठ

है तो इसका अर्थ होगा कि हम बेहतर रणनीति अपना रहे हैं किंतु यदि हम संघर्षरत हैं तो वह इसका सूचक होगा कि हमारी रणनीति में कहीं कोई दोष है, हमें उसे पहचान कर दूर करना होगा। यदि हम स्वयं अपने निर्णय लेने की बजाए, अपने जीवन की डोर किसी दूसरे के हाथों में सौंप देते हैं, तो यह भी एक अपनाई हुई रणनीति होगी।

ठीक इसी तरह, हम अपने जीवन में योजनाएँ बनाते रहते हैं, उनमें से कुछ के परिणाम कभी तो हमारे पक्ष में होते हैं और कभी विपक्ष में। दो बच्चों में से, कोई एक, दूसरे की तुलना में, परीक्षा में अधिक अंक ला सकता है यहाँ उन दोनों की अपनी रणनीति है, जो एक के लिए तो काम करती है परंतु दूसरे के काम नहीं आती।

भावनात्मक (EQ), आध्यात्मिक लब्धि (SQ) पर कॉर्पोरेट प्रशिक्षण कार्यशालाएँ व ट्रेन द ट्रेनर (TTT) वर्कशॉप आयोजित करने के अलावा मैं छात्रों के लिए व्यक्तिगत परामर्श व मनोदैहिक परीक्षण (साइकोमैटिक टेस्ट) भी आयोजित करता हूँ। मेरे अनुभव के आधार पर, वही माता-पिता अपने बच्चों को मनोदैहिक परीक्षण व परामर्श के लिए ले जाते हैं, जो अपने जीवन तथा व्यवसाय में बहुत सफल रहे हैं। अधिकतर छात्रों के माता-पिता वैज्ञानिक डॉक्टर, सी. ए. व इंजीनियर आदि हैं, वे अपने बच्चों को अपने साथ विभिन्न स्थानों पर ले जाते हैं ताकि बच्चे अपनी सहज बुद्धि को विकसित करते हुए शैक्षिक रूप से और भी सक्षम हो सकें। माता-पिता उनके लिए यह रणनीति अपनाते हैं।

डॉक्टर या वैज्ञानिक का पुत्र डॉक्टर या वैज्ञानिक ही होगा, ऐसा पैतृक रूप से निश्चित नहीं होता, यह काफी हद तक माता-पिता की रणनीति पर निर्भर करता है। इन व्यवसायियों के बच्चे केवल अपनी बुद्धिमत्ता के बल पर बेहतरीन प्रदर्शन नहीं करते, उन्हें अपने माता-पिता की रणनीति से भी भरपूर सहयोग मिलता है।

यदि आपने भोजन पकाना है, तो भोजन का स्वाद काफी हद तक इस बात पर निर्भर करता है कि आप उसे कैसे पकाते हैं। इस रणनीति में आपकी जानकारी, अनुभव, कितने व्यक्तियों का भोजन पकाना है, आपके द्वारा अपनाए गए चरण, आपकी एकाग्रता का स्तर, मूड (खुशी से पका रहे हैं या विवशता से) आदि कारक शामिल होंगे। यदि आपने मूड की नकारात्मकता को हावी होने दिया या आप पहले से 50 लोगों के लिए खाना पकाने का अनुभव नहीं रखते, तो यह एक अवचेतन रणनीति होगी, आप इसे भली-भांति नहीं कर पाएँगे। हम हर समय चेतन अथवा अवचेतन रूप से रणनीति तैयार करते रहते हैं।

अवधारणा व रणनीति

हम कौन-सी रणनीति अपनाते हैं? क्या हम ऐसी अवधारणा से जुड़ी रणनीति अपनाते हैं, जैसे– "कोई भी मेरी नियति नहीं बदल सकता"– "मुझे तो वही मिलेगा, जो मेरे भाग्य में लिखा होगा" या "मैं अपने भाग्य का नियंता हूँ" या "मैं अपने जीवन के लिए उत्तरदायी हूँ।" हमारी ये अवधारणाएं तथा विचार ही हमारा जीवन गढ़ते हैं। हम आगे आने वाले अध्यायों में इस विषय पर विस्तार से चर्चा करेंगे।

भावनात्मक लब्धि (Emotional Quotient)

पहले-पहल बुद्धि लब्धि (Intelligence Quotient-IQ) पर काफी बल दिया जाता था। हालांकि आज भी इसकी महत्ता में कमी नहीं आई है, किंतु इसके साथ ही भावनात्मक व आध्यात्मिक लब्धि पर भी पूरा ध्यान दिया जाने लगा है। इन दोनों का मेल ही व्यक्ति को सफलता व चेतना के उच्च स्तर तक ले जाता है।

भावनात्मक लब्धि द्वारा हम अपनी भावनाओं को पहचान कर उनका प्रबंधन करते हैं। पर्यावरण के बिना मनुष्य कुछ नहीं है, आसपास के वातावरण से उसका संवाद बहुमूल्य होता है क्योंकि इसी में उसके भाव भी शामिल होते हैं। ये सकारात्मक अथवा नकारात्मक, कोई भी हो सकते हैं, हमें उन्हें संभालना आना चाहिए। अपने पक्ष में कुछ घटने पर अधिक उत्तेजित न हों तथा कुछ विरुद्ध होने पर भी शांति बनाए रखें। जब हमारे मन में प्रतिदिन औसतन 60,000 विचार आ रहे हों तो भावनात्मक लब्धि का महत्त्व और भी बढ़ जाता है।

भावनात्मक लब्धि को नियंत्रित करने के उपाय: PRICECARO

हिंदी में 'PRICECARO' का अर्थ होगा 'मूल्यांकन करना', यदि हम सही तरीके से जीवन का मूल्यांकन करते हैं तो पहले से कहीं अधिक उत्पाद व प्रसन्न होने में सहायता मिलेगी। नीचे दिया गया प्रत्येक गुण आपको स्वयं को निखारने की प्रक्रिया में सहायक होगा–

उद्देश्यपूर्ण सोच (Purposeful Thinking)— एक उद्देश्य के साथ उचित दृष्टिकोण से सोचना ही सबसे बड़ी कुंजी है। यदि आप मन के नियंत्रण में रहेंगे, तो यह संभव नहीं होगा यदि आपने मन को नियंत्रित करना सीख

लिया तो आप हमेशा उद्देश्यपूर्ण चिंतन के पथ पर चल पाएँगे। आपको रचनात्मक रूप से यह सोचना होगा कि आप जीवन तथा अपने विषय में और भी बेहतर समझ कैसे पा सकते हैं। अपने से संबंधित बातों को और भी सार्थक व अंतदृष्टि से युक्त कैसे कर सकते हैं।

अनावश्यक चिंता हमें असफलता की ओर ले जाती है इसलिए सार्थक चिंतन द्वारा आप अपने विचारों का बहुत सूक्ष्मता से निरीक्षण कर सकते हैं याद रखें कि एक उद्देश्यपूर्ण सोच के बाद दूसरी सार्थक सोच सामने आती है।

समुत्थान लचीलापन (Resilience)—थॉमस एडीसन अपने बिजली के आविष्कार से पूर्व दस हजार बार असफल रहे, हालांकि उन्होंने कभी नहीं कहा कि वे फेल हो गए। उन्होंने यही कहा कि उन्होंने दस हजार तरीके खोज निकाले हैं, जिनसे वह कार्य नहीं हो सकता। उन्होंने यह भी कहा– "यदि मैंने कहा होता कि मैं इसे नहीं कर सकता", मैं हार मानता हूँ, तो शायद वे उसी दिन असफल हो जाते।

हर क्षेत्र में कार्य के दौरान उतार-चढ़ाव आ सकते हैं। यहाँ तक कि सचिन तेंदुलकर जैसे खिलाड़ी भी जब खेल के मैदान में उतरते हैं तो उनके भावों, प्रेरणा व उत्साह के स्तर में अंतर होता है। चाहे मैदान में हजारों व टी. वी. के माध्यम से करोड़ों दर्शक उन्हें देख रहे होते हैं किंतु फिर भी उनमें नीरसता व्याप्त जाती है क्योंकि उनके लिए लोग, प्रशंसक व मीडिया वगैरह आम हो गए हैं, इसलिए उनके जीवन में भी कभी-कभी ऐसे दौर आते हैं, जब वे प्रेरणा तथा प्रोत्साहन की कमी पाते हैं। लोच या समुत्थान शक्ति व्यक्ति को आत्म-प्रेरणा द्वारा नकारात्मक भावों तथा भावनाओं के शिकंजे से बाहर ले आती है। जिस समय आप स्वयं को हीन या मैदान से बाहर महसूस करते हैं, उसी समय यह शक्ति आपको फिर से दौड़ में ला खड़ा करती है जबकि बाकी लोग उस समय यही सोच रहे होते हैं कि आप दौड़ से बाहर हो चुके हैं।

पहल-शक्ति (Initiative)— जब भी आप कोई पहल करते हैं, तो दुनिया चाहे कुछ भी सोचे; आप याद रखें कि इस पहल ने आपको सीखने का एक और अनुभव दिया है। यह आपको अपने उद्देश्य के एक कदम नजदीक भी ले जाती है। पहल करने से कभी न हिचकिचाएँ, खासतौर पर जब मन व शरीर आपको इसके लिए उत्तेजित कर रहे हों, चाहे आप काम के मामले में अंतर्मुखी ही क्यों न हों, आपको पहल करने की आदत सजग रूप से विकसित करनी होगी। जो लोग पहल करना भूल जाते हैं, दुनिया भी उनके बारे में कुछ नहीं जान पाती।

सक्षमता (Competence)—यह जानना भी बहुत अहमियत रखता है कि आप कितना जानते हैं और आप इससे क्या करने जा रहे हैं। यदि आप अक्षम हैं, और भीतर से अपनी विशेषज्ञता की कमी को महसूस करते हैं, तो इससे नकारात्मकता व भय उत्पन्न होगा जो कि काम के लिए पहला कदम उठाने से पहले ही आपको पंगु बना देगा अर्थात आप उस काम को नहीं कर पाएँगे।

अत: अपने क्षेत्र में गहन शोध व अध्ययन करें, इससे न केवल सक्षमता का स्तर बढ़ेगा बल्कि आपके आत्मविश्वास में भी वृद्धि होगी। हेनरी फोर्ड ने कभी कोई औपचारिक शिक्षा नहीं पाई लेकिन मैकेनिज़्म के क्षेत्र में उनका कोई सानी नहीं था।

समानुभूति (Empathy)— आपको पहले अपने प्रति संवेदनशील बनना होगा, तभी आप दूसरों के प्रति संवेदनशील हो पाएँगे, अत: आत्म-विश्लेषण करें, अपने व्यवहार, भावनाओं व विचारों पर प्रश्नचिह्न लगाएँ। दूसरों की भावनाओं की भी कद्र करें। दूसरों की भावनाओं को आदर देने का अर्थ यह नहीं होता कि आप उनसे सहमत भी हों। दूसरों के नजरिए से देखते हुए 'जीत' की स्थिति पाने का प्रयत्न कीजिए। समानुभूति का अर्थ होगा कि पराई पीड़ा को अपनी जानना। दूसरे की बात को पूरी सहनशीलता व समझ से सुने बिना, अपने विचार कभी न थोपें।

कई बार लोग गलती से समानुभूति को सहानुभूति मान बैठते हैं सहानुभूति एक ऐसी भावना है, जहाँ आप किसी दूसरे के प्रति सहानुभूति न रखते हुए भी, उसकी नजरों में अच्छे बने रहने के लिए, ऐसा दिखावा कर सकते हैं लेकिन समानुभूति में आप सामने वाले के दृश्य की पीड़ा को अपना करके जानते हैं। सही मायनों में उसके दर्द को पहचानते हैं।

विश्वास (Confidence)— जो भी काम करें, पूरे विश्वास व दृढ़ धारणा के साथ करें। यह विश्वास आपके बाहरी आचरण में ही नहीं बल्कि आपकी सोच, अनुभव और कार्य में भी झलकना चाहिए। आप किसी स्थिति में बहुविकल्पीय प्रश्नों के उत्तर देकर अपने विश्वास का स्तर जाँच सकते हैं। किसी स्थिति के संभावित परिणामों द्वारा स्वयं को जाँचे व अपना मानसिक विश्लेषण करें। एक अध्याय में इस पर विस्तार से चर्चा करेंगे।

अनुकूलनशीलता (Adaptability)— हम अवचेतन रूप से ही अपने लिए सुविधा-क्षेत्र गढ़ लेते हैं। आज अगर रात्रि 9:30 बजे आपके दरवाजे की

घंटी बजती है, खासतौर से जब आप टी. वी. देख रहे होते हैं तो सबसे पहले दिमाग में यही आता है, "इस समय कोई तंग करने क्यों आ गया?"

जैसे ही दरवाजा खोलने पर मेहमान दिखते हैं तो आप चेहरे पर मुस्कान ओढ़कर उनका स्वागत करते हैं, क्योंकि हमने अपने लिए सुविधा-क्षेत्र बना लिया है। हम पहले से ही तय करके रखते हैं कि हमें उस वक्त क्या करना है क्रोधित हो जाते हैं, जिससे अतिथि भी असहज महसूस करता है।

मूड के उतार-चढ़ाव से हमारे सुविधा-क्षेत्र की पहचान होती है। ऐसा तब होता है जब हम मन के नियंत्रण में होते हैं। हमें देखना चाहिए कि मूड हमारे सुविधा-क्षेत्र को प्रभावित न करे और हमें अपने सुविधा-क्षेत्र का विस्तार करना भी आना चाहिए। इस तरह हम स्वयं को किसी भी परिस्थिति में अनुकूल बना पाएँगे, जीवन में पहले से अधिक लोच तथा व्यावहारिकता आएगी। हम स्वयं को नियमित सुविधाओं से थोड़ा-थोड़ा वंचित करके सुविधा-क्षेत्र का विस्तार कर सकते हैं, जैसे टी. वी. शो छोड़कर कोई दूसरा काम करना या फिर किसी अनपेक्षित कार्य के प्रति अस्वीकृति की बजाए स्वीकृति का भाव उत्पन्न करना।

घनिष्ठता (Rapport)— बाहरी व भीतरी ग्राहकों के मेल से कोई संगठन बनता है; भीतरी ग्राहक वे हैं, जो संगठन में आपके वरिष्ठ सहकर्मी या अधीनस्थों के रूप में कार्यरत हैं; बाहरी ग्राहक वे हैं, जिन्हें आप उत्पाद अथवा सेवाएँ प्रदान करते हैं। आपको बाहरी व भीतरी, दोनों प्रकार के ग्राहकों से घनिष्ठता या संपर्क कायम रखना है, जो आपके व्यवहार द्वारा आपके प्रदर्शन का स्तर आँकते हैं। हमें प्रत्येक के साथ घनिष्ठता बनाए रखनी चाहिए यदि किसी व्यक्ति विशेष को नापसंद करते हों तो भी उसके प्रति व्यवहार में कड़वाहट न लाएँ। यह तो तय है कि आप सकारात्मक, खुशनुमा व दूसरों का ध्यान रखते वालों की संगति में रहना चाहेंगे। ठीक इसी तरह, यदि आप उनकी तरह हैं, तो सभी आपके साथ रहना चाहेंगे।

आशावादिता (Optimism)— व्यक्ति को हमेशा आशावादी होना चाहिए। आपको सकारात्मक रूप से आशावादी होकर सोचना चाहिए कि सब कुछ आपके अनुकूल होगा। साथ ही आपको प्रवृत्ति के नियमों को ध्यान में रखते हुए इतनी व्यावहारिकता भी अपनानी होगी कि प्रकृति आपको आपका मनोवांछित नहीं बल्कि उतना ही देती है, जिसके आप असली हकदार हैं। याद रखें कि निराशावाद हमें काम करने से रोकता है और व्यर्थ चिंता की ओर धकेलता है जबकि आशावादिता हमें निरंतर कर्म करने की प्रेरणा देती है।

सफलता उन्हीं लोगों से संबंध रखती है, जो कर्म करते हैं। **आप 'मन' नामक अध्याय में, इस विषय में विस्तार से जानेंगे।**

कौशल बनाम अभिवृत्ति (Skill vs Attitude)— मैं अक्सर अपनी कार्यशालाओं में भाग लेने वालों से कहता हूँ कि वे अपने 'रोल मॉडल' के विषय में सोचें। रोल मॉडल वे होते हैं; जिन्हें आप चाहते हैं, जिनके जैसा बनना चाहते हैं, उनकी जैसी खूबियाँ और गुरु पाना चाहते हैं। वे लोग अपने रोल मॉडलों की खूबियाँ गिनाते हुए कहते हैं- साहसी, समय के पाबंद, समर्थक, सहयोगी, दयालु, परिश्रमी आदि। फिर मैं उनसे कहता हूँ कि पता करें, इनमें से कौन-सी खूबियाँ शैक्षिक रूप से प्राप्त की जा सकती हैं, इसका मतलब है कि किन विशेषताओं या गुणों को स्कूल-कॉलेज की औपचारिक शिक्षा से पाया जा सकता है। एक या दो खूबियों का नाम लिया जाता है, वे भी पक्की नहीं होतीं। फिर मैं उनसे दूसरी खूबियों के बारे में पूछता हूँ तो एक लंबी चुप्पी के बाद जवाब आता है कि ये तो मनोवृत्तियाँ हैं।

हम अपने रोलमॉडल को उसकी सफलता या उपलब्धि के कारण नहीं बल्कि उसके द्वारा प्रदर्शित अभिवृत्ति के कारण चाहते हैं। अभिवृत्ति हमें व्यवहार तक ले जाती है और यही भावनात्मक लब्धि की कुंजी हैं जबकि व्यक्ति शैक्षिक रूप से बुद्धि लब्धि पाता है।

एक बार मैं फार्चून 500 संस्था की जनरल मैनेजर के पास बैठा था, उन्होंने मुझसे कहा, "कोई भी व्यक्ति चाहे आई.आई.एम. से हो या आई.आई.टी. से, हमारे लिए प्रतीकात्मक होता है, वह भी तब तक, जब तक वह हमारे पास साक्षात्कार के लिए नहीं आता। हमारे संगठन का एक हिस्सा बनने के बाद, हमारे लिए यह कोई मायने नहीं रखता कि उसने कहाँ से पढ़ाई की है क्योंकि अब उसकी अभिवृत्ति और प्रदान करने की योग्यता ही हमारा केंद्र-बिंदु होती है।

इसी तरह, एक बार मैं 2 लाख करोड़ के टर्नओवर वाले संगठन के डायरेक्टर से बात कर रहा था, उन्होंने कहा, "हमारे पास आई.आई.टी. व दूसरी बड़ी संस्थाओं से काफी नियुक्तियाँ होती हैं, लेकिन मैंने नोट किया है कि ये व्यक्ति हमारे साथ अधिक समय तक कार्य नहीं कर पाते क्योंकि जब भी संगठन उन्हें बाहर के क्षेत्रों में भेजना चाहता है, तो उनकी ऐसी अभिवृत्ति ही नहीं होती।"

आध्यात्मिक लब्धि (Spiritual Quotient)

सब कुछ अभिवृत्ति व भावनात्मक लब्धि से जुड़ा है। कई बार जब हम भय, उद्वेग, अनिश्चितता, तनाव जैसे नकारात्मक मनोभावों से घिर जाते हैं तो संतुलन साधने की जरूरत पड़ती है ताकि स्वयं को तनावमुक्त करके अपना कायाकल्प कर सकें। इस तरह हमारी लोच बढ़ती है और हम सही मायनों में उचित अभिवृत्ति को अपनाते हैं। यही हमारा आध्यात्मिक पक्ष या आध्यात्मिक लब्धि है। यह हमारे जीवन में बहुत मायने रखता है क्योंकि हम एक ऐसी प्रतियोगी दुनिया में जी रहे हैं, जहाँ हर कोई एक-दूसरे से आगे निकलने की होड़ में है। हालांकि इस दौड़ में तेजी से भागना भी जरूरी है लेकिन कई बार हमारी दशा उस कार की तरह हो जाती है जो अच्छी पिकअप होने के बावजूद, ईंधन खत्म होने की वजह से ठप्प हो जाती है। हमारी कार का ईंधन है, आध्यात्मिक लब्धि जिसकी ऊर्जा हमें जीवंतता प्रदान करती है।

मैंने भगवद्गीता से श्लोक लिए हैं, मुझे पूरा विश्वास है कि वे आपमें फिर से जीवंतता का ईंधन भरने तथा ईश्वर व उसके नियमों को समझने में सहायक होंगे। आप पूरी सहनशीलता के साथ कार्य कर पाएंगे। अपना पक्ष रखते हुए दूसरों के प्रति विजयी रहना सीखेंगे। यह पुस्तक आपको जीवन की विसंगतियों से उबारने में सहायक होगी।

चाहे वह भावनात्मक लब्धि हो अथवा आध्यात्मिक लब्धि हो, इनमें से कोई भी मनुष्य को 'मन' के बिना स्वतंत्र रूप से चालित या नियमित नहीं कर सकती।

हालांकि इस विषय पर हमने अगले अध्याय में विस्तार से चर्चा की है किंतु यहाँ मैं आपको मस्तिष्क की कार्यविधि के विषय में समझाना चाहूँगा, जो कि मन का एक छोटा-सा अंश है।

मस्तिष्क व इसके अवयव

दूसरे अध्यायों तक जाने से पहले हमें मस्तिष्क की कार्यक्षमता को जानकर, यह पता लगाना होगा कि हम इसे अपनी भलाई के लिए और अधिक प्रभावी कैसे बना सकते हैं। हम मस्तिष्क-व्यवहार संबंधों से पता लगाते हैं कि मस्तिष्क किस प्रकार, संरचना तथा स्नायु नेटवर्क के माध्यम से, व्यवहार व मानसिक प्रक्रियाओं को उत्पन्न व नियंत्रित करता है, जिसमें भावनाएँ, व्यक्तित्व, चिंतन, सीखना, याद करना व समस्या समाधान आदि भी

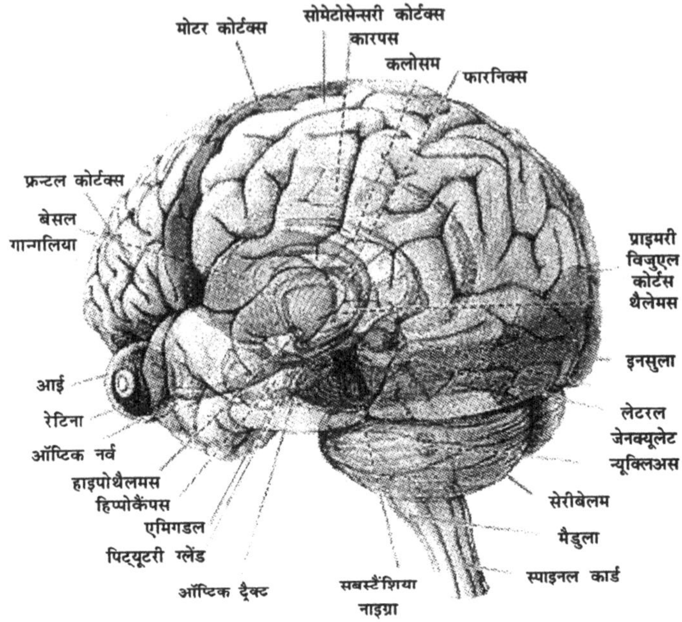

शामिल हैं। यह बौद्धिक प्रक्रियाओं व व्यक्तित्व के लिए उत्तरदायी व्यवहार के जैविक कारणों (सृजनशील बुद्धिमत्ता से मानसिक रोग तक) की पहचान में भी सहायक होता है।

मस्तिष्क ही वह प्रारंभिक बिंदु है, जहाँ से हमारी सम्पूर्ण मानसिक जानकारी पर कार्रवाई होती है। यहाँ यह विभिन्न इंद्रियों के सक्रिय मेल के न्यूट्रॉन को स्वस्थ रखते हुए, वृद्धावस्था का सामना करने के लिए भी तैयार करता है। स्नायु कोशिकाएँ एक वृक्ष की तरह हैं, जैसे ही बूढ़ी होती हैं, शाखाएं कमजोर होकर गिर जाती हैं, लेकिन यदि इन कोशिकाओं को निश्चित कार्यों से सक्रिय रखा जाए तो उनके आसपास की कोशिकाएँ नए नेटवर्क बनाती हैं तथा पहले वालों को भी बनाए रखती हैं। ये कोशिकाओं डोपामाइन, सेरोटोनिन, नोरपाइजफ्राइन, गावा, ओपिओड्स व टॉरीन आदि स्वस्थ रसायनों के उत्पादन में भी सहायक होती हैं।

मस्तिष्क तीन प्रमुख अंगों से बना है: अग्र मस्तिष्क, मध्य मस्तिष्क तथा पश्च मस्तिष्क। आगे वाले हिस्से में सेरीब्रम, पैलमस व हाइपोथैलमस (लिम्बिक तंत्र का अंग) आते हैं। बीच वाले हिस्से में टक्टम, टैगमेंटम आते हैं तथा सबसे पीछे वाले हिस्से में सेरीबेलम, पॉन व मैडुला आते हैं। प्राय: मध्य-मस्तिष्क, पॉन व मैडुला को मिलाकर ब्रेनस्टैम भी कहते हैं।

सेरीब्रम

मानव मस्तिष्क का सबसे बढ़ा भाग सेरीब्रम, सोचने व काम करने जैसे उच्चतर दिमागी कार्यों से जुड़ा है। यह स्वैच्छिक चालक गति, संतुलन व साम्य तथा पेशीय बल के संयोजन में भी शामिल होता है। यह मस्तिष्क के पीछे की ओर तथा ब्रेनस्टैम के ठीक ऊपर स्थित होता है। सेरीब्रल कॉर्टेक्स चार खण्डों में बँटा है- अग्र, भित्तीय, पस्पक पाल, कनपटी खण्ड।

अग्र खण्ड (Frontal lobe):- इन्हें भावनात्मक नियंत्रण केंद्र कहा जाता है, इनका हमारे व्यक्तित्व से भी गहरा नाता है ये मोटर गतिविधि, समस्या समाधान, सहजता, स्मृति, भाषा, पहल, न्याय, आवेग नियंत्रण सामाजिक व काम संबंधी व्यवहार में शामिल होते हैं।

भित्तीय खण्ड (Parietal lobe):- बोध व संवेदन में शामिल होते हैं तथा संवेदिक सूचना को दृश्य तंत्र से मिलाते हैं।

कनपटी खण्ड (temporal lobe):- टैंपोरल लोब श्रवण संबंधी प्रक्रिया में शामिल होती है तथा यह वाणी व दृश्य क्षमता में अर्धगत प्रक्रिया के लिए भी महत्त्वपूर्ण होती है। यह दीर्घकालीन स्मृति निर्माण में अहम भूमिका निभाती है तथा पश्च कपाल खण्ड हमारे दृश्य बोध तंत्र के केंद्र होते हैं।

लिम्बिक तंत्र

इसे 'भावनात्मक तंत्र' भी कहते हैं, यह सेरीब्रम में दबा पाया जाता है। यह भावना, व्यवहार, दीर्घकालीन स्मृति व घ्राणशक्ति आदि गतिविधियों को समर्थन देता है। यह '*लिम्बिक*' शब्द लैटिन भाषा के शब्द '*लिम्बस*' से बना है, जिसे प्राय: 'बॅर्डर' या 'वेल्ट' कहते हैं। थैलमस, हाइपोथैलमस, एमिगडला व हिप्पोकैंपस भी इसी तंत्र में शामिल हैं।

थैलमस संवेदी व चालक गतिविधियों का ध्यान रखता है तथा हाइपोथैलमस भूख,-प्यास, दर्द की प्रतिक्रिया, आनंद के स्तरों, काम संतुष्टि, क्रोध व आक्रामक व्यवहार आदि के लिए उत्तरदायी होता है।

एमिगडला विविध भावनात्मक व्यवहारों में शामिल होता है। इस पर काफी गहन शोध व अध्ययन किए गए जिनसे, व्यवहार को प्रोत्साहन व प्रेरित करने में इसके प्रयोग का पता चला। इसके विभिन्न अंग, सीखने व प्रोत्साहन देने की प्रक्रिया से जुड़े हैं, हालांकि भय के विषय में उनकी भूमिका थोड़ी अलग है।

यह भावनात्मक घटनाओं की सूचनाएँ एकत्र करता है, अतः कहा जाता है कि यह भावनात्मक स्मृति में अपना योगदान देता है। भावनात्मक स्मृति को स्मृति के अवचेतन रूप में देखा जाता है, जो कि हिप्पोकैंप्स की घोषणात्मक स्मृति से विपरीत होती है।

मस्तिष्क का दायाँ तथा बायाँ भाग

यदि आप ध्यान दें, एक समान गति में वाहन चलाते समय आप किसी से भी फोन पर सहज वार्तालाप कर सकते हैं, किंतु सड़क का मोड़ काटते समय आप एक क्षण के लिए चुप हो जाते हैं। क्या आपने कभी सोचा कि ऐसा क्यों होता है?

ऐसा इसलिए होता है क्योंकि जब आप गाड़ी चलाते हैं तो आपका दायाँ मस्तिष्क स्थानिक सजगता से सड़क का ध्यान रखता है जबकि बायाँ दिमाग बातचीत व शब्द कौशल पर ध्यान देता है। जब यातायात के ढाँचे में कोई आपका ध्यान खींचता है तो आपको अपना प्राथमिक केंद्र शब्दों (बाएँ मस्तिष्क) से हटाकर (दाएँ मस्तिष्क) स्थानिक सजगता की ओर लाना पड़ता है ताकि उससे निबट सकें। मस्तिष्क को इस परिवर्तन व उससे लौटने में कुछ क्षण लगते हैं तभी दिशा बदलते समय बात रुक जाती है।

इस प्रकार दाएँ व बाएँ मस्तिष्क की भूमिका बहुत महत्त्व रखती है यदि हम मानव मस्तिष्क का अध्ययन करें तो पाएँगे कि इसमें असीम संभावना छिपी है, जो कि बाहर आने के लिए प्रतीक्षारत है। दाएँ तथा बाएँ मस्तिष्क अपने-अपने हिस्से के कार्य, विभिन्न संदर्भों में करते हैं। तकरीबन 95 प्रतिशत लोगों में, बायाँ हिस्सा तर्क तथा विस्तार केंद्रित होता है तथा दायाँ हिस्सा नमूनों की पहचान करते हुए दृश्य केंद्रित होता है। दायाँ हिस्सा चित्रों व दृश्यों को अपनाता है जबकि बाँया हिस्सा इन तस्वीरों व दृश्यों को शब्दों में बदलता है। मस्तिष्क के दाएँ तथा बाएँ हिस्से की कार्यसूची निम्नलिखित है।

शैक्षिक रूप से, मस्तिष्क के दाएँ हिस्से की तुलना में, बाएँ हिस्से को अधिक प्रशिक्षित किया जाता है। अंकगणित व शब्दकौशल पर अधिक ध्यान दिया जाता है जबकि संगीत, कल्पना व अन्तर्जात विकास पर इतना ध्यान नहीं होता।

दायाँ हिस्सा	बायाँ हिस्सा
स्थानिक सजगता कलात्मक संगीत, स्मृति, स्वप्न वस्तुओं को उचित स्थान पर परखना त्रिआयामी स्थान शरीर की स्थिति जानना जो भी करते या देखते हैं, उसे समझना व याद रखना सारी जानकारी के अंश बटोर कर संपूर्ण चित्र बनाना शरीर के बाएँ हिस्से को नियंत्रित करता है।	तर्क क्रम बोध बुद्धिसंपन्न, विवेकी सुस्पष्टता भाषा की समझ व प्रयोग (सुनना, पढ़ना, बोलना, लिखना) बोले व लिखे गए संदेशों की स्मृति/सूचना का विस्तृत विश्लेषण शरीर के दाएँ हिस्से को नियंत्रित करता है।

संगीत का मस्तिष्क के दाएँ हिस्से से संबंध है। क्या आपको याद है कि आप सालों पहले सुने गाने भी कितनी आसानी से दोहरा सकते हैं। चाहे आपने उन्हें काफी लंबे समय से न गाया हो।

आप उन्हें इतनी आसानी से क्यों गा पाते हैं? इसका उत्तर दाएँ मस्तिष्क के पास है, जहाँ संगीत का अनुभव होता है तथा स्मृति सुरक्षित रहती है। आपको संगीत के बोल याद करने के लिए मस्तिष्क के बाएँ हिस्से का इस्तेमाल नहीं करना पड़ा। जब भी आपने गाने सुने, वे मस्तिष्क के दाएँ हिस्से में बने, उस ओर की स्मृति में बस गए, कुछ दशकों बाद दोहराए जाने की प्रतीक्षा में पड़े रहे।

इसी तरह, मस्तिष्क के दाएँ हिस्से के माध्यम से आपका आध्यात्मिक संपर्क भी विकसित होता है। ध्यान आंतरिक शांति व अन्तजाति शक्ति का विकास करता है, जिससे जीवन के पथ पर आवश्यक अन्तर्जाति प्राप्त होती है।

अतः मस्तिष्क के दाएँ हिस्से को विकसित करके व्यक्ति को सुप्त योग्यताएँ जागृत करनी होंगी तथा आध्यात्मिक अंतदृष्टि को निखारना होगा।

मस्तिष्क की क्षमता सुधारने के उपाय

पढ़ना

आपके व्यावसायिक क्षेत्र अथवा स्वावलंबन से जुड़ी पुस्तकें पढ़ने से न केवल आपका ज्ञान बढ़ेगा बल्कि मस्तिष्क को नए विचार उत्पन्न करने की चुनौती मिलेगी और वह क्षमतावान होगा।

पाठ्यक्रम

पढ़ने के लिए कोई आयु नहीं होती। उन विषयों का कोर्स करें, जिन्हें आप पढ़ना चाहें, यह बचपन की कोई अधूरी इच्छा भी हो सकती है, जिसे आप तब पूरा नहीं कर पाए थे। इस तरह आप मस्तिष्क को कुछ सीखने के लिए आग्रहशील बनाते हुए, और अधिक सक्रिय होने के लिए प्रोत्साहित करते हैं।

कामों को अलग तरीके से करना

मस्तिष्क की कार्यक्षमता बढ़ाना चाहें तो कार्यों को अलग तरह से करें। हालांकि आप हर काम उल्टे तरीके से नहीं कर सकते किंतु यदि आप अपना रुमाल बाईं जेब में रखते हैं तो उसे दाईं जेब में रखना शुरू कर दें। यदि घड़ी को बाएँ हाथ में पहनते हैं तो दाएँ हाथ में पहनना शुरू कर दें। अपनी अँगूठियां अलग-अलग उँगलियों में पहनें। आपको लगेगा कि आप इस बदली हुई स्थिति में थोड़ा असहज हो रहे हैं। यही वो क्षण है जब आप मस्तिष्क को कुछ अलग करने के लिए उत्तेजित कर रहे हैं।

उकडू बैठना

यह एक ऐसी तकनीक है जो स्नायु पथ को खोलती है। जैसे कक्षा में अध्यापक छात्र को सजा देते समय बिठाते हैं वही उकडू बैठना है। इसमें कनपटियों के एक्यूपंचर बिंदु सक्रिय होने से स्नायु पथ उत्तेजित होता है। बाएं हाथ से दायाँ कान तथा दाएँ हाथ से बायाँ कान पकड़ें। अब घुटने मोड़ें, खड़े हों तथा बैठें। नीचे झुकते समय साँस भीतर लें तथा खड़े होते समय साँस छोड़ें। इसे लगातार 5 मिनट तक दोहराएँ। ई.ई.जी. स्कैन रिपोर्ट से पता चलता है कि इससे मस्तिष्क के दाएँ व बाएँ हिस्से का तालमेल बढ़ता है।

पानी पीना

मस्तिष्क के ऊतकों में 85 प्रतिशत जल है। अतः मस्तिष्क की कार्यक्षमता जल आपूर्ति पर निर्भर करती है। यह भी हो सकता है कि आप बहुत बूढ़े या

भुलक्कड़ न हो रहे हों, बस आपको ज्यादा पानी की जरूरत हो। अध्ययनों से पता चला है कि काफी लंबे समय तक निर्जलीकरण से मस्तिष्क के ऊतक सिकुड़ने लगते हैं। मस्तिष्क के लिए पानी बहुत जरूरी है। भूख तथा प्यास भी आपको मस्तिष्क की जरूरत का संकेत देते हैं। यदि आप पर्याप्त मात्रा में पानी नहीं पी रहे तो शायद शरीर की पानी की प्यास बुझाने के लिए आप ज्यादा खाना शुरू कर देंगे।

जब भी भूख महसूस हो, पहले कुछ गिलास पानी पीएं। हो सकता है कि आपको भूख लगी ही न हो।

मस्तिष्क बिंदुओं का व्यायाम

एक हाथ इस तरह खोलें कि अँगूठे व तर्जनी के बीच काफी जगह बन जाए। अपनी तर्जनी व अँगूठे को हंसली (collarbone) से थोड़ा नीचे उशेस्थि (Sternum-पसली से जुड़ी चपटी सँकरी हंड्डी, ब्रेस्टबोन) दोनों ओर रखें। इस पर हल्का-हल्का दबाव दें। उसी समय दूसरा हाथ पेट के नाभि क्षेत्र पर रखें। इन बिंदुओं पर 2 मिनट तक हल्का दबाव दें। मस्तिष्क की ओर रक्त प्रवाह में सुधार होने से उसकी सक्रियता बढ़ेगी। इससे बढ़े रक्त प्रवाह से लिखने, पढ़ने व समझने के लिए आवश्यक एकाग्रता कौशल के सुधार में सहायता मिलेगी।

हाथों तथा घुटनों का व्यायाम

खड़े हों अथवा बैठ जाएं। बाएं घुटने को उठाते समय, उस पर दायां हाथ लाएं। फिर दाएं घुटने को उठाते समय उस पर बायां हाथ लाएं। अपने आप को इस तरह हिलाएं, मानो आप परेड कर रहे हैं। इसे बैठकर या खड़े होकर 1 मिनट तक करें। इससे मस्तिष्क के दाएं तथा बाएं हिस्से के संयोजन में सुधार होगा। दोनों गोलार्द्धों में सूचना प्रवाह का व्यायाम होने से एकाग्रता का उच्चतर स्तर पाने में भी सहायता मिलती है।

टखने तथा उँगलियों का व्यायाम

खड़े हों या बैठें। दाईं कलाई को बाईं टाँग पर टखने के पास मोड़ें। अपनी दाईं कलाई को बाईं कलाई पर इस तरह मोड़ें व उँगलियां इस तरह मिलाएं कि दाईं कलाई ऊपर हो। कुहनियां बाहर की ओर मोड़ते हुए ऊँगलियां भीतर की ओर लाएं व आराम से छाती के बीच टिका दें इसी मुद्रा में रहें। टखने व

कलाइयां मुड़ी रहें व इसी मुद्रा में कुछ मिनट तक साँस लें। आप इसके बाद स्वयं को काफी शांत व सहज पाएंगे।

इसके अतिरिक्त ड्राईंग, पेंटिंग, क्रासवर्ड व सुडोकू आदि व्यायाम भी मस्तिष्क की कार्यक्षमता बढ़ाते हैं।

माइंड कोच

मेरे द्वारा तैयार किया गया माइंड कोच, एक मोबाइल सॉफ्टवेयर है, जो अनचाहे भावों का सामना करके उन्हें वांछित सकारात्मक व्यवहार में बदलने में सहायक है। इनमें वैज्ञानिक शोध पर आधारित मनोवैज्ञानिक प्रश्न तथा समाधान हैं। यह आपके मस्तिष्क को इस प्रकार उत्तेजित करता है कि आपसे प्रश्न पूछे जाने पर, उत्तर देने का प्रयास किए बिना ही मस्तिस्क उत्तर दे दे, धीरे-धीरे यह आपको व्यवहार व बुद्धिसंपन्नता के उच्च स्तर तक ले जाता है; जैसे हम आपसे आपका नाम, स्थान या प्रिय रंग पूछें तो आपके उत्तर सोचने से पहले ही मस्तिष्क स्वचालित रूप से प्रतिक्रिया में उत्तर दे देगा। इसी तरह, माइंड कोच में भी मस्तिष्क को उत्तेजित करने वाले प्रश्न वाक्य तथा समाधान हैं, जो नकारात्मक भावों पर हावी होकर, उन्हें निकाल बाहर करते हैं।

मनोवैज्ञानिक रूप से पाया गया है कि प्रत्येक व्यक्ति संसाधनपूर्ण है तथा किसी भी भाव पर काबू पाने की योग्यता रखता है। हो सकता है कि व्यक्ति उसके तरीके के विषय में अनजान हो। यहाँ वैज्ञानिक मनोवैज्ञानिक तरीकों के माध्यम से अनचाहे ताकतवर भावों से छुटकारा पाने के तरीके दिए गए हैं। वह पद्धति है, 'आत्मविश्लेषण द्वारा आत्मसशक्तिकरण'

प्राय: क्रोध या भयग्रस्त व्यक्ति समस्या या उक्त व्यक्ति के प्रतिघृणा का मनोभाव पाल लेता है और समाधान नहीं सोच पाता। यहाँ समाधान पाने के लिए तकनीकों की मदद से प्रश्न पूछे जाते हैं ताकि व्यक्ति को उस भाव से बाहर आने योग्य बनाया जा सके प्रत्येक प्रश्न का उत्तर देने के पश्चात व्यक्ति स्वयं को पहले से बेहतर पाता है और अभ्यास के अंत में नकारात्मक भावों की पकड़ से छूट जाता है।

यह क्रोध, भय, अनिश्चितता, तनाव, निर्णय निर्धारण, आत्मविश्वास में कमी, उद्वेग, उपेक्षा व अधीरता आदि मनोभावों पर कार्य करता है। यह भाव के स्तर का आकलन करने, छिपा कारण तलाशने व उससे पार पाने के लिए प्रभावी तकनीक देने में सहायक है। इसे सेल्युलर फोन के इस्तेमाल से, कभी भी प्रयोग में ला सकते हैं। आप इसकी और अधिक जानकारी पाने के लिए WWW.Corporate training india.net पर जा सकते हैं।

युगों के माध्यम से उद्भव विज्ञान

जैसे हमने अभी मनुष्य विज्ञान की चर्चा की, उसी प्रकार युगों के माध्यम से उद्भव विज्ञान भी होता है। इन दोनों क्षेत्रों की जानकारी से आप आध्यात्मिकता के पथ पर और अधिक स्पष्टता से बढ़ पाएंगे।

कई स्वयंसिद्ध आत्माएं हुई हैं, जिन्होंने मानव जाति को सफल जीवन जीने का पथ दिखाया है। वास्तव में मेरा तो सशक्त रूप से यही मानना है कि मानवविज्ञान, आध्यात्मिक विज्ञान का छोटा-सा अंग है। प्राचीन महान ऋषियों ने बहुत अच्छी बातें कही हैं और अपनी बुद्धि-विवेक के बल पर वे कई आत्माओं का मार्गदर्शन करने में सफल रहे। उन्होंने मन तथा इंद्रियों पर भी काफी गहराई से चर्चा की है अत: अध्यात्म व विज्ञान परस्पर संबद्ध हैं तथा परस्पर निर्भर भी हैं मैं इसे स्वामी मुक्तेश्वर महाराज जी की गणना के माध्यम से दर्शाना चाहूँगा कि यह आज के संदर्भ में कितने प्रासंगिक हैं, ताकि हम आध्यात्मिकता की संभावना को सराह सकें।

युगों के माध्यम से, उद्भव विज्ञान के अनुसार, कलियुग को सभी चार युगों में से सबसे बुरा माना जाता है। मनुष्य की बुद्धि केवल एक चौथाई विकसित होगी और मनुष्य कुल भौतिक सृष्टि से परे नहीं जा पाएगा।

सतयुग श्रेष्ठ है, जिसमें मनुष्य अदृश्य जगत से परे, ईश्वर तथा आत्माओं से साक्षात्कार कर सकता है। सतयुग के बाद त्रेता, फिर द्वापर और अंत में कलियुग आता है। संसार के सभी हिंदुओं में सामान्यत: यही मानयता चली आ रही है कि हम कलियुग में हैं किंतु श्री श्री स्वामी मुक्तेश्वर महाराज जी (1855-1936), गुरु परमहंस योगानंद जी के गुरु (परमहंस योगानंद जी एक योगी की आत्मकथा के लेखक तथा 'योगदा सत्संग सोसायटी' के संस्थापक जो राँची व अमेरिका से संचालित है) इस विषय में विभिन्न मत रखते हैं। वे एक स्वयंसिद्ध स्वामी थे, जिन्होंने 1936 में समाधि ली।

प्राय: यही माना जाता है कि सतयुग 17,28,000 वर्ष का, त्रेता 12,96,000 वर्ष का, द्वापर 8,64,000 वर्ष का तथा कलियुग 4,32,000 वर्ष का होता है। स्वामी श्री श्री मुक्तेश्वर महाराज जी ने कहा है कि इन आँकड़ों के पीछे एक प्रसंग है, उन्होंने उसकी व्याख्या भी की है।

द्वापर युग पूर्ण होने के उपरांत, महाराज परीक्षित के शासनकाल में गणना की यह भूल हुई।- उस समय महाराज युधिष्ठिर ने ध्यान दिया कि कलियुग ने अपने पौत्र राजा परीक्षित को राजगद्दी सौंप दी है। वे अपने

दरबार के सभी बुद्धिमान व्यक्तियों सहित हिमालय की ओर चले गए तब राजा परीक्षित के दरबार में कोई ऐसा व्यक्ति नहीं बचा जो युगों की उपयुक्त गणना कर सके या इसे जान सके। द्वापर युग समाप्त होने के बाद किसी ने भी कलियुग के परिचय की घोषणा का साहस नहीं किया। इस प्रकार कलियुग का पहला वर्ष, द्वापर की ही गणना में आ गया। कई वर्षों बाद उस काल के बुद्धिमान व सयाने व्यक्तियों को लगा कि कलियुग की अवधि 1200 वर्ष है। चूंकि उनकी बुद्धि पूरी तरह से विकसित नहीं थी, अत: वे इस निष्कर्ष पर पहुँचे कि कलियुग के वे 1200 वर्ष हमारी धरती के सामान्य 1200 वर्ष नहीं थे। वे तो ईश्वर के वर्ष थे, जिनमें प्रत्येक माह में 12 महीने व 30 दिन होते हैं।

और प्रत्येक ईश्वर दिवस, धरती के एक वर्ष के बराबर था। इस प्रकार

1 दिन - 1 वर्ष

360 दिन - 360 वर्ष

सतयुग: 360 वर्ष + 4800 वर्ष = 17,28,000 वर्ष

त्रेता युग: 360 वर्ष + 3600 वर्ष = 12,96,000 वर्ष

द्वापर युग : 310 वर्ष + 2400 वर्ष = 8,64,000 वर्ष

कलियुग : 360 वर्ष + 1200 वर्ष = 4,32,000 वर्ष

उन्होंने कहा कि सतयुग के 4800 वर्षों में से (400+4000+400) सतयुग से पहले तथा बाद के 400-400 वर्ष उनके सिरे हैं। इसी तरह 3600 (300+3000+300), 2400 (200+2000+200) व 1200 (100+1000+100) भी त्रेता, द्वापर तथा कलियुग के सिरे हैं। उनकी गणनाओं ने संकेत दिया कि 1600 ई. में कलियुग (कलियुग के आखिरी सौ साल उसके सिरे थे), अत: द्वापर युग की विशेषताएँ भी उभरने लगीं। 1600ई. में विलियम गिल्बर्ट ने चुंबकीय बलों की खोज की। 1609 में, कैपलर ने लॉ ऑफ एस्ट्रोनॉमी तथा गैलीलियो ने टेलीस्कोप बनाया। 1670 के करीब न्यूटन ने गुरुत्वाकर्षण के सिद्धांत की व्याख्या की। 1699 में द्वापर के 200 साल का सिरा भी समाप्त हो गया और अब हम पूरी तरह से द्वापर युग में हैं। यही वजह है कि पिछले सौ वर्षों में इंसान ने ऊँची छलांग मारी है।

यदि आप पिछले दो हजार वर्षों में मानवता का इतिहास देखें तो मनुष्य; युद्ध, कब्जों, दूसरों के प्रति अनादर तथा महिलाओं के प्रति हेय भावों व तानाशाही तौर-तरीकों में लिप्त रहा है लेकिन पिछले पाँच सौ वर्षों में मनुष्य

में काफी निखार आया है। उसने प्रजातंत्र को अपनाया, आपसी बैर-भाव घटा व स्त्री-पुरुषों को समान भाव से देखा जाने लगा। दूसरों की भावनाओं की भी कद्र होने लगी। जब उन्होंने 1894 ई. में इस गणना का रहस्योद्घाटन किया तो उन्होंने इसे '26 फाल्गुन, 194 द्वापर' का नाम दिया।

मुझे पूरा यकीन है कि इन तर्कों व तथ्यों के आधार पर आप भी समझ गए होंगे कि हम कलियुग में नहीं जी रहे और हम तेजी से आगे बढ़ते हुए उर्वर मस्तिष्क उत्पन्न कर रहे हैं, जो जीवन में ऊँचे उठने के लिए आवश्यक होंगे। यह हमें अगले अध्याय की ओर ले जाएगा जो ईश्वर व उसके नियमों की व्याख्या करता है। मेरे लिए, भगवद्गीता के श्लोकों से बेहतर ज्ञानप्रद कुछ हो ही नहीं सकता, जो कि जीवन के नियमों की इतनी सार्थक व्याख्या करता हो।

❑

अध्याय 2

ईश्वर

जीवन एक उपहार है और रंगों के विभिन्न मेलों को हमारे सामने प्रस्तुत करता है। यह प्रत्येक व्यक्ति को जीने व हर प्रकार की उथल-पुथल सहने का अवसर भी देता है, जिन्हें प्राय: दु:ख की परछाईंयाँ मान लिया जाता है। ये उथल-पुथल तनाव, उद्वेग, दबाव, चिंता, घृणा, लोभ या अन्य नकारात्मक मनोभावों से यही हो सकती है। क्या सचमुच कोई सोचता है कि इन नकारात्मक भावों से मुक्ति पाने के लिए क्या किया जाना चाहिए? हम सभी सफल तो होना चाहते हैं किंतु यह नहीं जानते कि इसे कैसे पाना हैं? हममें से केवल कुछ ही वह पाते हैं, जो हमने चाहा था (प्राय: जीवन में लक्ष्य पाने के बाद भी लोग असंतुष्ट होते हैं। ऐसा क्यों है? इस प्रश्न का उत्तर कठिन नहीं है। हालांकि इसे जीवन से मिटाना एक मुश्किल काम लगता है। जिसकी वजह है- अहं, लोभ, घृणा व ईर्ष्या आदि। यदि हमें अपना प्राप्य नहीं मिलता तो हम नकारात्मक मनोवृत्ति अपना लेते हैं।

अनेक पीड़ित तथा दु:खी व्यक्तियों के बीच केवल कुछ ही ऐसे होंगे जो अपनी अवस्था पर विचार करते हैं, वे जानने का प्रयास करते हैं कि नकारात्मक परिस्थितियों पर किस तरह नियंत्रण रख सकते हैं। बुद्धिमान व्यक्ति प्रारंभ में पीड़ा को उपेक्षित कर देता है और समस्या बढ़ जाए तो उसके समाधान का कोई न कोई उपाय खोज ही निकालता है।

आप मानें या न मानें, जब तक आप ईश्वर व उनके नियमों को नहीं जान लेते, तब तक जीवन में सफल होना, प्रसन्नतादायक जीवन जीना या एक विवेकी मनुष्य के रूप में विकसित होना बेहद कठिन है। एक व्यक्ति आजीवन प्रयोग कर सकता है, जीवन को जानने या अपने तरीके से जीना सीखने में समय बर्बाद कर सकता है, अपने अनुभवों से कुछ सीख सकता है (जो कि फिर से व्यर्थ हो सकते हैं), या तथाकथित गुरुओं के कहे अनुसार चल सकता है।

वास्तविकता यही है कि यह सारी प्रक्रिया अपने-आप में काफी लंबी तथा थका देने वाली है, जिससे समय, धन तथा ऊर्जा का अपव्यय होता है तथा सकारात्मक परिणाम भी प्राप्त नहीं होते। जब तक आपको वास्तविकता का अनुभव होता है तब तक तो आयु ही अंतिम चरण में पहुंच जाती है।

आप सब जानते हैं कि मानव जीवन सबसे श्रेष्ठ माना जाता है। अत: इसे यूं ही व्यर्थ करने से क्या लाभ? जीवन की अल्प तथा अनिश्चय अवधि तथा साधनों की दुर्लभता के कारण जीवन का महत्त्व समझना और भी आवश्यक हो जाता है। प्रभु ने आपको जो जीवन रूपी उपहार सौंपा है, उसे प्रभु के बनाए नियमों के अनुसार ही चलने दें। यह कहने की आवश्यकता नहीं कि प्रभु प्रदत्त नियमों के आधार पर ही कोई व्यक्ति सफलता और समृद्धि अर्जित कर सकता है।

वेद तथा भगवद्गीता जैसे पवित्र ग्रंथ, जीवन को सुधारने व सँवारने के दिशा-निर्देश देते हैं किंतु दुर्भाग्यवश हम अपने जीवन में इतने व्यस्त हैं कि हमारे पास उनके पठन-पाठन व मनन को समय ही नहीं है। हम होश संभालने से लेकर अब तक इनके बारे में सुनते आए हैं इसलिए हमारी चेतना ने यह स्वीकार लिया है कि हम पहले से ही इस विषय में सब जानते हैं। जिस प्रकार एक किशोर अपने माता-पिता के आदेशों का पालन करना छोड़ देता है और मान लेता है कि उसे सब कुछ पता है, ऐसी ही कुछ दशा हमारी भी है। यह पुस्तक पाठकों तक ज्ञान का अथाह भण्डार पहुँचाने के उद्देश्य से लिखी गई है और आश्वस्त करती है कि यदि कोई व्यक्ति धार्मिक रूप से इनका पालन करेगा तो उसे अपने वांछित लक्ष्य पर पहुँचने में देर नहीं लगेगी। यह पुस्तक श्रीकृष्ण व अर्जुन के वार्तालाप पर केंद्रित होगी और फिर पाठक, उस मानव विज्ञान अंश के साक्षी होंगे, जिसे प्रत्येक प्रसन्नतापूर्वक अपना सकता है। यह कोई धार्मिक ग्रंथ नहीं बल्कि आध्यात्मिक व वैज्ञानिक रूप से उन्नत पाठ्य है, जो सफलता तथा संपन्नता के लिए मनोवांछित दृष्टिकोण देता है। यह पुस्तक आध्यात्म विज्ञान पर आधारित है क्योंकि लेखक का मानना है कि मानव विज्ञान, अध्यात्म विज्ञान का ही छोटा-सा अंश है इस पुस्तक को पढ़ने के बाद पाठक भी इसके सुझावों के समर्थक होंगे। यहाँ धर्म व अध्यात्म के बीच का अंतर पूरी तरह से स्पष्ट है। धर्म को मनुष्य ने बनाया है किंतु अध्यात्म की रचना प्रभु ने की है।

क्या आपने कभी सोचा है कि मानव शरीर का एक प्रतिशत भाग भी उनके नियंत्रण में नहीं है? कुछ स्वैच्छिक मांसपेशियां ही हमारे नियंत्रण में हैं जब तक कि दूसरी मांसपेशियां हमारे नियंत्रण के अधीन नहीं है। कोई भी व्यक्ति हृदय, फेफड़े तथा गुर्दे आदि मानवीय अंगों को नियंत्रित नहीं कर सकता, परंतु इसका अर्थ यह नहीं कि उन्हें कोई भी नियंत्रित नहीं कर सकता। ठीक इसी तरह आपका अपनी सफलताओं तथा असफलताओं पर कोई नियंत्रण नहीं है, परंतु इसका अर्थ यह भी नहीं कि वे आपके भाग्य के अधीन हैं। आप स्वयं अपने कर्मों द्वारा अपना भाग्य बनाते हैं तथा ईश्वर अथवा महाशक्ति (जो भी नाम आप लेना चाहें) आपको कर्मफल देती है। अत: जीवन में पूर्णत: सफलता अर्जित करनी है तो प्राकृतिक नियमों की महत्ता तथा उपादेयता को जानें।

कार्ल मार्क्स अपनी अर्थशास्त्र तथा दर्शनशास्त्र संबंधी पुस्तक में लिखते हैं- "श्रमिक प्रकृति के बिना कुछ नहीं कर सकता। इसका श्रम पदार्थ पर ही आधारित होता है, जिससे उत्पाद का निर्माण होता है। मनुष्य प्रकृति के कारण ही जीवित है तथा यही प्रकृति उसका शरीर है। अत: उसे प्रकृति से तालमेल बिठाना ही होगा। मनुष्य भी प्रकृति का ही एक भाग है। अतीत में भी अनेक महान सफल महानुभावों ने प्रकृति तथा इसके नियमों की सराहना की है। यदि आप भी उनकी तरह प्राकृतिक नियमों का पालन करें तो उनके जैसा बन सकते हैं।

सफलता को दो भागों में बांट सकते हैं- **अल्पकालीन** तथा **दीर्घकालीन सफलता।** वर्तमान स्तर पर जो मनुष्य दिखता है, वह सदियों की लंबी यात्रा से विकास करता हुआ यहाँ तक पहुँचा है। यहाँ अनिवार्य प्रश्न यह है कि हम 'किस गति' से विकास कर रहे हैं और दूसरा महत्त्वपूर्ण पहलू यह भी है कि "इस गति को कैसे पहचानें?" निम्न तालिका से आप दोनों प्रकार की सफलताओं का अंतर जान सकते हैं-

दीर्घकालीन सफलता	अल्पकालीन सफलता
• व्यक्ति प्राकृतिक नियमों का पालन करता है। • मानव कल्याण से जुड़े कार्य करता है। • मनुष्य जीवन में आध्यात्मिक तथा भौतिक सफलता अर्जित करता है। • समाज द्वारा प्रशंसित तथा दैवी व्यक्तित्व के रूप में सम्मानित होता है। • प्रसन्न तथा शांत जीवन व्यतीत करता है।	• प्राकृतिक नियमों की अवहेलना की जाती है। • केवल निजी कल्याण के विषय में सोचा जाता है। • भौतिक सफलता पाता है किंतु आध्यात्मिक रूप से पतन हो जाता है। • पहले-पहल थोड़ा सम्मान पाता है किंतु शीघ्र ही समाज उसकी दुष्टता पहचान कर उसे प्रताड़ित करने लगता है। • तनावयुक्त तथा व्याकुल जीवन व्यतीत करता है।

यदि मैं पूछूँ कि एक दिन में कितने घंटे होते हैं तो स्वाभाविक रूप से उत्तर मिलेगा '24 घंटे'। मेरा अगला प्रश्न है कि हम इसमें से कितने घंटे रोजमर्रा की गतिविधियों में बिताते हैं? इस रोज़मर्रा में हमारी नींद के घंटे, काम व यात्रा के घंटे तथा भोजन व आराम का समय शामिल है जो कुल मिलाकर औसतन एक दिन में 20 घंटे हो जाता है। हम किस गति से विकास करेंगे, यह शेष चार घंटों के सही इस्तेमाल पर निर्भर करता है। क्या हम इन चार घंटों को टी. वी. देखने, गप्पे मारने या क्रिकेट देखने में बिताएँगे या इन्हें अपनी उत्पादकता बढ़ाने, मन को नियंत्रित करने व प्रकृति के नियमों से एकाकार होने में लगाएँगे।

इसमें कोई संदेह नहीं कि आधुनिक मनुष्य प्रगति के पथ पर अग्रसर है परंतु उसे थोड़ा आभास होने लगा है कि वह प्रकृति के कारण ही आगे बढ़ पाया है। शक्तिशाली प्रकृति की तुलना में मनुष्य अस्तित्वहीन है। संभवत: इसलिए मनुष्य बाढ़, अकाल, भूकंप आदि प्राकृतिक आपदाओं से त्रस्त हो जाता है तथा उसके पास भागने के सिवा कोई विकल्प नहीं बचता। मनुष्य स्वयं को आविष्कारक समझता है किंतु वह तो मात्र अन्वेषक है। उसने अणु

को नहीं बनाया, केवल उसकी खोज की है। वह वैज्ञानिक उपलब्धियों के बल पर प्रकृति के तत्त्वों का अन्वेषण भर कर सकता है।

सबसे पहले हम वेद तथा उनमें निहित उद्देश्य जानने का प्रयास करेंगे। वेदों की रचना स्वयं ईश्वर ने की तथा ब्रह्मा जी को सौंपे, ताकि सृष्टि के जीवों की सहायता की जा सके। यह प्रक्रिया टेलीपैथी (चेतना संवहन) द्वारा की गई, क्योंकि उस काल में 'अक्षर' अथवा 'लिपि' अस्तित्व में नहीं थे। वेदों का सार, संस्कृत भाषा में उपनिषद में प्रस्तुत किया गया। यद्यपि भाषा तथा इसके प्रयोग को इतना गुप्त रखा गया कि यह अस्पष्ट ही बना रहा। कुरुक्षेत्र में युद्ध के मैदान में भगवद्‌गीता अस्तित्व में आई। इसके पवित्र शब्द स्वयं कृष्ण के श्रीमुख से निकले, जब उन्होंने अर्जुन को उपदेश दिया।

तब से लेकर आज तक अनेक विद्वानों तथा भाष्यकारों ने गीता पर अपने भाष्य प्रस्तुत किए ताकि इसे जनसाधारण के लिए सरल किया जा सके। वेदों के माध्यम से ही गीता में इच्छित लक्ष्य की प्राप्ति के लिए सृष्टि का रहस्य, कार्मिक चक्र, आचार संहिता व नियम आदि वर्णित किए गए।

दूसरे अध्याय की श्लोक-संख्या 45 में प्रभु कहते हैं-

"हे अर्जुन! सभी वेद तीन गुणों के कार्यरूप में संसार को प्रकाशवान करने वाले हैं। अत: तू असंसारी अर्थात् निष्कामी और सुख-दु:ख आदि द्वंद्वों से रहित, नित्य-वस्तु में स्थित तथा योगक्षेम को न चाहने वाला तथा आत्मपरायण हो।"

वेदों में ही अखिल ब्रह्मांड का सत्य तथा ज्ञान समाया है। वेदों के सार के गहन अध्ययन के पश्चात उपनिषद अस्तित्व में आए। वेदों में निहित ज्ञान को जानने के लिए ही उपनिषदों की रचना की गई।

आइए, अब हम जानने का प्रयास करें कि प्रभु दिखने में कैसे हैं? उनकी आकृति कैसी जान पड़ती है?

संजय ने महाराज धृतराष्ट्र को कुरुक्षेत्र के युद्ध का आंखों देखा हाल सुनाया। यह युद्ध 'महाभारत' के नाम से जाना गया। यहां भगवद्‌गीता के महत्त्वपूर्ण अध्यायों के लिए गए श्लोकों के माध्यम से प्रभु के विभिन्न रूपों तथा महिमा का वर्णन किया गया है। यद्यपि यह वर्णन प्रभु ने स्वयं किया है तथापि वे अभिमानी नहीं हैं। उन्होंने ये शब्द अर्जुन को प्रेरित करने के लिए कहे जो कि वर्तमान परिस्थिति से पराजित होकर निरुत्साहित हो बैठा था। चूंकि वह पूरी तरह भ्रमित था, अत: प्रभु के लिए आवश्यक हो गया कि वे

उसे अपने दैव स्वरूप का परिचय दें। वे चाहते थे कि अर्जुन यह सब देख-सुनकर अपना खोया हुआ स्वाभिमान पुनः पा ले।

वे श्लोक निम्नलिखित हैं-

ग्यारहवें अध्याय में प्रभु ने कहा-

"अर्जुन ने अनेक मुख तथा नेत्रों से युक्त तथा अनेक अद्भुत दर्शनों वाले दिव्य भूषणों तथा शास्त्रों से युक्त, दिव्य माला तथा वस्त्रों को धारण किए हुए, दिव्य गंध का अनुलेपन किए हुए तथा सभी प्रकार के आश्चर्यों से युक्त, सीमारहित विराट स्वरूप, परमदेव परमेश्वर को देखा।" (10-11)

"आकाश में हजारों सूर्यों के उत्पन्न होने से निकलने वाला प्रकाश भी उस विश्वरूप परमात्मा के प्रकाश के सदृश नहीं हो सकता।" (12)

अर्जुन ने कहा- *"हे देव। आपके शरीर में संपूर्ण देवों तथा अनेक भूतों के समुदाय व कमल के आसन पर बैठे हुए ब्रह्मा तथा महादेव व संपूर्ण ऋषियों तथा दिव्य सर्पों को देखता हूं।" (15)*

"हे महात्मन! यह स्वर्ग तथा पृथ्वी के बीच का संपूर्ण आकाश तथा सभी दिशाएं आपसे ही परिपूर्ण हैं तथा आपके इस अलौकिक व भयंकर रूप को देखकर तीनों लोक अति व्यथा को प्राप्त हो रहे हैं।" (20)

नौवें अध्याय के श्लोक संख्या 6 में प्रभु कहते हैं-

"जिस प्रकार आकाश से उत्पन्न हुई, सर्वत्र विचरण करने वाली महान वायु सदा आकाश में ही स्थित है, उसी प्रकार संपूर्ण प्राणी मुझमें स्थित हैं।"

दसवें अध्याय में प्रभु ने कहा-

"हे अर्जुन! मैं सब भूतों के हृदय में स्थित आत्मा हूं तथा संपूर्ण भूतों का आदि, मध्य व अंत भी मैं ही हूँ।" (20)

"मैं अक्षरों में आकार तथा समासों में द्वंद्व नामक समास हूँ तथा काल का भी महाकाल तथा विराट स्वरूप, सबका भरण-पोषण करने वाला भी मैं ही हूँ।" (33)

"हे अर्जुन! मैं सबका नाश करने वाला मृत्यु तथा उत्पत्ति का कारण हूँ। स्त्रियों में मैं ही कीर्ति, श्री, वाक्, स्मृति, मेधा, धृति तथा क्षमा हूँ।" (34)

"मैं ही दमन करने की शक्ति हूँ। गोपनीय भावों में मौन तथा ज्ञानवानों का तत्त्वज्ञान भी मैं ही हूँ?" (38)

सातवें अध्याय की श्लोक संख्या 26 में प्रभु कहते हैं-

"हे अर्जुन! पूर्व में व्यतीत हुए तथा वर्तमान में स्थित तथा भविष्य में होने वाले सब भूतों को मैं जानता हूँ, परंतु मुझे कोई श्रद्धा तथा भक्ति रहित पुरुष नहीं जानता।"

दसवें अध्याय की श्लोक संख्या 3 में प्रभु कहते हैं-

"जो मुझे अजन्मा, अनादि तथा लोकों के महान ईश्वर तत्त्व से जानता है, वह मनुष्यों में ज्ञानवान पुरुष, संपूर्ण पापों से मुक्त हो जाता है।

पंद्रहवें अध्याय में प्रभु कहते हैं-

"जिस प्रकाशमय परमपद को सूर्य, चंद्र तथा अग्नि प्रकाशित नहीं कर सकते तथा जिस परमपद को प्राप्त कर मनुष्य इस संसार में पुनः जन्म नहीं लेता, वही मेरा परमधाम है।" (6)

"मैं ही पृथ्वी में प्रवेश कर, अपनी शक्ति से सब भूतों को धारण करता हूँ तथा रसस्वरूप अर्थात् अमृतमय चंद्रमा होकर संपूर्ण औषधियों तथा वनस्पतियों को पुष्ट करता हूँ।" (13)

"मैं ही सब प्राणियों के शरीर में स्थित वैश्वानर अग्निरूप होकर प्राण व अपान से युक्त चार प्रकार के अन्न को पचाता हूँ।" (14)

भगवद्गीता में दिए गए श्लोकों को पढ़कर आप जान गए होंगे कि प्रभु इस संसार के घट-घट में व्याप्त हैं तथा उनका कोई निश्चित स्वरूप नहीं है। वे इस पुस्तक के रूप में भी इस समय आपके साथ हैं। उनका स्वरूप मानवीय मस्तिष्क तथा इंद्रियों की समझ से परे है। अधिकतर व्यक्ति यही सोचते हैं कि प्रभु का स्वरूप निश्चित है तथा वे हमसे एक निश्चित दूरी पर रहते हैं। वे यह नहीं जान पाते कि प्रभु तो सर्वत्र हैं। आज हम इस तीव्र संचार साधनों के इस युग में फोन, इंटरनेट तथा फैक्स के माध्यम से कहीं भी संदेशों का आदान-प्रदान कर सकते हैं, जिसके लिए भौतिक शरीर की उपस्थिति की कोई आवश्यकता नहीं होती। यह प्रक्रिया सैटेलाइट तथा केबल द्वारा संचालित की जाती है। जैसा कि मैंने पहले भी कहा है कि मानव विज्ञान, अध्यात्म विज्ञान का एक छोटा-सा भाग है, अतः यदि हम यह प्रक्रिया समझने में सक्षम हैं तो हम ईश्वर के स्वरूपहीन स्वरूप को भी समझ सकते हैं।

जिल बोल्ट टेलर का अनुभव आपको यह समझने में सहायक होगा कि ईश्वर किस प्रकार सर्वत्र व्याप्त है, हम उनसे किस प्रकार जुड़े हैं। हम एक से नहीं किंतु एकरूप हैं। वास्तविक आध्यात्मिक जगत में, हमारे बीच कोई अंतर नहीं है, हम सब एक ही स्रोत से जुड़े हैं तथा सर्वव्यापी हैं।

न्यूरोएनाटॉमिस्ट जिल बोल्ट टेलर ने एक दिन सुबह उठ कर पाया कि उन्हें मैसिव स्ट्रोक हुआ है। वाणी, गति व समझ आदि सभी मस्तिष्क क्रियाएँ एक-एक करके जाने लगीं- 'जिसे उन्होंने कड़े अध्ययन से पाया था। यह जागरूकता व सुधार की शक्तिशाली कहानी है- कि हम किस तरह इस जगत से व एक-दूसरे से जुड़े हैं।

10 दिसंबर, 1966 की एक सुबह मैंने पाया कि मैं ब्रेन डिसऑर्डर से ग्रस्त हो गई। मेरे दिमाग के आधे बाएँ हिस्से में एक रक्त नलिका फट गई थी। चार ही घंटों के भीतर मैंने पाया कि मस्तिष्क ने जानकारी को ग्रहण करने की सारी योग्यता खो दी थी। मैं उस दिन से चल, बोल, पढ़, या कुछ याद नहीं कर सकती थी। मैं किसी माँ की कोख में पल रहे नवजात जैसी हो गई थी।

स्ट्रोक की सुबह, मैंने अपने कार्डियो-ग्लाइडर पर व्यायाम शुरू किया जो कि पूरे शरीर की व्यायाम-मशीन है। व्यायाम करते समय मुझे एहसास हुआ कि बार को जकड़े हुए मेरे हाथ, आदिम पंजों जैसे दिख रहे थे। यह मुझे काफी विचित्र-सा लगा। मैंने अपने शरीर की ओर देखकर सोचा, "अरे, मैं कितनी अटपटी लग रही हूँ" ऐसा लग रहा था कि मेरी चेतना, मेरे यथार्थ के सामान्य बोध से परे चली गई है, मशीन पर खड़ी मैं एक व्यक्ति के रूप में अलग ही गोपनीय समय में खड़ी थी, जहाँ मैं स्वयं के इस अनुभव की साक्षी थी।

यह सब काफी विचित्र था और मेरा सिरदर्द बिगड़ता जा रहा था। मैं मशीन से उतरकर कमरे के फर्श पर टहलने लगी, एहसास हुआ कि शरीर की सारी क्रियाएँ मंद हो रही हैं। मेरे हर कदम का प्रवाह और गति धीमे पड़ते जा रहे थे। मेरा भीतरी तंत्र भी शिथिल पड़ता जा रहा था और मैं केवल अपने अंतराल तंत्र पर ही ध्यान दे पा रही थी। जब मैं बाथरूम में शॉवर के नीचे जाने ही लगी थी कि कि मैंने अपने शरीर के भीतर से आता एक स्वर सुना। कोई धीमे स्वर में कह रहा था, "अच्छा मांसपेशियों, तुम सिकुड़ो, मांसपेशियों तुम शिथिल हो जाओ।"

और मैं संतुलन खोकर दीवार की तरफ झुक गई। मैंने अपनी बाजू की ओर देखा तो मुझे अहसास हुआ कि मैं अपने शरीर की सीमाएं परिभाषित नहीं कर सकती थी मैं परिभाषित नहीं कर सकती थी कि मेरा आदि-अंत कहाँ है। क्योंकि मेरी बाजू के अणु व परमाणु, दीवार के अणु व परमाणु से एकाकार हो गए थे। मैं केवल इस ऊर्जा को पहचान सकती थी। मैंने स्वयं से पूछा, मेरे साथ यह सब क्या हो रहा है? और उसी समय मेरे दिमाग का बायाँ गोलार्द्ध

मूक हो गया। जैसे किसी ने रिमोट से म्यूट बटन दबा दिया हो- पूर्ण शांति व मौन के लिए।

पहले तो मैं अपने भीतर इस मौन मस्तिष्क को पाकर, सदमा खा गई लेकिन तभी मैं अपने चारों ओर व्याप्त इस ऊर्जा के जादू से दंग रह गई। चूंकि मैं अपने शरीर की सीमाएँ नहीं पहचान पा रही थी इसलिए मैंने स्वयं को विस्तृत व विशाल पाया। मैंने स्वयं को उस ऊर्जा के साथ एकाकार पाया, जो बेहद खूबसूरत थी।

कल्पना करें कि जो मस्तिष्क आपको बाहरी जगत से जोड़े रखता है, उससे टूटने पर कैसा लगता होगा! वहाँ उस काल में, मेरे कार्य से जुड़ा सारा तनाव मिट गया था। मेरा शरीर हल्का हो चुका था। जीवन से जुड़े सारे तनाव और संबंध जाने कहाँ विलीन हो गए थे। मैं पूर्ण शांति की अवस्था में थी। जरा कल्पना करें कि 37 सालों का भावनात्मक बोझ सिर से उतरने पर कैसा लगता होगा! मेरे आनंद की सीमा नहीं थीं। यह भावातिरेक अपने-आप में खूबसूरत था।

और उसी क्षण मेरे दाएं बाजू को पक्षाघात हो गया और मुझे एहसास हुआ, "हे भगवान! मुझे पक्षाघात हो रहा है!" तभी मेरे दिमाग ने मुझसे कहा, "वाह! कितना अच्छा है, कितने मस्तिष्क विज्ञानियों को अपने दिमाग का भीतर से अध्ययन करने का सुअवसर मिलता होगा?"

फिर तभी मुझे विचार आया, "मैं तो एक व्यस्त महिला हूँ। मेरे पास पक्षाघात के लिए समय नहीं है। अच्छा यदि मैं इसे रोक नहीं सकती तो मैं इसे एक-दो सप्ताह तक साथ रखने के बाद काम पर लौट आऊँगी।"

मैंने अपने आहत बाजू को हिलाने की कोशिश करते हुए मानना चाहा कि सब ठीक हो चुका है। उसी दौरान मैं एक फोन नंबर डायल कर चुकी थी। फोन बजा, मेरा सहकर्मी फोन उठाता है और हँसता है। मैं स्वयं से कहती हूँ, "हे भगवान! यह आवाज तो किसी मुसीबतज़दा को बचाने वाले सुनहरे कुत्ते जैसी है।" मैंने उसे पूरी स्पष्टता से कहा, "मैं जिल हूँ, मुझे मदद चाहिए।"

लेकिन मेरी आवाज़ निकली, "हू-हू-हू" मैंने सोचा कि 'हे भगवान मेरा स्वर भी गोल्डनरिट्रीवर (Golden retirever) जैसा लग रहा है", तो मैं जान नहीं पाई और न ही जान सकती थी कि मैं बोल नहीं सकती थी।

वह फोन पर पहचान गया कि मुझे मदद चाहिए। उसने मेरी मदद की। कुछ ही देर में मैं एम्बुलेंस में, बोस्टन से मास जनरल अस्पताल जा रही थी

और मैं एक छोटी गेंद में बदल गई हूँ। एक ऐसा गुब्बारा, जिसमें नाम मात्र की हवा बची हो। मुझे महसूस हुआ कि ऊर्जा उस गुब्बारे से ऊपर उठ रही है और मैंने अपनी आत्मा को समर्पण करते हुए महसूस किया। उस पल में मैंने जाना कि मेरा जीवन मेरे वश में नहीं रहा था। या तो डॉक्टर मेरी प्राण रक्षा करके मुझे जीवनदान दे सकते थे या यह मेरे स्थानांतरण का क्षण था।

उस दोपहर जब मुझे होश आया तो यह जानकर झटका लगा कि मैं जीवित थी। मुझे लगा कि मेरी आत्मा जा चुकी है, मैंने जीवन को अलविदा कहा था और अब मेरा मन यथार्थ के दो विभिन्न तलों पर झूल रहा था। मेरी ऐंद्रिक चेतना में पीड़ा की तरह उत्तेजना हो रही थी। प्रकाश मेरे मस्तिष्क को जंगल में लगी आग की तरह जला रहा था आवाजें इतनी तेज और कोलाहल से भरी थीं कि मैं पीछे से आते एक भी स्वर को पहचान नहीं पा रही थी, मैं बस वहाँ से भाग जाना चाहती थी।

चूंकि मैं उस समय अपने शरीर की वास्तविक स्थिति को नहीं जान पा रही थी इसलिए मैंने स्वयं को किसी जिन्न की तरह विस्तृत, विशाल व मुक्त पाया।

मेरी आत्मा मुक्त आकाश में ऐसे विचर रही थी मानो एक बड़ी व्हेल मछली सागर में आनंद-मग्न तैर रही हो। आनंददायक! मुझे अपनी सोच यांद आई कि मैं किसी भी तरह से उस विशाल व विस्तृत अस्तित्व को समेट कर, उस शरीर में नहीं डाल सकती थी।

मुझे एहसास हुआ, "लेकिन मैं अब भी जीवित हूँ! मैं जीवित हूँ और मैंने निर्वाण पा लिया है यदि मैंने जीवित अवस्था में निर्वाण पाया है, तो प्रत्येक जीवित व्यक्ति भी निर्वाण पा सकता है।" मैंने एक ऐसी दुनिया की कल्पना की, जहाँ सुंदर, शांत, दयालु व प्रिय व्यक्ति थे, जो कि यह जानते थे कि वे उस तल पर कभी भी आ सकते हैं। वे चाहने पर ही अपने बाएं गोलार्द्ध के दाईं ओर कदम रखकर, इस शांति को पा सकते थे फिर मुझे एहसास हुआ कि यह अनुभव कितना अद्‌भुत उपहार हो सकता है, हम अपने जीवन को कैसे जीएं, यह अंतर्दृष्टि मिल जाए तो सब कितना खूबसूरत हो जाएगा और फिर इसी ने मुझे स्वास्थ्य लाभ की प्रेरणा दी।

इस दुर्घटना के ढाई सप्ताह बाद सर्जनों ने मेरे मस्तिष्क से गोल्फ की गेंद के आकार का रक्त का जमा हुआ थक्का निकाला जो कि मेरे भाषिक केंद्रों पर दबाव डाल रहा था। आज मैं अपनी मम्मा के साथ हूँ, जो मेरे जीवन में किसी

देवदूत से कम नहीं। मुझे पूरी तरह से स्वस्थ होने में करीब आठ साल लगे।

यह वास्तविक अनुभव दर्शाता है कि हम हर जगह उपस्थित हैं। जिम बोल्ट को भी उस समय एहसास हुआ था कि उनके बाजू के अणु-परमाणु, दीवार के अणु-परमाणु से एकाकार हो गए थे और फिर उनमें और आसपास के माहौल में कोई अंतर नहीं रह गया था।

प्राय: यह प्रश्न पूछा जाता है कि **प्रभु ने सृष्टि की रचना क्यों की?**

इस प्रश्न का उत्तर देने के लिए हमें प्रकृति के तत्त्वों पर विचार करना होगा। भगवान ने भगवद्गीता में बहुत सुंदर तरीके से इसकी व्याख्या की है, इसीलिए मैं आपसे बारम्बार कहता हूँ कि आपको प्रकृति के नियमों का पालन करना चाहिए।

सातवें अध्याय के निम्न श्लोकों में प्रभु ने कहा-

''हे अर्जुन! पृथ्वी, जल, अग्नि, वायु, आकाश, मन, वृद्धि तथा अहंकार, आठ प्रकार से विभक्त हुई मेरी ही प्रकृति है।'' (4)

''यह आठ भेदों वाली मेरी जन प्रकृति है तथा दूसरी चेतना प्रकृति है, जिससे संपूर्ण जगत धारण किया जाता है।''

यह सब लगभग पाँच हजार वर्ष पूर्व कहा गया था जो कि आज भी उतना ही सटीक तथा सत्य है। मनुष्य अपनी ही स्वार्थपूर्ति के लिए प्राकृतिक संसाधनों का दुरुपयोग कर रहा है। प्रभु ने स्पष्ट रूप से कहा है कि संपूर्ण प्रकृति उनका ही एक अंश है। अत: हमें धार्मिक रूप से नियमों का पालन करना चाहिए।

''सत्व, रज तथा तमोगुण से उत्पन्न होने वालो भावों की उत्पत्ति मुझसे ही जान, परंतु वास्तव में वे मुझमें हैं और मैं उनमें नहीं हूं।" (12)

जैसा कि प्रभु ने कहा कि सब कुछ उनके भीतर ही समाया है अर्जुन तथा संजय इस दृश्य के साक्षी रहे। अत: सफलता पाने के लिए मनुष्य को ईश्वरीय विधान का पालन करना चाहिए। प्रभु का पथ कंटकविहीन है, यदि आप इस पथ पर नहीं चले तो आपको तनाव, निराशा तथा उत्कंठा आदि दुष्परिणाम भुगतने होंगे। एक बात हमेशा स्मरण रहे, प्रभु पक्षपाती नहीं हैं।

वे किसी का भी पक्ष नहीं लेते। उन्होंने मनुष्य को, प्रकृति के तीन रूपों के अनुसार कर्म करने की योग्यता प्रदान की है। ये हैं- अच्छाई, व्यसन तथा अज्ञान। ईश्वर ही हमें हमारे कर्मों के फल देते हैं।

प्राकृतिक नियम

यदि आप सब जीवन में सफलता चाहते हैं तो आपको प्रकृति के बनाए नियमों के अनुसार चलना होगा। यह नियम सबके लिए एक समान है। **भगवद्गीता** में श्रीकृष्ण ने स्पष्ट रूप से कहा है कि किसी व्यक्ति को सफलता पाने के लिए क्या करना होगा। यदि आपने प्रभु के वचनों का पालन नहीं किया तो निःसंदेह इसका बुरा फल केवल आपको ही भुगतना होगा। मैं नहीं कहता कि आप प्रभु में विश्वास नहीं रखते परंतु मैं चाहता हूं कि आप आत्म-विश्लेषण द्वारा जानने का प्रयास करें कि आप उसे कितना याद करते हैं। कितनी बार आपने कोई भी काम करने से पहले विचार किया कि उसके विषय में प्रभु की क्या इच्छा होगी?

आप चेतन अथवा अवचेतन रूप से एक-दूसरे की सहायता लेने अथवा परस्पर निर्भर रहने के लिए तैयार रहते हैं, क्षणिक आनंद के लिए अपने नैतिक मूल्यों से भी समझौता कर लेते हैं, उस समय आप भूल जाते हैं कि इन्हीं मूल्यों से प्राकृतिक नियम बने हैं। अपने मूल्यों से समझौता करने की बजाए प्रभु पर विश्वास रखें, आपके सारे कष्ट दूर हो जाएंगे।

यदि कुछ अनुचित किया हो तो ऐसी कोई गलतफ़हमी न पालें। यदि किसी व्यक्ति ने कोई अनुचित कार्य किया हो तो उसे यह अपेक्षा नहीं रखनी चाहिए कि प्रभु प्रार्थना करने पर उसका बचाव करेंगे या क्षमा कर देंगे।

ऐसे में ईश्वर की सहायता न मिले, तो निराश भी नहीं होना चाहिए। हो सकता है कि उस व्यक्ति को इसका एहसास न हो परंतु हो सकता है कि वह अपने कर्मों के कारण दण्ड का ही अधिकारी हो। लोग अक्सर यही सोचते हैं और जानना चाहते हैं कि उन्हें जीवन में इतना संघर्ष क्यों करना पड़ा? वे इस बात का एहसास नहीं कर पाते कि उन्होंने वही किया, जिसके वे अधिकारी थे। अपने कर्मों पर ध्यान देने की बजाए वे दूसरों अथवा ईश्वर को दोषी ठहराने लगते हैं, उन्हें लगता है कि दूसरे उनके दुःखों का मूल हैं, जो कि बिल्कुल नाजायज़ बात है। कृपया याद रखें, "हम जिसके अधिकारी होते हैं, वही पाते हैं: 'यह इस तथ्य की उद्घोषणा करता है कि *'मनुष्य की गणना में भूल हो सकती है किंतु प्रभु के हिसाब-किताब में कभी कोई गलती नहीं होती'* ईश्वर दिव्य है, ब्रह्माण्डीय है, और आप आश्चर्यचकित न हों, **''आप भी वही हैं।''** अंतर केवल इतना है कि आप इस विषय में नहीं जानते क्योंकि आप इसे जानना ही नहीं चाहते।

तीसरे अध्याय की श्लोक संख्या 33 में प्रभु कहते हैं-

"सभी प्राणी अपनी प्रकृति के अनुसार कर्म करते हैं। ज्ञानवान भी अपनी प्रकृति के अनुसार चेष्टा करता है। फिर इसमें किसी का हठ क्या करेगा।"

इसका अर्थ है कि हमारे विचार तथा चेष्टा प्रकृति के तीन रूपों में से किसी एक द्वारा निर्धारित होते हैं। तामसिक प्रकृति का व्यक्ति विगत जीवन में किए गए कर्मों के आधार पर ऐसी प्रकृति पाता है तथा उसके अनुसार आचरण करता है।

हम अगले अध्यायों में प्राकृतिक नियमों पर चर्चा करेंगे, परंतु निम्न तथ्यों को हमेशा स्मरण रखें-

1. प्रभु की गणना (हिसाब-किताब) कभी गलत नहीं होती- संपूर्ण ब्रह्मांड को नियंत्रण में रखने वाले प्रभु की गणना में भूल कैसे हो सकती है? मनुष्य अपनी पीड़ाओं तथा कष्टों के लिए प्रभु को दोषी ठहराता है, किंतु सफल होने पर, स्वयं को ही बधाई का पात्र मानता है तथा भूल जाता है कि सत्कर्मों के कारण ही उसे प्रभु ने सफलता रूपी प्रसाद दिया है। प्रभु एक विशाल कंप्यूटर की भांति गणना करते हैं। यदि आपके कैलकुलेटर में बैंक का खाता पाँच सौ रुपए शेष दिखा रहा है तो आप उसके लिए कैलकुलेटर को दोषी नहीं ठहरा सकते। धन का उचित नियोजन न करने के कारण ही आपके पास धन नहीं है।

मैं प्राय: लोगों को शिकायत करते हुए सुनता हूँ- "हर रोज दो घंटे प्रार्थना करते हैं परंतु फिर भी कोई लाभ नहीं होता।" वे कहते हैं- "प्रभु तो अपने बच्चों की परवाह नहीं करते, परंतु हम फिर भी उन पर विश्वास रखते हैं।"

मैं आपको इस विषय में एक उदाहरण देना चाहूंगा। मान लेते हैं कि दो घंटे तक भक्ति-भाव से पूजा करने पर प्रभु ने आपको पाँच सौ अंक दिए, परंतु पूजा से उठते ही आप किसी कारणवश अपने ही नौकर पर क्रोधित हो उठे। प्रभु ने आपके सौ अंक काट लिए। तभी आपके लिए कोई फोन आया। आपने कहलवा दिया कि आप घर पर नहीं हैं। प्रभु ने फिर आपके सौ अंक काट दिए। किसी को धोखा दिया तो दो सौ अंक और कम हो गए। आपने अपने स्वार्थ के लिए किसी के दिल को ठेस पहुंचाई तो आपके सौ अंक घट गए। किसी को अपशब्द कहे, सौ अंक वहां कम हो गए। इस प्रकार प्रभु ने आपको पाँच सौ अंक दिए, परंतु अनुचित कार्यों के लिए छह सौ अंक काट लिए। कुछ पाने की बजाए उल्टा आप बुरी स्थिति में पड़ गए, क्योंकि भगवान का हिसाब कभी गलत नहीं होता।

अपने कुकर्मों का एहसास किए बिना, हम पुरस्कार चाहते हैं। जिससे निःसंदेह निराशा व तनाव जन्म लेते हैं। इसकी बजाए यदि हम कुछ क्षणों के लिए प्रार्थना करें, स्वयं को प्रभु के आगे समर्पित कर दें, पूरा दिन अच्छे कर्म करें तो बदले में सफलता व प्रसन्नता का पुरस्कार पाएंगे क्योंकि "प्रभु की गणना कभी गलत नहीं होती।"

2. प्रभु को विस्मृत न करें- भगवद्‌गीता में प्रभु ने कहा है-

''मैं ही ब्रह्माण्ड का माता-पिता तथा रक्षक हूँ। मैं ही सृष्टि तथा विनाश हूँ। मैं ही ऋग, साम तथा यजुर्वेद हूँ।''

आगे प्रभु कहते हैं- "अपने मस्तिष्क को मुझमें ही केंद्रित कर, मेरा भक्त बन तथा सच्चे हृदय से पूजा कर। मुझमें पूरी तरह समा जा। इस प्रकार तू मुझे पा लेगा।''

आप अपने रक्षक, माता-पिता तथा मार्गदर्शक प्रभु को कैसे भुला सकते हैं? निःसंदेह, आज की दुनिया में हम प्रायः उन लोगों को भुला देते हैं, जिन्होंने हमारे लिए काम किया है। एक बार साठ वर्षीय सेवानिवृत्त वृद्ध ने नाश्ते के दौरान अपने 37 वर्षीय पुत्र से कोई विशेष समाचार पढ़ने को कहा। पुत्र ने वैसा ही किया।

पिता ने फिर से वही खबर पढ़ने को कहा, इस बार पुत्र ने थोड़ा खीझ कर खबर पढ़ी। पिता ने फिर से एक बार, वही खबर पढ़ने को कहा। इस बार पुत्र अपने पिता पर झल्ला कर बरस पड़ा। बुरी तरह से आहत पिता अपने कमरे में गए, अपनी पुरानी डायरी का एक पन्ना खोला व पुत्र को पढ़ने के लिए दिया। उस पृष्ठ पर एक घटना लिखी थी कि जब पुत्र छोटा था तो उसने पिता से एक ही प्रश्न बीस बार पूछा था और पिता ने उसी स्नेह व अनुराग से उत्तर भी दिया था। इसके अतिरिक्त पिता ने उस घटना को अपनी डायरी में एक कभी न भूलने वाले दिन के रूप में याद किया था। स्वार्थी व असफल व्यक्ति केवल संकट के समय में प्रभु का स्मरण करते हैं। वे जानते हैं कि यदि प्रकृति के बनाए नियमों का पालन करें तो प्रभु उनकी सारी इच्छाएं पूरी कर सकते हैं किंतु फिर भी वे भौतिक वस्तुओं का मोह त्याग नहीं पाते। प्रभु ने **भगवद्‌गीता** में कहा है कि 'तुम मुझमें अपने मस्तिष्क को केंद्रित करो।' यदि आप प्रभु का स्मरण करने के आदी हो गए तथा अपनी मृत्यु के समय भी उन्हें ही स्मरण किया तो निश्चय ही आपको मोक्ष प्राप्त होगा। मोक्ष ही सबसे बड़ा पुरस्कार है क्योंकि वही तो आपका सच्चा घर है।

प्रभु के अनुसार यदि आपने मृत्यु के समय आसपास के प्राणियों का ध्यान किया तो आपको पुन: मनुष्य के रूप में जन्म लेना होगा। यदि आपने देवों का स्मरण किया तो आपको उनके लोक में आश्रय प्राप्त होगा। किसी पशु का स्मरण किया तो वन में जन्म होगा। अत: आपको केवल प्रभु का ही स्मरण करना चाहिए, परंतु इसका अर्थ यह भी नहीं कि आप अपने लिए निश्चित कर्तव्यों की पूर्ति न करें।

3. खाली समय में प्रभु का स्मरण करें- इस प्रकार व्यर्थ के तनाव तथा दबाव से बच जाएंगे क्योंकि उस समय आप प्रभु के साथ होंगे, प्रभु के नाम के जप से आप न केवल आनंदमग्न होंगे बल्कि यह आपको गलत कार्य करने से भी रोकेगा व शांति प्रदान करते हुए प्रभु के और निकट ले जाएगा।

हम यह नहीं कहते कि व्यक्ति को हमेशा खाली बैठना चाहिए। यदि कोई अपना कर्तव्य निभा रहा है, तो भी वह प्रभु के साथ है। यदि कोई परिस्थितिवश कुछ नहीं कर पा रहा, तो उसे प्रार्थना के रूप में प्रभु का स्मरण करना चाहिए या मंत्र जाप करना चाहिए, तब वह निश्चित रूप से बेहतर व आत्मविश्वास से युक्त अनुभव करेगा।

4. प्रत्येक जीव में प्रभु के साक्षात दर्शन- भगवद्‌गीता में प्रभु ने कहा है-

"जो मुझे सर्वत्र तथा प्रत्येक में देखता है वह मुझे कभी नहीं खोता तथा मैं भी उसके पास रहता हूँ।"

आगे प्रभु कहते हैं-

"मैं सभी भूतों के हृदय में स्थित आत्मा हूँ। मैं ही सभी प्राणियों का आदि, मध्य तथा अंत हूँ।"

इसका अर्थ होगा कि यदि किसी व्यक्ति के प्रति कठोर अथवा बुरा व्यवहार करते हैं तो आप प्रभु के साथ ऐसा व्यवहार करते हैं क्योंकि प्रभु ही सबके हृदय में वास करते हैं। अत: व्यक्ति को पशुओं के प्रति भी क्रूरभाव दर्शाने या अशिष्टता दर्शाने से बचना चाहिए क्योंकि यह एक बार फिर ईश्वर के विरुद्ध कार्य करने वाली बात होगी।

यदि कोई अपनी पुरानी बुरी आदतें नहीं छोड़ता और अनुचित कार्य करता है तो गणितीय गणना निश्चित रूप से उसके विरुद्ध जाएगी। यदि आप पाएं कि किसी ने आपके साथ कुछ अनुचित किया है तो, उसी समय उससे उलझने, उसके बारे में दूसरों से कुछ कहने या उसका उपहास करने की बनाए, सबसे पहले इस तथ्य को स्वीकारें कि वह व्यक्ति नहीं उसके कर्म बुरे हैं।

अतः प्रतिशोध की आग में जलने की बजाए, उस व्यक्ति के प्रति अपने प्रेम भाव को बनाए रखें, साथ ही उसके उन कर्मों के प्रति भी अपनी चिंता प्रकट करें, जिन्होंने बुरा प्रभाव छोड़ा है। आपको उस व्यक्ति से नहीं बल्कि उसके इन कर्मों से संघर्ष करना है, विशेषतः जबकि सर्वव्यापी प्रभु हम सबके भीतर वास करते हैं।

5. उचित अवसर पाते ही प्रभु की चर्चा करें- जिस प्रकार मैं आपसे इन तथ्यों पर चर्चा कर रहा हूँ। आप भी इन विचारों को दूसरों तक पहुंचाएं। आप केवल उन्हें प्रभु के विषय में जानकारी दें। उन्हें प्रत्येक बिंदु पर सहमत करना आवश्यकता नहीं है। प्रभु के विषय में बात करें किंतु कोई अविश्वास करे तो उससे तर्क न करें। यह श्रोता की अपनी मानसिकता पर निर्भर करता है कि वह प्रभु पर विश्वास करे अथवा नहीं। आप जितना प्रभु के विषय में बात करेंगे, आपकी आस्था बढ़ेगी।

6. स्मरण रहे कि प्रेम तथा प्रभु एक ही है- विश्वास रखें, जब तक आप अपने आस-पास के लोगों से प्रेम नहीं करेंगे, आप प्रभु के समीप नहीं जा सकते तथा जीवन में सफल नहीं हो सकते। भौतिक रूप से भी, वर्तमान जीवन नेटवर्किंग पर टिका है और इस नेटवर्किंग के लिए आपको वास्तविक स्नेह दर्शाना होगा। समय की भौतिक व आध्यात्मिक माँग यही है कि दूसरों से हमेशा प्रेम करो और वह भी शर्तों से परे। इसका अर्थ है, निःस्वार्थ प्रेम, दूसरों को प्रेम देते समय, उनसे कुछ पाने की आशा न हो। कौन जाने आपका आज का निःस्वार्थ प्रेम, आने वाले समय का निवेश बन कर फलदायी हो जाए। वास्तविक/शर्त से हित/प्रेम कोई निवेश या अपनी रुचि के लिए नहीं होता/सफल होना भी उस निःस्वार्थ प्रेम से जुड़ा है जहाँ सकारात्मकता के फलस्वरूप सकारात्मक परिणाम सामने आते हैं आप जिन्हें प्यार करते हैं, उन्हें और अधिक प्यार देकर शुरुआत कर सकते हैं। फिर अपने स्नेह को उन तक ले जाएं, जिनसे आप अब तक घृणा करते आए हैं। दूसरों से स्नेह रखें किंतु स्वस्थ नियमों के साथ समझौता न करें। आप अजनबी लोगों तक भी इस स्नेह प्रदर्शन को पहुँचा सकते हैं। यदि आप इस अजनबी व्यक्तियों को भी देखकर मुस्कुराएंगे तो यकीनन दस में से सात लोग आपकी मुस्कुराहट का जवाब देंगे। **लिओ बुश्कागिला** प्रेम के विषय में लिखते हैं- प्रेम देना है तो प्रेम का प्रदर्शन करो, प्रेम सिखाना है तो प्रेम का ज्ञान प्राप्त करो, प्रेम का अध्ययन करने के लिए प्रेम के साथ जिओ, प्रेम को पहचानने के लिए स्वीकारो, प्रेम पर

विश्वास रखने के लिए उससे सहमत हो, प्रेम के प्रति समर्पण के लिए उसी में फलो-फूलो।

हॉवर्ड विटमैन ने कहा है- मुझे एक नामी चिकित्सक ने बताया कि पिछले तीस वर्षों से वह इस व्यवसाय में हैं परन्तु अबउन्हें एहसास हुआ कि प्रेम का अभाव ही अनेक रोगों का कारण है तथा प्रेम ही उसके लिए उत्तम दवा है। मैंने पूछा- "यदि उपाय कारगर न हो तो क्या करें?"

उन्होंने उत्तर दिया- "प्यार की मात्रा दोगुनी कर दो।"

7. दूसरों की सहायता अवश्य करें- व्यक्ति को हमेशा याद रखना चाहिए कि यदि वह दूसरों की सहायता करता है तो वह ईश्वर की सहायता कर रहा है अतः हमेशा दूसरों को सहयोग देना चाहिए। समाज में दो प्रकार के व्यक्ति पाए जाते हैं। पहले, वे जो किसी जरूरतमंद के प्रति सहानुभूति रखते हैं, सांत्वना देते हैं तथा झूठा आश्वासन भी देते हैं। दूसरे, वे जो बिना कुछ कहे जरूरतमन्द की सहायता करना आरंभ कर देते हैं। ऐसे व्यक्ति जीवन में सदा सक्रिय रहते हैं व दूसरों का भरपूर प्रेम तथा सराहना पाते हैं। वे पूरी ईमानदारी से सबकी देखभाल करते हैं। यदि वे स्वयं कभी संकट में पड़ जाएं तो उनके शुभचिंतकों का अभाव नहीं रहता।

8. कर्मों से आसक्ति न रखें- मुझे विश्वास है कि आप निश्चित रूप से इस बात को सराहेंगे कि कर्म तो हमारे हाथ में हैं किंतु उन कर्मों का फल हमारे हाथ में नहीं है। एक व्यक्ति किसी भी प्रकार की अपेक्षा रखे बिना ही, अपने लिए सुनिश्चित कर्तव्यों का पालन कर सकता है। भगवद्गीता में लिखा है- "आपको अपने लिए निश्चित कर्तव्यों की पूर्ति का अधिकार है परन्तु आपको अपने कर्मों के परिणाम अथवा फल के विषय में नहीं सोचना चाहिए।" यदि कोई व्यक्ति परिणामों के पीछे भागने लगता है या उनके मोह में पड़ जाता है, तो वह सदा अतिविश्वास के प्रभाव में रहेगा ('अनासक्ति' के अध्याय में विस्तार से चर्चा है) नतीजतन, व्यक्ति अपने उद्देश्य तक नहीं पहुँच पाया तो वह तनाव या अवसाद से घिर जाएगा और उसका मस्तिष्क सदा व्याकुल रहेगा।

9. अपने लिए नहीं अपितु दूसरों के लिए कार्य करें- यहां मेरा तात्पर्य यज्ञ अथवा दूसरों के लिए किये गये कार्य या बलिदान से है। यदि आप दूसरों के लिए यत्न करते हैं तो निश्चित रूप से दीर्घकालीन सफलता के अधिकारी हैं। प्रत्येक उपयुक्त अवसर पर बलिदान करें, तभी आप जान पाएंगे कि आपको वास्तव में कितनी संतुष्टि मिली। भगवद्गीता में लिखा है- देवता यज्ञ भोग से

प्रसन्न होते हैं तथा आपको भी प्रसन्नता मिलती है। इस प्रकार के सहयोग तथा परस्पर संबंध से समृद्धि उत्पन्न होती है।

अत: यज्ञ द्वारा आप निश्चित रूप से भौतिक तथा आध्यात्मिक सफलता पा सकते हैं।

यह संसार किस प्रकार चलता है?

जब आप यह समझने की कोशिश करते हैं या इस ज्ञान को जानने का प्रयास करते हैं कि यह संसार या ब्रह्माण्ड कैसे कार्य करता है, तो आपको एहसास होगा कि यह आपका पहला जन्म नहीं है, संभवत: इस चर्चा के बाद आखिरी जन्म भी नहीं होगा। 'संभवत: आखिरी जन्म भी नहीं' वाक्य से स्पष्ट है कि हो सकता है कुछ व्यक्तियों के लिए यह आखिरी जन्म हो।

भगवान श्रीकृष्ण ने कहा है- *''मेरे निर्देशों का पालन करने वाले मेरे प्रिय होते हैं तथा मुझे प्राप्त करते हैं। वे कभी भी जन्म तथा मृत्यु के इस चक्र में नहीं लौटते।''* प्रभु ने यह भी स्पष्ट किया है कि सभी कर्म प्रकृति के तीन रूपों द्वारा ही संपादित होते हैं।

अट्ठारहवें अध्याय की श्लोक संख्या 23 में प्रभु कहते हैं-

''हे अर्जुन! जो कर्मशास्त्र विधि से नियत किया हुआ तथा कर्तापन के अभिमान से रहित, फल को न चाहने वाले पुरुष द्वारा बिना राग-द्वेष से किया हुआ है, वह कर्म सात्त्विक कहलाता है।''

इस श्लोक से पता चलता है कि इस सांसर में अनासक्त व्यक्ति सात्त्विक प्रकृति के होते हैं। वे नि:स्वार्थ भाव से दूसरों की सहायता करते हैं तथा प्रकृति के नियमों का पालन करते हैं, अत: उन्हें जीवन मरण के चक्र से मुक्ति मिल जाती है।

अट्ठारहवें अध्याय की श्लोक संख्या 24 में प्रभु कहते हैं-

''जो कर्म बहुत परिश्रम से युक्त है तथा फल को चाहने वाले अहंकार युक्त पुरुष द्वारा किया जाता है, वह कर्म राजस कहा गया है।''

आधुनिक युग में अनेक व्यक्ति राजसी प्रवृत्ति के हैं। उनका उत्साह व इच्छा इतनी तीव्र है कि वे खुशी-खुशी अपने पारिवारिक जीवन का भी बलिदान कर देते हैं। अधिकतर व्यक्ति अपनी अभिलाषाओं की पूर्ति के लिए कार्य करते हैं और वे हैं- नाम, यश तथा धन। तभी उनमें से अनेक सफल होने के बावजूद निराश होते हैं (हालांकि उनके पास वह सब कुछ होता है,

जिसकी एक आदमी को इच्छा होती है यह उनके मोह, स्वार्थ व झूठे अहं के कारण होता है)

अट्ठारहवें अध्याय की श्लोक संख्या 25 में प्रभु कहते हैं-

"जो कर्म परिणाम, हानि, हिंसा तथा सामर्थ्य को न विचार कर केवल अज्ञान से आरंभ किया जाता है, वह कर्म तामस कहा जाता है।"

इस प्रकृति के व्यक्तियों को आजीवन संघर्ष करना पड़ता है क्योंकि वे भौतिक सुखों की चाह में किसी भी हद तक जा सकते हैं। यही लालसा ही सारे दु:खों व पीड़ाओं का मूल कारण है। दुर्भाग्यवश, सब कुछ तीव्रता से पा लेने की चाह इतनी गहरी है कि वे सफलता तथा समृद्धि की ओर ले जाने वाले उचित पथ के विषय में जानना तक नहीं चाहते। इसकी बजाए, वे सफलता को उस इंस्टेंट कॉफी की तरह समझते हैं, जिसे बटन दबा कर कभी भी कप में उड़ेला जा सकता है।

हम आगे देखेंगे कि जगत कितनी संपूर्णता व निरंतरता के साथ कार्य करता है। निम्न श्लोकों के माध्यम से हम जान पाएंगे कि कोई भी मनुष्य प्रभु द्वारा प्रदत्त भाग्य या पक्ष लेने के कारण सफलता और समर्थन नहीं पाता।

छठे अध्याय के निम्न श्लोकों में प्रभु ने कहा है-

"योग भ्रष्ट पुरुष पुण्यवानों के लोकों को प्राप्त होकर, उनमें बहुत वर्षों तक वास करके शुद्ध आचरण वाले श्रीमान पुरुषों के घर जन्म लेता है।" (41)

"वैराग्यवान पुरुष उन लोकों में न जाकर ज्ञानवान योगियों के कुल में जन्म लेता है, परन्तु इस प्रकार का यह जन्म संसार में दुर्लभ है।" (42)

"हे कुरुनंदन! ऐसा पुरुष समत्वबुद्धि योग के संस्कारों को अनायास प्राप्त हो जाता है तथा उनके प्रभाव से भली-भांति भगवत्प्राप्ति के निमित्त यत्न करता है।" (43)

"योगभ्रष्ट पुरुष विषयों के वश में आकर्षित होने पर भी नि:सन्देह भगवत् की ओर आकर्षित होता है तथा समत्वबुद्धि रूप योग का जिज्ञासु भी वेद में कहे हुए सकाम कर्मों के फल का उल्लंघन कर जाता है।"

इसका अर्थ है कि हमारा जन्म से प्राप्त शरीर, बुद्धि, प्रतिभा, तथा रुचियां विगत जीवन पर निर्भर करते हैं। हम सबका शरीर रंग, आकार तथा आकृति में परस्पर एक-दूसरे से भिन्न है। नवजात शिशु भी एक से नहीं होते। यह शिशु के पूर्वकृत कर्मों का फल होता है। व्यक्ति वही पाता है, जिसे वह पाने का अधिकारी होता है। यह प्रभु का पक्षपात नहीं अपितु पिछले जन्मों के कर्मों का लेखा-जोखा है, जिसकी आप भाग्य के रूप में गलत व्याख्या करते हैं।

यदि कर्म अच्छे हुए तो वह अच्छे परिवार में जन्म लेगा और यदि पिछले कर्म उचित न हुए तो वह निर्धन व हीन परिवार में जन्म लेगा। उसका बौद्धिक स्तर भी पिछले कर्मों के आधार पर होगा। किसी धनी व्यक्ति के परिवार में जन्मे बालक को निश्चित रूप से अच्छी शुरूआत मिलेगी और यह भी उसके पिछले कर्मों का ही फल होगा किंतु इसका अर्थ यह नहीं कि कोई उससे आगे नहीं निकल सकता। हाँ, उसे भी पछाड़ा जा सकता है, किंतु उससे हीन बालक को कड़ी मेहनत करनी होगी, अच्छे कर्म करने होंगे तभी वह एक अनुशासित व ईश्वर की आज्ञा पर चलने वाले युवक के रूप में बड़ा होगा। यही प्रयास उसे उच्च स्तर तक ले जाएंगे। कोई भी बालक जन्म से ही आकर्षक हो सकता है, किंतु वह बड़ा होने लगता है तो उसकी सुंदरता कहीं छिप जाती है और पूर्व जन्मों के कर्मानुसार व्यक्तित्व बनने लगता है। उस जन्म में उसके कर्म इतने अच्छे नहीं थे इसलिए वह अपने स्तर से नीचे उतर कर, बुद्धि व सुंदरता खो देता है। जी हाँ, आप वर्तमान जीवन में कैसा प्रदर्शन करते हैं, उसी के आधार पर आपकी त्वचा, बुद्धिमत्ता व व्यक्तित्व में भी बदलाव आता है यह एक मिथक है कि व्यक्ति का पूरा जीवन पहले से नियत होता है। यदि ऐसा होता तो हम ईश्वर के हाथों की कठपुतली मात्र होते और कर्मों का कोई आधार ही न बचता। यदि ऐसा होता तो मनुष्य को सदा एक अच्छा जीवन जीने के लिए प्रभु की दया पर निर्भर रहना पड़ता है। यदि आप भी इसमें विश्वास रखते हैं तो आपको यह पुस्तक आगे पढ़ने की कोई आवश्यकता नहीं है।

ऐसा भी होता है, जब कोई अनाकर्षक शिशु एक सुंदर नौजवान में बदल जाता है। यह उसका भाग्य नहीं बल्कि वर्तमान कर्मों का फल है। आपको यह भली-भांति जान लेना चाहिए कि यह दुनिया बिना किसी पक्षपात के संपूर्णता से काम करती है और हर वस्तु का कारण तथा प्रभाव होता है। यही कारण है कि कभी आम का बीज बोने से केला नहीं आता और संतरे के बीज से आम नहीं मिलता। ईश्वर केवल लेखा-जोखा तथा निरीक्षण करते हैं। उन्होंने प्रत्येक को मुक्त भाव से कर्म करने की अनुमति दी है। व्यक्ति के अच्छे या बुरे कर्म ही तय करते हैं कि उसका जीवन बेहतर होगा या बदतर; इसी के आधार पर उसका अगला जन्म तय होगा। ईश्वर द्वारा बनाया गया यह चक्र अपने-आप में संपूर्ण तथा सामंजस्यपूर्ण है।

नौंवे अध्याय की श्लोक संख्या 25 में प्रभु कहते हैं-

''देवताओं को पूजने वाले देवताओं को प्राप्त होते हैं। पितरों को पूजने वाले पितरों को तथा भूतों को पूजने वाले भूतों को प्राप्त होते हैं। परन्तु मेरे भक्त मुझे ही प्राप्त होते हैं तथा उनका पुनर्जन्म नहीं होता।''

यह काला जादू आदि में लिप्त व्यक्तियों के लिए चेतावनी है। यदि वे इनका अभ्यास करते हैं तो उनका अगला जन्म दु:खदायी होगा। आप भी इस बात से सहमत होंगे कि यदि पृथ्वी पर मनुष्य प्रसन्न रह सकता है तो प्रभु के राज्य में उसे कितना आनंद प्राप्त होगा। उस आनंद की तो कल्पना भी नहीं की जा सकती। वह तो सोचने से भी बाहर की बात है।

तेरहवें अध्याय की श्लोक संख्या 15 में प्रभु कहते हैं-

''वह संपूर्ण इंद्रियों के विषय में जानने वाला है, परन्तु वास्तव में सब इन्द्रियों से रहित है तथा लगाव रखने व निर्गुण होने पर भी अपनी योगमाया से सबका धारण-पोषण करने वाला तथा गुणों को भोगने वाला है।''

''संसार में प्रकृति सभी भौतिक कारणों और प्रभावों का कारण कही जाती है, जबकि सभी जीव तत्व विभिन्न दु:खों और आनंद का कारण माने जाते हैं।'' (21)

''प्रकृति में स्थित पुरुष प्रकृति से उत्पन्न त्रिगुणात्मक पदार्थों को भोगता है तथा इन गुणों का संग ही इस जीवात्मा का अच्छी-बुरी योनियों में जन्म लेने का कारण है।''

हम सबको यह याद रखना चाहिए कि हम प्रकृति के तीन रूपों द्वारा संचालित हैं। हममें से प्रत्येक में प्रकृति के कुछ गुण पाए जाते हैं। सात्त्विक भाव होने पर हम शांति, संतुष्टि, प्रसन्नता व सफलता का उपहार पाते हैं। राजसी प्रवृत्ति होने पर हमें अस्थायी प्रसन्नता व सफलता तथा निराशा व तनाव उपहार स्वरूप मिलते हैं। तामसिक प्रवृत्ति होने पर हमें असफलताओं का निरंतर सामना करना पड़ता है तथा आध्यात्मिक स्तर भी निम्न हो जाता है।

जिन परिस्थितियों में हम जैसा कर्म करते हैं, उसी के अनुसार दंडित अथवा पुरस्कृत होते हैं।

पंद्रहवें अध्याय की श्लोक संख्या 7 में प्रभु कहते हैं-

''हे अर्जुन! इस देह में यह जीवात्मा मेरा ही सनातन अंश है। वही इस त्रिगुणमयी माया में स्थित, मनरहित पांचों इंद्रियों को आकर्षित करता है।''

हम सब प्रभु के ही रूप हैं तथा एक हैं, परन्तु हम यह मानने को तैयार नहीं तथा निजी स्वार्थों के लिए परस्पर लड़ते रहते हैं। जब तक हम एक-दूसरे के प्रति निःस्वार्थ प्रेम तथा करुणा भाव नहीं रखेंगे, तब तक हम अज्ञान के अंधकार में खोए रहेंगे।

अपने आप से कहें-'क्या मेरे साथ इससे पहले भी कुछ बुरा घटित हुआ है?'

दोहराएं- 'इससे पूर्व मैंने अनेक जन्म लिए होंगे, मैं इससे पूर्व भी अनेक कठिन परिस्थितियों से गुजर चुका हूँ और अब मुझे उन पीड़ाओं तथा तनाव का स्मरण तक नहीं है। एक दिन मैं इन सब तनाव को भी भूल जाऊँगा। अतः इस तनाव को इतनी गंभीरता से लेने की क्या आवश्यकता है?

❑

अध्याय 3

कर्म

किए गए कर्मों का प्रस्तुतीकरण ही जीवन का आधार है। यही वह आधार है, जो सभी उपलब्धियों व विनाश का मूल है। किसी भी व्यक्ति के जीवन में उसके विचार तथा कर्म ही उसके जीवन का आधार बनते हैं। हमारी समझ व चरित्र ही बाहरी जीवन में हमारे व्यवहार तथा आचरण को प्रस्तुत करते हैं। इस प्रकार वर्तमान जीवन, अतीत के कर्मों का ही प्रतिफल है। आपके कर्म ही आपके स्तर, सफलता, असफलता, प्रसन्नता आदि के लिए उत्तरदायी हैं। कर्म चाहे अच्छे/बुरे हों या सकारात्मक/नकारात्मक, ये ही दूसरे कारणों के निष्कर्ष होते हैं। यदि आपके कर्म उचित व प्राकृतिक नियमों के सामंजस्य में हैं तो आप एक प्रसन्नतापूर्ण जीवन जीएंगे और आपके भीतर सकारात्मक ऊर्जा पैदा होगी। वहीं दूसरी ओर, यदि आपके कर्म नकारात्मक व विनाशक हैं तो आपके भीतर निरंतर नकारात्मक ऊर्जा उत्पन्न होगी। यही महान व अमर दर्शन, विचार तथा कर्म के नियम प्रदान करता है। हमें क्या और कैसे सोचना चाहिए? हमें कौन से कर्म करने चाहिए और कैसे? संक्षेप में, जीवन का उद्देश्य स्वयं ही हमारे मन में प्रकट होगा और हम अपने जीवन में तालमेल, न्याय, प्रसन्नता व क्रमबद्धता ला पाएंगे।

श्रेष्ठ तथा हीन

भौतिक वस्तुएं सबसे हीन तथा आत्मा सबसे महत्त्वपूर्ण है। इंद्रियां भौतिक वस्तुओं से श्रेष्ठ हैं, मन इंद्रियों से श्रेष्ठ है, बुद्धि मन से श्रेष्ठ है, तथा आत्मा हमारी बुद्धि से भी श्रेष्ठ है।

जब हमारी इंद्रियाँ भौतिक वस्तुओं के संपर्क में आती हैं तो कर्म प्रारंभ होता है और उसके बाद यह सब इस पर निर्भर करता है कि हम अपनी इंद्रियों, मन व बुद्धि को कितनी योग्यता से नियंत्रित करते हैं।

अट्ठारहवें अध्याय की श्लोक संख्या 13-14 में प्रभु कहते हैं- "अधिष्ठान, कर्ता, करण, चेष्टा तथा दैव कर्म के पांच हेतु हैं।"

निम्नलिखित पाँच कारक मानव कर्मों को संपादित करते हैं:

अधिष्ठान का अर्थ है आपके शरीर के लिए नियंत्रण शक्ति। यह अस्तित्व का स्थान है। यह इच्छाओं का स्थान है। **यह आपके शरीर के प्रारंभिक ज्ञान का एकीकरण है।**

कर्त्ता- प्रत्येक व्यक्ति की आत्मा ही कर्त्ता है तथा सभी कर्मों का निष्पादन करती है।

करण- जिन इंद्रियों व साधनों द्वारा कर्म किए जाते हैं, उसे 'करण' कहते हैं। हमारी ज्ञानेन्द्रियां तथा कर्म के अंग, हाथ, पांव तथा वाणी आदि, बुद्धि तथा अनेक प्रकार की ऊर्जाएं ही करण हैं। आत्मा को भौतिक कर्मों के निष्पादन हेतु इन सबकी आवश्यकता होती है।

चेष्टा- सात्त्विक, राजस तथा तामसिक भाव से किए गए प्रयास ही चेष्टा हैं। हमारे सभी कर्म इन तीनों भावों से ही होते हैं। उदाहरण के रूप में इनकी तुलना गेंद तथा बल्ले से की जा सकती है। अंक प्राप्ति रूपी कर्म इनके द्वारा ही किए जाते हैं। इन्हीं के आधार पर हम अच्छा, बुरा, झूठ, धोखा आदि लक्षणों का चुनाव करते हैं।

दैव- महान आत्मा अर्थात प्रभु ही दैव है।

सातवें अध्याय के निम्न श्लोकों में प्रभु कहते हैं-

'हे अर्जुन! पृथ्वी, जल, अग्नि, वायु, आकाश तथा मन, बुद्धि और अहंकार भी आठ प्रकार से विभक्त हुई मेरी प्रकृति है।'' (4)

'हे महाबाहो! इससे दूसरों को मेरी जीवरूपी परा अर्थात् चेतन प्रकृति जान, जिससे यह संपूर्ण जगत धारण किया जाता है।'' (5)

इन ऊर्जाओं के द्विशाखन द्वारा समझें व भीतरी पहचान से जोड़ें कि हम आत्मा हैं; हम स्वयं ही अपने बाहरी वातावरण का सृजन व पुनः सृजन करते हैं; हमारी आत्मा के प्राथमिक व महत्त्वपूर्ण साधन मन तथा बुद्धि हैं।

जैसा कि प्रभु ने कहा कि पृथ्वी, जल, अग्नि, वायु तथा आकाश आदि भौतिक वस्तुओं की श्रेणी में आते हैं। प्रत्येक व्यक्ति भूमि, समुद्र, अग्नि, मृत्यु, आकाश तथा वायु आदि पर नियंत्रण पाना चाहता है। लोग प्रायः अपने कर्तव्य-निर्वाह में चूक जाते हैं या कर्तव्यों के संघर्ष से भ्रमित हो जाते हैं क्योंकि वे उन्हें केवल प्राप्ति के नजरिए से देखते हैं और कर्म व उसके विकास की अवधारणा को अनदेखा कर देते हैं। जो व्यक्ति वास्तव में आत्माएं (ईश्वर की सर्वश्रेष्ठ ऊर्जा) हैं, वे मन, बुद्धि तथा झूठे अहम जैसी हीन ऊर्जाओं की सहायता से, अपनी भौतिक ऊर्जाओं को जीतने का प्रयास करते हैं। एक व्यक्ति

अपने बचाव के लिए तथा आत्म-सम्मान में वृद्धि के लिए झूठे अहम् का प्रयोग करता है। आत्मा, मस्तिष्क, बुद्धि तथा अहम् आदि अन्य निम्न ऊर्जाओं के बल पर इन पर विजय पाना चाहती है। यह अहम् ही मस्तिष्क, शरीर तथा बुद्धि को जोड़ता है एक व्यक्ति अपने बचाव तथा स्वाभिमान में वृद्धि के लिए झूठे अहम् का सहारा लेता है। अहंकार इंद्रियों के माध्यम से मनुष्य के भीतर वासना उत्पन्न करता है उसके मस्तिष्क तथा बुद्धि पर अज्ञान का पर्दा छा जाता है, अतः मनुष्य कुछ भी उचित रूप से नहीं कर पाता।

आप अपने कर्मों के आधार पर ही ऊर्जा का प्रवाह पाते हैं। सकारात्मक ऊर्जा किसी भी मनुष्य को सक्रिय, सचेत, सशक्त तथा शांत बनाती है। नकारात्मक ऊर्जा मनुष्य को भ्रमित, तनावयुक्त तथा दुर्बल बना देती है। सकारात्मक ऊर्जा से भरपूर मनुष्य जीवन का पूरा आनंद लेते हैं, जबकि नकारात्मक ऊर्जा से ग्रस्त मनुष्य आजीवन दु:ख ही पाता है। यद्यपि आजकल बहुत कम व्यक्ति ऐसे हैं जो सकारात्मक अथवा नकारात्मक ऊर्जा से भरपूर हैं, इसलिए हम किसी ऐसे व्यक्ति को नहीं पाते जो सदा प्रसन्न अथवा उदास रहे क्योंकि मनुष्य अच्छे तथा बुरे दोनों प्रकार के कर्मों में लगा हुआ है। उनमें सकारात्मक व नकारात्मक दोनों प्रकार की ऊर्जाएं हैं। प्रत्येक व्यक्ति में उसके कर्मों के आधार पर इसकी मात्रा में कमी अथवा अधिकता हो सकती है। यही कारण है कि आज मनुष्य प्रसन्न भी है तथा अप्रसन्न भी, क्योंकि वह अपने जीवन में सफल भी है तथा असफल भी।

यदि आप अपने चारों ओर देखें तो एक भी ऐसा व्यक्ति नहीं पाएंगे जो धन तथा यश प्राप्ति के बावजूद संतुष्ट तथा प्रसन्न हो।

आप भी यह अवश्य सोचते होंगे कि नवजात शिशुओं के भी विभिन्न ऊर्जा स्तर क्यों होते हैं जबकि उन्होंने वास्तव में कर्म करना आरंभ भी नहीं किया होता। कुछ शिशु हाथ-पाँव हिलाते हैं तो कुछ यूँ ही पड़े रहते हैं। इसका अर्थ है कि ये विभिन्न ऊर्जा स्तर शिशुओं में स्वाभाविक रूप से होते हैं। आप ऐसा सोच सकते हैं कि किसी शिशु को स्वस्थ तथा किसी को दुर्बल बनाकर प्रभु पक्षपात करते हैं, परन्तु आपको स्मरण रखना होगा कि जीवन तथा मृत्यु के पश्चात् आप कुछ और ही होंगे। आपकी शारीरिक आकृति बिल्कुल भिन्न होगी। यद्यपि अगले जन्म में ही आपकी मानसिक तथा भौतिकवादी इच्छाएं तब तक वैसी ही रहती हैं, जब तक आप उन्हें त्याग न दें अथवा पूरा न कर लें। मनुष्य के अतीत में किए गए कर्मों के आधार पर ही ऊर्जा स्तर में भिन्नता पाई जाती है। हमारे ऊर्जा स्तर विगत जीवन के कर्मों के आनुपातिक आधार

में होते हैं। इसका अर्थ यह नहीं कि कम ऊर्जा स्तर वाला मनुष्य आगे चलकर दूसरे मनुष्यों से आगे नहीं निकल सकता।

वह अपने उचित पुण्य कर्मों के आधार पर अधिक ऊर्जा स्तर प्राप्त व्यक्ति को भी पीछे छोड़ सकता है। जो बीत गया, सो बीत गया, आध्यात्मिक व भौतिक सफलता, हमारा वर्तमान जीवन ही है क्योंकि ईश्वर ने हमें स्वतंत्र इच्छा दी है और वह हमारे कामों में हस्तक्षेप नहीं करता।

उदाहरण के लिए, एक बार दो व्यक्ति गायन व वाद्य यंत्र बनाने की उत्कटर इच्छा लेकर जन्मे। पहले व्यक्ति के पास अपनी क्षमता व योग्यता को निखारने व उसे ऊँचाइयों तक ले जाने के पर्याप्त साधन थे।

दूसरे व्यक्ति के पास हुनर को निखारने के पर्याप्त साधनों का अभाव था किंतु उसने पूरी लगन से अपनी प्रतिभा को निखारा। वहीं दूसरी ओर धनी व संपन्न परिवार में जन्मा युवक आलसी हो गया। उसने अपनी प्रतिभा और संसाधनों की कद्र नहीं की, उसका विकास थम गया और वह चाह कर भी ईश्वर प्रदत्त प्रतिभा का सदुपयोग नहीं कर सका, उसे नई ऊँचाइयों तक नहीं ले जा पाया।

चौथे अध्याय के निम्नलिखित श्लोकों में प्रभु कहते हैं-

''कर्म का स्वरूप भी जानना चाहिए तथा अकर्म का स्वरूप भी जानना चाहिए व नहीं करने योग्य कर्म का स्वरूप भी जानना चाहिए क्योंकि कर्म की गति गहन है।' (17)

''जो पुरुष कर्म में अकर्म तथा अकर्म में कर्म को देखे, वही मनुष्यों में बुद्धिमान तथा वही योगी संपूर्ण कर्मों को करने वाला है।''

यदि आप अपने कर्म के परिणाम के प्रति आकृष्ट हुए तो आपका कर्म व्यर्थ माना जाएगा। आजकल प्रत्येक व्यक्ति बुरे कर्मों में लिप्त है क्योंकि अपने कर्म का इच्छित परिणाम चाहते हैं। अपनी ही स्वार्थपूर्ति के लिए किया जाने वाला कर्म, पाप की श्रेणी में आता है।

कर्म वही है, जो आप अपने लिंए नहीं अपितु दूसरों के लिए निष्पादित करते हैं। उदाहरणस्वरूप, हमारे लिए स्वतंत्रता संग्राम के सेनानी, जिन्हें हम आज भी सादर स्मरण करते हैं। मदर टेरेसा, जिन्होंने निर्धन वर्ग के लिए अपना जीवन अर्पित कर दिया। इन महान व्यक्तियों ने धन तथा यश की लालसा से कोई भी कर्म नहीं किया। मदर टेरेसा ने पुरस्कारों अथवा महंगी गाड़ियों में घूमने के लोभ से अपना कार्य आरंभ नहीं किया था, परन्तु अपने कर्मों से प्राप्त सम्मान के कारण उन्हें वह सब प्राप्त हुआ।

यद्यपि निष्पक्षता के नियम का पालन सहज नहीं है, एक व्यक्ति जो जानता है कि केवल कर्म ही उसके वश में है, वही निःस्वार्थ भाव से आगे बढ़ सकता है।

कर्म में अकर्म से तात्पर्य है यह है कि हम सोचते हैं व गहराई से महसूस करते हैं कि हम सब कुछ कर रहे हैं किंतु संभावना यही है कि हम कुछ नहीं कर रहे। ऐसा इसलिए है क्योंकि, प्रकृति व इसके साधनों जैसे- आकाश, ध रती, जल, वायु व अग्नि, प्रकृति के तीन रूपों-सात्विक, राजसी व तामसिक के बिना, कोई व्यक्ति एक क्षण के लिए भी कार्य करने के विषय में नहीं सोच सकता। वास्तव में 'क्षण' को भी प्रकृति ने हमारे खेल के लिए ही रचा है। यह हमें जबरन बताता है कि हम प्रकृति के आगे तुच्छ हैं, हमारे लिए कर्म करना बहुत महत्त्वपूर्ण है, तभी प्रकृति माता भी अपना कर्म करेगी अतः व्यक्ति को हमेशा विनम्र बने रहना चाहिए तथा कार्य का स्वामित्व नहीं लेना चाहिए क्योंकि सच्ची स्वामिनी तो प्रकृति माता है।

दूसरे शब्दों में कहें तो, कर्म में अकर्म से तात्पर्य है कि एक व्यक्ति निरंतर कार्य करता है और अपने कर्तव्य छोड़ देता है किंतु इसके साथ ही वह अपने कर्मों को प्रभु के आगे समर्पित कर देता है और कहता है कि वह कुछ नहीं कर रहा और उसे कर्मफल की भी चिंता नहीं है अतः वह अपने कर्मों या परिणाम से बंधा नहीं है।

अकर्म में कर्म से तात्पर्य तब होता है जब कोई व्यक्ति कुछ प्रासंगिक नहीं कर रहा होता, फिर भी यह नहीं माना जाता कि वह कुछ नहीं कर रहा। वह कुछ नहीं कर रहा, इस तथ्य के बावजूद वह व्यक्ति के प्रकृति के तीन रूपों सत्व, रजस व तमस का प्रयोग कर रहा है। अतः अकर्म में कर्म के दौरान, व्यक्ति अकर्म के दौरान भी निरंतर श्वास लेता है व इसके लिए धरती, वायु, जल व अग्नि आदि प्राकृतिक तत्त्वों का प्रयोग करता है।

ऐसे व्यक्तियों को प्राकृतिक नियमों का पूरा ज्ञान होता है तथा उन्हें बुद्धिमान माना जाता है। उदाहरणस्वरूप, यदि कोई व्यक्ति घर पर मैच देखने के लिए दफ्तर से बहाना मार दे तो वह कह सकता है कि वह कुछ नहीं कर रहा। अतः यह स्वयं ही एक कर्म का रूप ले लेता है। यहां वह क्रिकेट मैच के मोह में है। अतः यह एक कर्म है।

सामान्यतः व्यक्ति कार्य करते समय अतिरिक्त कार्य भार का रोना रोता है परन्तु जब कोई काम न हो तब ही वह खालीपन का रोना रोता है। ऐसे व्यक्तियों के कर्म कुछ न करने जैसा कहलाते हैं तथा उन्हें असंतुष्टि, तनाव तथा अप्रसन्नता घेरे रहते हैं।

चौथे अध्याय की श्लोक संख्या 22 में प्रभु कहते हैं-

"अपने-आप जो कुछ प्राप्त हो, उसी में संतुष्ट रहने वाला, हर्ष शोकादि द्वंद्वों से अतीत हुआ तथा मत्सरता अर्थात् ईर्ष्या से रहित, सिद्धि व असिद्धि में समत्व भाव वाला पुरुष कर्मों को करके भी नहीं बंधता।"

अभी आपने जाना कि उचित कर्म वही है जहां कर्त्ता सफलता की कामना से परे है तथा अपने कर्मों के प्रति निष्पक्ष है। यद्यपि इनका पालन करना कठिन जान पड़ता है किंतु आप कम से कम प्रयत्न तो आरंभ कर ही सकते हैं व स्वयं को हमेशा याद दिलाते रहें कि कर्मों का फल आपके हाथ में नहीं है और जब परिणाम अनिश्चित हो तो कोई भी तनाव या दबाव पर भविष्यवाणी नहीं कर सकता।

ऊर्जा के विभिन्न स्त्रोतों की पहचान

व्यक्ति की भौतिक, मानसिक व भावनात्मक कथाएं, उसकी रुचियों पर निर्भर करती है। प्राय: खिलाड़ियों में भौतिक ऊर्जा अधिक पाई जाती है क्योंकि उन्हें हमेशा शारीरिक सौष्ठव व निर्माण की ओर ध्यान लगाना पड़ता है। वे अपनी बौद्धिक या भावनात्मक ऊर्जाओं की तुलना में शारीरिक ऊर्जा से सफलता पाते हैं। परन्तु इसका यह अर्थ कदापि नहीं कि उनके भीतर मानसिक तथा भावनात्मक ऊर्जा नहीं पाई जाती। इन दोनों की भूमिका भी महत्त्वपूर्ण है, एक खिलाड़ी सफलता पाने के लिए मानसिक अथवा भावनात्मक रूप से भी सशक्त हो सकता है।

यदि एक खिलाड़ी मानसिक रूप से ठीक-ठीक है किन्तु शारीरिक क्षमता में कमजोर है तो वह कभी भी अच्छा प्रदर्शन नहीं कर सकता। क्रिकेट सम्राट कपिलदेव ने संन्यास लेते समय कहा था कि वह मानसिक रूप से ठीक हैं, परन्तु इस बिंदु पर उनकी मानसिक ऊर्जा शारीरिक क्षमता की सहायक नहीं होती।

इसी प्रकार वैज्ञानिक तथा बुद्धिजीवी वर्ग को अपने कार्य के लिए शारीरिक अथवा भावनात्मक कार्य की अपेक्षा मानसिक चिंतन की अधिक आवश्यकता होती है। कंपनियों के सर्वेक्षण तथा विकास कार्यों से जुड़े व्यक्तियों को भी मानसिक ऊर्जा की आवश्यकता पड़ती है ताकि वे उत्पाद की गुणवत्ता बनाए रखने के लिए उसमें सुधार कर सकें। उन्हें केवल इतनी शारीरिक ऊर्जा चाहिए कि अपने मन में जो भी हो, उस पर प्रयोग कर सकें, इसके पश्चात वे उस ज़ानकारी को उत्पादन विभाग को भेज देते हैं, जहाँ

उत्पाद का निर्माण होगा और जिसके लिए शारीरिक ऊर्जा की आवश्यकता होगी।

कलाकारों व फिल्मी सितारों आदि में भावनात्मक ऊर्जा प्रचुर मात्रा में होती है। किसी प्रदर्शन के लिए शारीरिक ऊर्जा की आवश्यकता होती है तथा दर्शकों की प्रतिक्रिया क्या होगी, यह जानने के लिए बौद्धिक ऊर्जा की आवश्यकता होती है। भावनात्मक ऊर्जा यदि परिपूर्ण होगी तभी वह दूसरों को भावुक कर पाएगी।

बायोसिस्टम के अनुसार मनुष्य का शारीरिक चक्र 23 दिन, भावनात्मक चक्र 28 दिन वे बौद्धिक चक्र 33 दिन का होता है। आपको अपने व्यवहार का निरीक्षण आरंभ कर देना चाहिए व पता लगाना चाहिए कि आप किस चक्र में चल रहे हैं, यह कब समाप्त होगा और इसके बाद क्या होगा।

इसकी सहायता से आप शारीरिक चक्र के दौरान अपने ऊर्जा स्तर में वृद्धि कर सकते हैं, भावनात्मक चक्र के दौरान भावनाओं को नियंत्रित कर सकते हैं। भावनाएं उसी बिंदु तक अच्छी हैं, जहां तक वे आपका साथ दें, प्रेरित करें, यदि वे आपके कार्य को दुर्बल बनाने लगें तो उन्हें अपने ऊपर हावी न होने दें।

भाव ही किसी भी कर्म की चालक शक्ति हैं। वे अच्छे अथवा बुरे हो सकते हैं। कुछ भाव निम्नलिखित हैं-

सकारात्मक भाव	नकारात्मक भाव
• सकारात्मक इच्छा • विश्वास • प्रेम • उत्सुकता • आशा • संतुष्टि/निष्पक्षता	• भय • ईर्ष्या • घृणा • प्रतिशोध • लालसा • क्रोध

सकारात्मक तथा नकारात्मक भावों के विषय में जानने के बाद आप सकारात्मक भावों को पाने का अभ्यास कर सकते हैं। अतः हमें अपने जीवन को सफल, स्वस्थ तथा समृद्ध बनाने के लिए सकारात्मक ऊर्जा एकत्र करनी होगी। हम अगले अध्यायों में दिए गए भावों पर विस्तार से चर्चा करेंगे।

कर्म हमारे भीतर सकारात्मक अथवा नकारात्मक ऊर्जा प्रवाहित करते हैं। यहाँ सदी के महानायक अमिताभ बच्चन का उदाहरण सटीक रहेगा; उनके कर्मों से पेशे के प्रति लगन, प्रतिबद्धता व कड़े परिश्रम का परिचय मिलता है। कोलकाता के आई.सी.आई.सी.आई बैंक ने उन्हें अस्वीकृत किया, फिर ऑल इंडिया रेडियो ने भी उन्हें नकार दिया। वह श्रीमती इंदिरा गांधी का दिया पत्र हाथ में थामे, हर निर्माता के दरवाजे पर गए। तब कहीं जाकर उन्हें अपना पहला ब्रेक मिला, तो यह हम पर निर्भर करता है कि हम कितनी खूबसूरती से अपनी पाँचों इंद्रियों का इस्तेमाल करते हुए, प्रकृति के साथ उनका संतुलन साध पाते हैं। इसी प्रकार यदि आपके कर्म अच्छे हों तो आपकी गणना भी समाज के गणमान्य व्यक्तियों के बीच हो सकती है। एक साधारण व्यक्ति तथा गणमान्य व्यक्ति के बीच कोई अन्तर नहीं होता। उनके भी हमारी तरह पंचेंद्रियां तथा भौतिक विशेषताएँ होती हैं, वे भी हमारी तरह नीच प्रकृति व स्वभाव से दूर रहते हैं, परंतु एक प्रमुख अंतर यही है कि वे प्रकृति के साथ पूर्व तालमेल रखते हुए कर्मों का निष्पादन करते हैं। यदि आप स्वयं को असफल मानते हैं तो निश्चित रूप से आप कहीं न कहीं प्रकृति के विरुद्ध होंगे।

कुछ समय पूर्व एक मनोविश्लेषक ने औसत पति-पत्नी के बीच पूरे सप्ताह होने वाले वार्तालाप की मात्रा को मापने का प्रयोग किया। एक सप्ताह में 168 घंटे तथा 10,080 मिनट होते हैं। उसने पाया कि पति-पत्नी के बीच दो, तीन अथवा चार घंटे नहीं 17 मिनट का वार्तालाप हुआ। इसी समय से आप अनुमान लगा सकते हैं कि ऐसे युगल दंपत्ति के बीच कैसा प्रणय होगा, जिन्होंने पूरे सप्ताह के दौरान केवल 17 मिनट तक बातचीत की, संभवत: यही वजह है कि रिश्तों में बढ़ता तनाव, उन्हें तलाक की ओर धकेल ले जाता है। रिश्तों को संभालने के लिए दोनों पक्षों की ओर से कोई प्रयास नहीं होता। अत: जीवन को पूरी तरह सफल बनाने के लिए मनुष्य को परिवार, व्यवसाय, सामाजिक जीवन तथा सकारात्मक कर्म के बीच तालमेल बनाना होगा।

चार प्रकार के व्यक्ति अपने कर्मों के साथ ऊर्जा का ताल-मेल बिठा पाते हैं-

1. सकारात्मक रूप से सक्रिय
2. नकारात्मक रूप से सक्रिय
3. निष्क्रिय व्यक्ति
4. अर्धसक्रिय व्यक्ति

नकारात्मक रूप से सक्रिय व्यक्ति

ऐसे व्यक्तियों का ऊर्जा स्तर बहुत अच्छा होता है, वे सदा कार्यरत रहते हैं किंतु फिर भी सफल नहीं होते। कारण यही है कि उनके कर्म तथा नियत में खोट है, अत: प्रकृति का नियम उन्हें सफल नहीं होने देता। अपने विगत कर्मों के कारण ही वे जीवन में सफलता पाते हैं, परन्तु विगत कर्मों का क्षय होते ही वे पुन: वर्तमान कर्मों के नकारात्मक परिणामों से बंध जाते हैं। इस तरह उन्हें महलों से कुटिया तक पहुंचने में देर नहीं लगती।

आपने भी ऐसे अनेक उद्योगपति देखे होंगे, जिन्हें जीवन के किसी न किसी चरण में मुकदमेबाजी, कोर्ट-कचहरी आदि से गुज़रना पड़ता है। इन लोगों ने अनुचित माध्यमों के लिए अपनी ऊर्जा लगाई है तथा अनुचित साधनों का भी प्रयोग किया है, प्रकृति व उसके नियमों द्वारा इनकी सहायता न करना स्वाभाविक ही है। अत: उन्हें आजीवन अपनी बदनीयती का फल भुगतना पड़ता है। यदि ऐसे व्यक्ति समय रहते न संभलें तो शीघ्र ही उनकी सक्रियता समाप्त हो जाती है निराशा उन्हें आगे बढ़ने से रोक देती है। ऐसे व्यक्ति प्राय: भ्रमित तथा आक्रामक होते हैं।

ऐसे व्यक्तियों के लक्षण निम्नलिखित हैं-

→ *उनकी इच्छाएं नकारात्मक होती हैं।*

→ *वे दूसरों का दिल दु:खाते हैं।*

→ *वे दूसरों का अनुचित लाभ उठाते हैं।*

→ *वे चोरी, तस्करी तथा जालसाजी के काम में निपुण होते हैं।*

→ *वे जुआ खेलते हैं तथा मदिरा सेवन करते हैं।*

→ *उनके विचार उत्तम नहीं होते।*

→ *उनका व्यवहार अभद्र होता है।*

→ *वे दूसरों को घृणा तथा संदेह की दृष्टि से देखते हैं।*

→ *वे अनुचित रूप से अंतर्मुखी होते हैं।*

→ *वे निराशावादी, ईर्ष्यालु तथा रूखे स्वभाव के होते हैं।*

असफलता के साथ-साथ उन्हें एक अनजाने भय का सामना भी करना पड़ता है क्योंकि वे जानते हैं कि उनकी गतिविधियां अनुचित हैं। इन्हीं गतिविधियों में लिप्त रहने के कारण वे सदा हड़बड़ाहट में रहते हैं। वे सदा पीड़ा से घिरे रहते हैं। उनके जीवन में प्रसन्नता का कोई स्थान नहीं होता।

इतनी पीड़ा के बावजूद वे अपना रवैया नहीं बदलते तथा भाग्य को ही दोषी ठहराते हैं। अपने नकारात्मक कर्मों के कारण ही उन्हें आजीवन बुरे वक्त को झेलना पड़ता है। उन्हें नकारात्मक ऊर्जा को सकारात्मक ऊर्जा में बदलना सीखना होगा। ऐसा तभी संभव है जब वे पुण्य कर्म करने को तत्पर हों।

निष्क्रिय व्यक्ति

ऐसे व्यक्तियों का स्वभाव आलसी होता है। उन्हें कोई काम करना अच्छा नहीं लगता। आलसी व्यक्ति के जीवन में सफलता कभी नहीं आ सकती। वास्तव में निष्क्रिय व्यक्तियों को कड़ा परिश्रम करना पड़ता है क्योंकि उनकी शारीरिक तथा मानसिक अवस्था संतोषजनक नहीं होती। वे कर्म की मानवीय परिभाषा के अनुसार कोई कार्य नहीं करते, इस परिभाषा के अनुसार जब कोई जीविकोपार्जन के लिए कोई कार्य करता है तो उसे कर्म कहते हैं अन्यथा वह कोई कार्य नहीं कर रहा।

ऐसे व्यक्ति जहां भी जाते हैं निराशाजनक वांतावरण की सृष्टि करते हैं। कोई भी उनका साथ नहीं चाहता क्योंकि वे शीघ्र ही दूसरों की सकारात्मकता नष्ट कर देते हैं। वे स्वयं तो खीझते ही हैं, दूसरों को खिझा कर माहौल भी बिगाड़ देते हैं। वे दूसरों की आलोचना में रस पाते हैं। वे निराशावादी तथा अवसादग्रस्त होते हैं। उन्हें दूसरों की गलतियाँ निकालने में विशेष रूप से आनंद आता है। वे सफल व्यक्तियों की बजाए ऐसे लोगों को चाहते हैं, जो बड़ी आसानी से अपना दोष किसी के भी मत्थे मढ़ना जानते हैं।

वे प्राय: ऐसे व्यक्तियों का साथ चुनते हैं जो अपने दोष बड़ी आसानी से सरकार, प्रशासन अथवा भाग्य के मत्थे मढ़ देते हैं तथा यही कहते हुए पाए जाते हैं- ''मैं जिंदगी में बहुत कुछ कर सकता था, किंतु अमुक व्यक्ति के कारण मैं असफल हो गया, उसने मुझे धोखा दिया और व्यापार में घाटा हो गया।''

एक प्रसिद्ध उद्योगपति ने एक बार कहा था-

''तुम मुझसे मेरे प्रबंधन कौशल के अतिरिक्त सब कुछ ले लो, मैं तुम्हें पुन: उद्योग स्थापित करके दिखा सकता हूँ।''

निष्क्रिय व्यक्ति कोई काम नहीं करते या किसी वस्तु के हकदार नहीं होने पर भी सुख-सुविधाओं की अपेक्षा रखते हैं। उन्हें आराम से बैठकर दूसरों पर रोब जमाने में मज़ा आता है वे दूसरों को आदेश देते हैं कि वे उनके लिए जीवन के सभी वैभव; अच्छा भोजन, क्लबों में जाना, यात्रा सुविधाएं आदि जुटाएं, जबकि वे स्वयं इनके लिए काम नहीं करते।

सब कुछ चाहने के बावजूद वे उसके लिए काम नहीं करना चाहते। उन्हें व्यर्थ के सुझाव देना तथा दूसरों के दोष निकालना भी बहुत अच्छा लगता है। उन्हें पूरा विश्वास होता है कि वे जो कह रहे हैं अथवा कर रहे हैं, वही सच है। यद्यपि जब कोई काम हाथ में दिया जाए तो वे बगलें झांकने लगते हैं।

उनमें कोई भी कार्य करने के लिए साहस तथा उत्सुकता का अभाव होता है। वे अधिक से अधिक धन कमाना चाहते हैं किन्तु कोई भी खतरा मोल नहीं लेना चाहते। यही कारण है कि उनके पास सही समय पर निर्णय निर्धारण की क्षमता नहीं होती क्योंकि उन्हें हमेशा यही डर रहता है कि जो उनके पास है, कहीं वह भी न छिन जाए।

उनका शरीर काम करने का अभ्यस्त नहीं होता। अत: थोड़ा-सा परिश्रम करते ही शरीर जवाब देने लगता है। आलस उनके शरीर को दुर्बल तथा अशक्त बना देता है। ऐसे लोगों की शारीरिक शक्ति क्षीण होती है तथा वे सदा निराशा के सागर में गोते लगाते रहते हैं।

निष्क्रिय होने की अपेक्षा नकारात्मक रूप से सक्रिय होना कहीं बेहतर है क्योंकि नकारात्मक रूप से सक्रिय होने पर भी उक्त व्यक्ति ऊर्जा से भरपूर होता है तथा चाहने पर ऊर्जा का सृजनात्मक उपयोग भी कर सकता है परंतु निष्क्रिय व्यक्ति में ऊर्जा का अभाव रहता है। अत: कुछ भी कर पाने की कोई संभावना शेष नहीं रहती।

अर्धसक्रिय व्यक्ति

यह उन व्यक्तियों के विषय में है जो अच्छे, ईमानदार, मेहनती व वफादार होने के बावजूद, असफल रहते हैं। आपने ऐसे बच्चों तथा पत्नियों को भी प्राय: कहते सुना होगा कि उनके पिता अथवा पति दिन-रात मेहनत करने के बावजूद जीवन में असफल हैं। ऐसे व्यक्ति प्राय: अपनी ईमानदारी तथा परिश्रम को ही सफलता की बाधा मान लेते हैं। वे समझना ही नहीं चाहते कि कोई और कारण भी हो सकता है। आत्मपरीक्षण की बजाए भाग्य को ही कोसने लगते हैं। आप भी सोचते होंगे कि वे सफल क्यों नहीं होते? यद्यपि उनमें सफल व्यक्तियों के अनेक गुण होते हैं किंतु वे पर्याप्त ऊर्जा तथा कर्म के अभाव में पीछे रह जाते हैं। उनके प्रयास दुर्बल तथा अशक्त होते हैं। वे निराशावादी होते हैं तथा काल्पनिक भय से घिरे रहते हैं।

काल्पनिक भय- ऐसे अच्छे व्यक्तियों में काल्पनिक भय की मात्रा अधिक पाई जाती है जो उन्हें मन की बात प्रकट नहीं करने देता। उन्हें यही

भय सताता रहता है। वे दूसरों की प्रसन्नता पर अपने जीवन-मूल्य भी बलिदान करने को तत्पर हो जाते हैं। यही काल्पनिक भय उनकी सफलता के मार्ग की सबसे बड़ी रुकावट है। कभी-कभी इसी भयवश वे अपने समृद्ध ग्राहक से संपर्क नहीं साध पाते, वे सोचते हैं- "यदि मैंने उसे फोन किया तो हो सकता है, वह मुझसे रुष्ट हो जाए, अथवा मुझे अपशब्द कह दे, "तुमने मुझे इतनी सुबह फोन क्यों किया?"

हो सकता है अमुक व्यक्ति किसी मीटिंग में अथवा लंच पर हो, तब तक दूसरा प्रतिस्पर्धी आर्डर लेकर माल भी तैयार कर लेता है।

मोह तथा प्रेम- ऐसे अच्छे तथा भले व्यक्तियों की ऊर्जा ऐसे व्यापार में नष्ट जाती है, जिसे हम व्यवसाय की संज्ञा नहीं दे सकते। ऐसे व्यक्ति अपने मित्र, सहयोगियों व आत्मीय बंधुओं को उत्पाद के मूल्य पर ही सामान बेच देते हैं, उनसे लाभ कमाना उन्हें बुरा लगता है। आप ही कहें कि ऐसे व्यक्ति जीवन में सफलता कैसे पा सकते हैं? किसी को भी अपने व्यवसाय के साथ ऐसा खिलवाड़ नहीं करना चाहिए। इसमें कोई संदेह नहीं कि प्रभु ने ही हमें प्रेम करने का उपदेश दिया है, किंतु साथ-साथ यह भी तो कहा है कि प्रत्येक व्यक्ति को अपने परिवार के प्रति कर्तव्यों को उपेक्षित नहीं करना चाहिए। यदि आपकी आजीविका कम है तो इसका अर्थ होगा कि अपने पारिवारिक कर्तव्य की पूर्ति नहीं कर पा रहे।

शांति की इच्छा- ऐसे भले व्यक्ति तर्क करना पसंद नहीं करते। उन्हें लगता है कि व्यर्थ तर्क करने से उनके मन की शांति भंग होगी। अतः वे अपने प्रतिस्पर्धियों की तुलना में महंगा सामान खरीद लेते हैं। चूंकि उन्होंने अधिक मूल्य पर माल खरीदा है, उनका बिक्री मूल्य भी बढ़ जाता है और कोई भी बढ़ी हुई कीमतों पर उत्पाद नहीं लेना चाहता। उत्पाद बिक्री घटने से हानि होती है और कोई उपलब्धि नहीं हो पाती। ऐसी शांति भी किस काम की जो आपके जीवन को ही व्यर्थ कर दे।

अतिरिक्त प्रयत्न का अभाव- असफल व्यक्ति छोटे कामों में भी अतिरिक्त प्रयास नहीं करना चाहते। उन्हें एहसास नहीं होता कि उनकी जरा-सी भूल अथवा लापरवाही से ग्राहक किसी दूसरी दुकान पर जा सकता है। ऐसे व्यक्तियों को सही समय पर पहुंचकर दुकान खोलना ही सबसे बड़ी सक्रियता जान पड़ती है। इससे अधिक कोई भी प्रयास इन्हें नगण्य जान पड़ता है। ऐसे व्यक्ति किसी भी अतिरिक्त प्रयास के अभाव में दिन-रात एक-सी

नीरस दिनचर्या में जुटे रहते हैं तथा कोई भी रचनात्मक कदम उठाए बिना भाग्य को ही अपनी असफलता का दोषी मान लेते हैं।

सकारात्मक रूप से सक्रिय व्यक्ति

आपने ग़ौर किया होगा कि ऐसे व्यक्ति जीवन में प्राय: सफल, समृद्ध तथा संतुष्ट होते हैं।

यद्यपि दुर्भाग्यवश ऐसे व्यक्ति संख्या में अधिक नहीं हैं वे किसी भी नीरस दिन को जीवन-ऊर्जा से भरपूर कर सकते हैं। वे दूसरों को अज्ञात तथा अवचेतन रूप से प्रेरित करते हैं। उनकी उपस्थिति मात्र ही वातावरण को सकारात्मक बना देती है।

ऐसे ही व्यक्ति किसी भी समारोह की जान होते हैं। यद्यपि इनकी संख्या बहुत कम है। अत: सैंकड़ों में आप दो या तीन व्यक्ति ही ऐसे पाएंगे जो अपने विलक्षण व्यक्तित्व के कारण प्राय: प्रत्येक द्वारा सराहे जाते हैं। इन्हें किसी से शिकायत नहीं होती। न तो वे क्रोधित होते हैं और न ही भ्रमित वे निराश नहीं होते हैं और न ही मन में कोई कुंठा पालते हैं। इसलिए आप सब उनके जीवन का एक हिस्सा बनना चाहते हैं।

शांति भाव- सकारात्मक रूप से सक्रिय व्यक्तियों की सबसे बड़ी विशेषता है उनका शांत स्वभाव, वे शीघ्र ही उत्तेजित नहीं होते। उन पर मूड हावी नहीं होता। उनका अपनी इंद्रियों पर पूर्ण नियंत्रण होता है। अभ्यास के बल पर ही वे इस शांत भाव को पाते हैं। वे जीवन में प्रत्येक वस्तु तथा व्यक्ति के लिए तैयार रहते हैं। योग्यता में उनका कोई साथी नहीं होता। उनकी निर्णय-निर्धारण क्षमता सटीक होती है क्योंकि वे शांत भाव से समस्याएं सुलझाते हैं। इसी शांति भाव तथा संतुलित मस्तिष्क के बल पर वे बड़ी से बड़ी कठिनाई को हंस कर झेल जाते हैं। यही उनके विलक्षण व्यक्तित्व का राज़ है। समस्याओं का सामना तो सभी को करना पड़ता है किंतु मुख्य बात तो यह है कि वह किस भाव से उनका सामना करता है- क्रोध, अधैर्य अथवा शांति भाव से।

सचेत- ऐसा व्यक्ति सदैव सचेत रहता है। उसकी शारीरिक भंगिमा से इसका पता नहीं चलता, परन्तु वे सदा अपने चारों ओर के प्रति सचेत रहता है। उन्हें कोई भी मूर्ख नहीं बना सकता। वे जानते हैं कि किससे खुल कर बात की जा सकती है अथवा अपना राज़ बांटा जा सकता है। वह सबके लिए एक-सा नहीं होता। यदि कोई उसके राज़ उगलवाना चाहता है, तो वह उन्हें

छिपा लेगा और किसी पर प्रकट नहीं होने देगा। यहीं मनुष्य की सजगता की भूमिका साफ होती है कि उसमें सही-गलत व अच्छे-बुरे को पहचानने व उसके अनुसार कार्य करने का विवेक होना चाहिए। यद्यपि सच जानने पर भी सही समय पर सही निर्णय न लेना तो मूर्खता ही है तथा सकारात्मक रूप से सक्रिय व्यक्ति मूर्ख नहीं होता।

यहाँ हमारा तात्पर्य मांसपेशीय या शारीरिक शक्ति से नहीं है। इसका अर्थ है कि वह सकारात्मक ऊर्जा से भरपूर होता है तथा समय व्यर्थ नहीं करता, वह अपना सारा कार्य समय पर करता है, चाहे वह कर्तव्य पारिवारिक हो अथवा व्यावसायिक। एक सशक्त व्यक्ति में खतरे मोल लेने का साहस होता है, वह अपनी मनोवांछित इच्छा की पूर्ति के लिए; प्रतिदिन अपने सुकर्मों व सुप्रयत्नों के बल पर ऊर्जा में वृद्धि करता है।

धैर्य- वह धैर्यवान होता है, परन्तु इसका अर्थ यह भी नहीं कि वह सदा के लिए धैर्य धारण कर लेता है। वह घटनाओं के घटने की प्रतीक्षा नहीं करता परन्तु वह घटनाओं के घटित होने में शीघ्रता भी नहीं दर्शाता। उसमें इतना धैर्य होता है कि वह घटनाओं के समय पर घटने की प्रतीक्षा कर सके क्योंकि उसे पता है कि शीघ्रता मुसीबत का कारण बन सकती है।

संसार में कुछ ऐसे व्यक्ति भी हैं जो आजीवन सही अवसर पाने की प्रतीक्षा करते रह जाते हैं। धैर्यवान व्यक्ति अपने लिए अवसरों का निर्माण करता है। किसी भी कार्य को समय से पूर्व अथवा पश्चात करना घातक होता है। वह इस तथ्य को भली-भांति जानता है।

अनुशासन- आपने इस शब्द को अपने स्कूल-कॉलेज के दिनों में भी सैकड़ों बार सुना होगा, परन्तु आज भी आप अनुशासित जीवन नहीं जीते। अपने पहले-पहल इसे अपनाने का प्रयास किया होगा व इसका आनंद भी उठाया होगा, किंतु कुछ समय बाद यह आपको नीरस व एकरस जान पड़ा होगा और आपने इसे छोड़ दिया होगा।

"अनुशासन के अभाव में सफलता की कामना नहीं की जा सकती।"

यदि आप सही समय पर सही कार्य करने की आदत डालेंगे तो आपको सफलता का आभास होगा। हो सकता है कि आपको कुछ बलिदान भी करने पड़ें, किंतु आपको इतना अनुशासित अवश्य होना चाहिए कि जीवन के मूल्यों का प्रश्न आए तो आप कोई समझौता न करें। स्मरण रहे कि आपके हाथ में केवल कर्म है, कर्मफल प्रभु के हाथ में है।

संतुलित मस्तिष्क- अस्थिर मस्तिष्क वाले व्यक्तियों पर तो कोई दया ही कर सकता है, ऐसे व्यक्ति प्राय: अतिवादी दृष्टिकोण रखते हैं। यदि वे काम पर हों तो पारिवारिक कर्तव्यों की भी उपेक्षा कर देते हैं तथा दिन-रात मेहनत करते हैं। यदि मौज-मस्ती करने पर आएं तो महत्त्वपूर्ण कार्यों की भी अवहेलना कर देते हैं। अपने जीवन को असंतुलित रखने वाला व्यक्ति कभी भी सफलता प्राप्त नहीं कर सकता। ऐसे व्यक्ति जो जीवन को नियंत्रित नहीं कर पाते, वे कभी सफल नहीं होते। बच्चों, परिवार तथा पत्नी के साथ समय बिताते समय उन्हें काम का होश नहीं रहता। यदि काम में डूब जाएं तो परिवार की याद नहीं आती।

वे केवल वही करना चाहते हैं, जिसमें उन्हें विशेष रूप से आनंद आए। वे अपनी इंद्रियों के पूर्ण नियंत्रण में होते हैं। सकारात्मक रूप से सक्रिय व्यक्ति किसी भी वस्तु के पीछे पागलों की तरह नहीं भागता, क्योंकि वह जानता है कि केवल कर्म ही उसके हाथ में है तथा कर्म करने का तात्पर्य केवल काम करने से नहीं है। वे अपने काम के साथ-साथ परिवार तथा मित्रों को भी पूरा-पूरा समय देते हैं। उन्हें अपने जीवन में संतुलन साधना आता है। संतुलन साधने का अर्थ कृपया यह न लगाएं कि पूरा दिन काम करने के बाद आप पत्नी तथा बच्चों को महंगे उपहारों से लाद कर कहें कि मैंने अपने जीवन को पूरी तरह संतुलित किया हुआ है। यह संतुलन नहीं कहलाएगा क्योंकि आपका परिवार आपके प्यार के रूप में उपहार नहीं, आपका साथ व समय चाहता है।

सकारात्मक रूप से सक्रिय व्यक्ति सदा यही विचार कर काम करता है कि वह समाज तथा देश का कल्याण कर रहा है। तभी वह जीवन में सफल, समृद्ध व संतुष्ट हो पाता है। ऐसे आशावादी व्यक्ति प्रकृति के बनाए नियमों में पूरा विश्वास रखते हैं। दूसरे उनकी प्रशंसा करते हैं व उनके जैसा बनना भी चाहते हैं।

ऊर्जा प्रवाह में आने वाली बाधाएं

आलस्य- आलस्य ऊर्जा के प्रवाह में बहुत बड़ी बाधा है क्योंकि यदि आप किसी कार्य के लिए तत्पर नहीं हैं तो आप अकारण ही काम में देरी करते हैं। धीरे-धीरे यह एक आदत बन जाती है, जिससे ऊर्जा वृद्धि का कोई अवसर नहीं मिलता और साथ ही मौजूदा ऊर्जा का भी क्षय होने लगता है। अधिकतर व्यक्ति आज के काम को कल पर स्थगित करते

रहते हैं क्योंकि वे आराम करना चाहते हैं या टी. वी. आदि देखना चाहते हैं। यह उचित नहीं है। सही समय पर काम समाप्त करने की चेष्टा करें, आपके लिए यही उचित है।

नकारात्मक चिंतन- प्राय: व्यक्ति नकारात्मक चिंतन में लीन हो जाते हैं। "यदि मैं काम करने लगा तो क्या मिलेगा?" या "मैं तो प्रयास कर रहा हूँ। परिवार के अन्य सदस्य अपने आप में मग्न हैं" या इतना प्रयत्न करने पर भी मुझे घाटा उठाना पड़ रहा है। अत: काम करने से कोई लाभ नहीं है।" परिणामत: ऐसे व्यक्ति अपने कर्तव्यों की उपेक्षा करने लगते हैं तथा निराशा में घिर जाते हैं तथा नकारात्मक चिंतन में ही उनकी ऊर्जा समाप्त हो जाती है।

हीन भावना–अपनी कमजोरियों से ग्रस्त लोग हीन भावना के शिकार हो जाते हैं। प्रकृति समानता में विश्वास नहीं करती। इसने प्रत्येक मनुष्य को एक अनूठी विशेषता के साथ गढ़ा है। हमें अपनी उस खूबी को पहचानना है ताकि दूसरों के बीच अपनी पहचान बना सकें। यहीं हम दूसरों से श्रेष्ठ हो पाते हैं, अत: हीन भावना का तो कोई प्रश्न ही नहीं उठता। यदि आप दूसरों से कोई एक अनोखी विशेषता रखते हैं तो आप हीन कैसे हुए? व्यक्ति को कामों की पहल के लिए आगे आना चाहिए तथा पर्याप्त कार्य भी करना चाहिए अन्यथा उसकी ऊर्जा का स्तर गिर जाएगा।

संकल्पशक्ति का अभाव- किसी भी व्यक्ति को कार्य की निरंतरता बनाए रखनी चाहिए। कई व्यक्ति ऐसे भी होते हैं जो लगातार काम अथवा व्यवसाय बदलते रहते हैं, यह रवैया पूरी तरह गलत है। एक व्यक्ति को किए जा रहे कार्य व उसकी निरंतरता के प्रति दृढ़ होना चाहिए। बार-बार कार्य की प्रकृति बदलने से ऊर्जा के स्तर में उतार-चढ़ाव आने लगता है तथा ऊर्जा क्षय होती है।

कुछ लोग महसूस करते हैं कि संकल्प शक्ति एक रहस्यमयी कारक है, जो चुनावों में हमारा मार्गदर्शन करता है। हो सकता है कि आपकी इस विषय में कोई राय न हो, किंतु आप भी जब कोई गलत चुनाव कर लेते हैं, तो इसकी आड़ में स्वयं को बचा लेते हैं।

दिवा-स्वप्न- प्राय: व्यक्ति दूसरों के व्यक्तित्व तथा जीवनशैली के प्रति ईर्ष्या भाव रखते हैं तथा उनके जैसी जीवनशैली जीने की कल्पनाएं करने लगते हैं। परिणामत: वे लगन से काम करने की बजाए दिनभर काल्पनिक उड़ानें भरते रहते हैं। इस प्रकार रचनात्मक कार्यों में ऊर्जा का उपयोग नहीं हो पाता, जिससे ऊर्जा स्तर घटने लगता है।

इंद्रियों का दास- इंद्रियों का दास जीवन में कोई भी कार्य करने के सिवाय सभी आनन्द लूट लेना चाहता है। नतीजतन वह लोभी व इच्छाओं का दास हो जाता है और सफलता का शार्टकट पाने की तलाश, न केवल उसे सफलता से दूर ले जाती है बल्कि वर्तमान ऊर्जा स्तरों का दुरूपयोगः ऊर्जा से भी दूर ले जाता है।

तनाव–तनाव एक ऐसी भावना है, जो घटना विशेष की प्रतिक्रिया स्वरूप उत्पन्न होती है। इस प्रकार शरीर स्वयं को पूरी सजगता, सामर्थ्य व केंद्र के साथ, मुश्किल परिस्थितियों की चुनौती का सामना करने के लिए तैयार करता है। आप जब भी कभी तनाव से घिरें तो याद रखें कि आप ऊर्जा बर्बाद कर रहे हैं। तब हम समस्या का समाधान तलाशने की बजाए, समस्या के आसपास ही चक्कर लगाते रह जाते हैं। तनाव के दौरान आपका शरीर एक दबाव से ग्रस्त हो जाता है। मानसिक तथा हार्मोनजनित बदलावों के कारण चयापयच में वृद्धि होने लगती है। मांसपेशियों में जकड़न आ जाती है। हार्मोन ग्रंथियां सक्रिय हो जाती हैं। एड्रेनल तथा अन्य हार्मोनों के बढ़ने के कारण शरीर में अनेक परिवर्तन आते हैं।

तब मांसपेशियों को सही कार्य करने के लिए ग्लूकोज़ की आवश्यकता पड़ती है, जिसके लिए अतिरिक्त ऑक्सीजन चाहिए। हृदय खून के दौरे में तेजी लाता है, जिससे रक्तचाप में वृद्धि हो जाती है। यद्यपि शरीर में रक्त की मात्रा सीमित है, अतः मांसपेशियां, हृदय, फेफड़ों आदि अंगों को अतिरिक्त रक्त पहुंचाने की प्रक्रिया में, शरीर के कम महत्त्वपूर्ण अंगों में रक्त की मात्रा घट जाती है। परिणामतः पाचन तंत्र धीमा पड़ जाता है। गुर्दे तथा पेड़ू की मांसपेशियां सिकुड़ जाती हैं तथ इम्यून सिस्टम भी धीमा हो जाता है।

अतः अगली बार जब आप तनावग्रस्त हों तो शरीर में आने वाले इन परिवर्तनों को अनदेखा न करें। ऐसी अवस्था में निम्न उपाय अपनाएं, इससे आपकी ऊर्जा का स्तर बना रहेगा।

- कम से कम पाँच सैकण्ड के लिए गहरी धीमी साँस लें। फिर साँस को कुछ देर तक रोकें व धीरे-धीरे छोड़ दें। इसे पाँच से दस बार दोहराएं।
- स्वयं से कहें- "मैं शांत तथा ऊर्जा से भरपूर हूँ, मैं तनाव का दास नहीं। मेरा जीवन ऐसी छोटी-छोटी बातों में व्यर्थ करने के लिए नहीं बना। मैं कुछ भी सहने को तैयार हूँ, क्योंकि मैं जानता हूँ कि प्रभु मेरे साथ हैं तथा मैं भौतिक वस्तुओं के पक्ष में नहीं हूँ।"
- तत्काल अपनी सारी भावनाएं तथा समस्याएं एक कागज पर लिखें। विकल्पों की सूची बनाने के बाद, उस आसान रास्ते को अपना लें, जिसे

आप संभाल सकें। इस तरह आपके आत्मविश्वास में वृद्धि होगी।

- आप अपनी इच्छित वस्तु की ओर से ध्यान हटाने की चेष्टा करें।
- आपके साथ जो कुछ भी अच्छा हुआ, उसे स्मरण करें तथा स्वयं को विश्वास दिलाएं कि अब भी आपके साथ अच्छा ही होगा।
- आंखें बंद कर स्वयं को सिर से पांव तक अनुभव करें। जिन मांसपेशियों में जकड़न का एहसास हो, उन्हें आराम दें।
- अपनी गर्दन, जबड़े, कंधे तथा पांवों की मालिश करें। इसे एक आदत न बनाएं।
- अपने आपसे कहें : मैंने पहले भी कई जन्म लिए हैं और इन सभी परिस्थितियों या ऐसा कहूँ कि इससे भी बुरी परिस्थितियों से गुजरा हूँ, जो मुझे याद भी नहीं हैं। अत: एक दिन में इस तनाव को भी भूल जाऊँगा और जब मुझे एक दिन इसे भूलना ही है तो मैं इसकी चिंता क्यों करूं और बिना वजह परेशान क्यों होता रहूँ।

ऊर्जा स्तर में वृद्धि के उपाय

उत्तेजित न हों- क्या आपने इस बात का अवलोकन किया है कि उत्तेजित होने पर आपकी क्या प्रतिक्रिया होती है? आपके शरीर में एक तीव्र लहर-सी दौड़ जाती है, वह ऊर्जा ही होती है। सावधान रहें, जिस बात ने आपको इतना उत्तेजित किया था, यदि वही आपके पक्ष में न हो, तो सारी ऊर्जा घटने में देर नहीं लगती। आप अपने पक्ष में दलील देने योग्य भी नहीं रहते।

क्रोधित न हों- आप क्रोधित होने का दिखावा कर सकते हैं परन्तु वास्तव में कभी क्रोध न करें। यह आपके ऊर्जा के स्तर को क्षीण करता है, जिससे आपके मस्तिष्क की सजगता तथा शांति पर बुरा प्रभाव पड़ता है।

घबराहट व तनाव से बचें- अनावश्यक भय तथा मोह से घबराहट उत्पन्न होती है। याद रखें, भय एक पाप है, यदि आप अपनी किसी गलती के बिना भी किसी से भयभीत हैं, तो जान लें कि आप पाप कर रहे हैं। जब आप अपने कर्म के परिणाम के प्रति चिंतित रहते हैं तो भौतिक सुख-सुविधाओं के प्रति आसक्ति ही आपको तनावयुक्त तथा आक्रामक बना देती है।

व्यर्थ की गपशप, आलोचना तथा समय की बर्बादी से बचें- वर्षभर में एक मिलियन डालर कमाने वाले **मिस्टर चार्ल्स** का कहना है- ''मैंने कभी

किसी की आलोचना नहीं की। मैं व्यक्ति को उसके काम का पूरा पारिश्रमिक देता हूँ। मैं प्रशंसा करने के लिए उत्सुक रहता हूँ परंतु दोषों से विमुख हो जाता हूँ। यदि कुछ अच्छा लगे तो हृदय से उसकी प्रशंसा करता हूँ।''

भोजन- ऊर्जा के स्तर को बनाए रखने के लिए भोजन को कभी उपेक्षित न करें। प्राय: आप अनुभव करते हैं कि आपके लिए कौन-सा भोजन उत्तम है। जो भोजन आपको न रुचे उसे न खाएं। आपने सुना ही होगा कि हम वही हैं, जो हम खाते हैं। अत: यदि आप एकाग्र होना चाहते हैं तो आपको हरी सब्जियां व फल लेने चाहिए, क्योंकि वे आपके पेट को हल्का रखते हैं। **जार्ज ओसावा** ने एक संतुलित आहार पद्धति विकसित की है, जिसे वे भोजन का तरीका कहते हैं। उनके अनुसार भोजन जितना प्राकृतिक होगा, उतना ही आप जीवंत अनुभव करेंगे। भारी तथा गरिष्ठ भोजन व्यक्ति को आलसी बना देता है तथा एकाग्र नहीं होने देता। स्वादिष्ट होने पर भी जंक फूड हमारी सेहत के लिए अच्छा नहीं है। इससे हम रोगी हो सकते हैं तथा अधिक नींद आना, अति प्रतिक्रिया व्यक्त करना आदि समस्याएं भी बढ़ सकती हैं।

स्मरण रहे-

- *सदा समय पर भोजन लें।*
- *भोजन गरीष्ठ व अधिक मात्रा में न लें।*
- *शीघ्रता से भोजन न करें।*
- *पर्याप्त मात्रा में जल लें।*
- *पर्याप्त मात्रा में प्रोटीन तथा विटामिन लें।*
- *पूरा पेट भरने से पूर्व ही भोजन समाप्त कर दें।*

संतुष्ट रहें- सार यही है कि आप संतुष्ट रहना सीखें। सब इस विषय में जानते हैं। किंतु उन्हें इसका अनुभव नहीं है। अंतहीन भौतिक इच्छाएं ही संतुष्टि के मार्ग में बाधक हैं। यह इच्छाएं मनुष्य को व्याकुल बना देती हैं। परिणामत: ऊर्जा घटने लगती है। अत: इच्छाएं घटाएं।

अपने-आप से कहें-

- *मैं एक प्रसन्नचित्त व्यक्ति हूँ।*
- *मेरे पास सब कुछ है।*
- *मुझसे सब प्रेम करते हैं, जो मुझे नहीं चाहते, वे भी एक दिन मुझे चाहेंगे।*

- *मैं प्रेम के प्रति संवेदनशील हूँ तथा जीवन का मोल समझता हूँ।*
- *मैं सफल हूँ।*
    - *अपने बाज़ू मोड़ कर न रखें, इससे ऊर्जा के प्रवाह में बाधा आती है।*
    - *सदा ऊपर की ओर देखते हुए चलें।*
    - *अपने शरीर को अच्छी तरह जानें व इसकी प्रतिक्रियाएँ समझें। ईश्वर ने हमें जितने भी उपहार दिए हैं, उनमें से मस्तिष्क सर्वाधिक महत्वपूर्ण है।*
    - *ईश्वर से अपनी समस्याएं कहें। अपनी इच्छाएं पूरी करने को न कहें। प्रभु से समस्याओं के समाधान की शक्ति मांगे।*
    - *अपने नेत्र संचालन तथा शरीर की भंगिमाओं का ध्यान रखें।*
    - *चिंतित न हों।*
    - *समस्याओं से भयभीत होने की बजाए उनका सामना करें।*
    - *दूसरों पर भरोसा करना सीखें क्योंकि आप प्राय: दूसरों के दायित्वों के प्रति चिंतित रहते हैं, जिससे आप पर बुरा प्रभाव पड़ता है।*
- दूसरों को प्रसन्न रखने की कल्पना करें तथा उन्हें शुभ समाचार दें।

❑

अध्याय 4

मस्तिष्क

ईश्वर ने हमें जितने भी उपहार दिए हैं, उनमें से मस्तिष्क सर्वाधिक महत्त्वपूर्ण है।

ईश्वर ने प्रकृति की रचना की, जोकि उनकी सारी रचनाओं में से सर्वोत्तम है; ब्रह्माण्डीय भव्यता में सभी तत्त्वों का सामंजस्यपूर्ण मेल है। इसे सराह कर हम संपूर्ण आनंद से जीवन जीने की योग्यता पा सकें। इस महिमामयी सृजन को समझने के लिए, प्रभु ने हमें मस्तिष्क दिया। प्रकृति ने हमारे लिए मस्तिष्क का सृजन किया ताकि हम न केवल अपने-आस-पास फैले प्राकृतिक वैभव का आनंद ले सकें बल्कि स्वयं को इस सृजन के एक महत्त्वपूर्ण अंग के रूप में भी पहचान सकें, अच्छे-बुरे, सही-गलत में भेद करके हम ऐसा कर सकते हैं यही योग्यता हमें सभी जीवों में श्रेष्ठ बनाती है, अच्छे-बुरे में भेद की योग्यता ही सफल तथा असफल मनुष्य का भेद दर्शाती है। मस्तिष्क ही किसी व्यक्ति को साधु या पापी बनाता है, भगवान का दूत या शैतान बनाता है।

चुनने की यह क्षमता ही हमें हमारा रवैया देती है। यह रवैया ही हमें गढ़ता है तथा हमारी ऊर्जा का स्रोत है। मन हमारी ऊर्जा का स्रोत है तथा मानसिक दशा हमें वही बनाती है, जो हम हैं। कुछ लोग जीवन में स्वयं को तिरस्कृत पाते हैं, कुछ संघर्षरत रहते हैं तो कुछ इसका पूरा आनंद लेते हैं। अंतर केवल मन की अवस्था का है मन ही मोक्ष प्राप्ति में अहम भूमिका निभाता है। यही वह साधन अथवा माध्यम है, जो हमें प्रभु तक ले जाता है। कृष्ण भगवान ने मस्तिष्क की विशाल कार्य क्षमता का वर्णन किया है।

छठे अध्याय के निम्न श्लोकों में प्रभु कहते हैं-

''मनुष्य को चाहिए कि वह स्वयं संसार रूपी समुद्र से अपना ***उद्धार*** *करे तथा आत्मा को अधोगति में न ले जाए क्योंकि जीवात्मा अपनी ही मित्र तथा शत्रु है।'' (5)*

"जिस जीवात्मा द्वारा मन व इंद्रियों सहित शरीर जीता हुआ है, उस जीवात्मा का तो वह स्वयं ही मित्र है। जिसके द्वारा मन तथा इंद्रियों सहित शरीर नहीं जीता गया उसे वह स्वयं ही शत्रु के सदृश्य व्यवहार करता पाता है।" (6)

व्यक्ति मस्तिष्क को ही 'मन' की मान्यता देता है। सभी मानवीय मस्तिष्क तकरीबन एक से आकार-प्रकार के होते हैं अत: मन की अवस्था भी एक-सी होनी चाहिए, किंतु यह एक हद तक ही ठीक है। कोई व्यक्ति यह सोचकर हैरान हो सकता है कि यदि दिमाग इतना शक्तिशाली है तो हम अपने चरण लक्ष्य तक क्यों नहीं पहुँचते? ऐसा क्यों है कि कुछ लोग केवल शत्रु बनाते हैं और कुछ केवल मित्र? कुछ लोग प्रसन्न हैं और कुछ नहीं? क्यों कुछ लोग बड़े-बड़े काम करते हैं और कुछ बुराइयों में जकड़े रहते हैं? यह एक महत्त्वपूर्ण प्रश्न है, जिसका उत्तर विस्तार से समझा जाना चाहिए क्योंकि इसी में सबसे बड़ा अंतर छिपा है। जैसा कि हमने बताया कि किसी व्यक्ति के मस्तिष्क की गुणवत्ता उसके पिछले जन्म के कर्मों पर आधारित होती है। तभी हम विभिन्न बुद्धि विलास व रुचि वाले बालकों को देखते हैं। जी हाँ, ये भेद भी एक स्तर तक ठीक है। ये सच है कि पूर्व जन्म के कर्मों का प्रभाव होता है किंतु वही निर्णायक कारक नहीं है। यह भी काफी हद तक मायने रखता है कि व्यक्ति दिए गए मस्तिष्क का कितना सदुपयोग या दुरुपयोग करता है। अच्छी व उच्च मानसिक क्षमता वाला व्यक्ति हमेशा दूसरों से आगे रहेगा, यह जरूरी नहीं निम्न मानसिक क्षमता वाला व्यक्ति भी अपनी लगन व प्रदर्शन के बल पर आगे आ सकता है।

अध्ययन से पता चला है कि सफलतम व्यक्तियों ने भी अपने मस्तिष्क का केवल 6 प्रतिशत भाग इस्तेमाल किया था, जबकि आम जीवन जीने वाले साधारण मनुष्य 3 प्रतिशत से अधिक मस्तिष्क का इस्तेमाल नहीं करते। इस्तेमाल का यही अंतर एक सफल व आम आदमी का अंतर स्पष्ट करता है। प्रकृति ने मनुष्य को संपूर्ण मस्तिष्क दिया था, किंतु मनुष्य ने इसकी पूरी क्षमता का उपयोग न करते हुए इसे जर्जर बना दिया। जैसे कि कोई भी मैकेनिक आपसे कहेगा कि यदि आप 2-3 साल तक अपने वाहन के टैंक में ऊपर तक पेट्रोल नहीं भरवाएँगे तो खाली रहने वाले हिस्से में जंग लग जाएगा। जो हिस्सा इस्तेमाल होता रहता है, वह ठीक रहेगा हमारे मस्तिष्क के लिए भी यही सत्य है। हम अपने आसपास के लोगों को देखें तो पाएंगे कि नीरस जीवन की शिकायत वही लोग करते हैं, जो अपने दिमाग का भरपूर इस्तेमाल नहीं करते; ये रोज़मर्रा की बेकार बातों में समय बिताते हैं

और दिमाग को जंग लग जाता है। केवल प्रयोग में आने वाला, प्रतिशत सक्रिय रहता है, बाकी निष्क्रिय हो जाता है।

यह बात नहीं कि कोई काम बुरा है लेकिन एक कंडक्टर आजीवन कुछ खास नहीं करता। उसे सिर्फ टिकटें देकर पैसे गिनने हैं। रिसेप्शन पर बैठे व्यक्ति को आने वालों से मिलना है तथा संबंधित व्यक्ति तक पहुँचना है, इन कामों में कोई खास रचनात्मकता नहीं होती। इसी तरह कम्प्यूटर में आँकड़े डालने वालों को भी हमेशा एक-सा काम करना पड़ता है और उनके मस्तिष्क का काफी हिस्सा व्यर्थ पड़ा रह जाता है।

ऐसे अधिकतर लोग, जो कि काफी मुश्किल और चुनौतीपूर्ण जीवन जी रहे हैं, वे सही मायनों में अपने दिमाग का इस्तेमाल ही नहीं करते। वे प्रतिदिन एक से नीरस काम में जुटे रहते हैं और दिमाग नहीं चलाते। मस्तिष्क हमारा वफादार सेवक है, यह अलादीन के जिन्न की तरह हमारा हर आदेश मानता है।

हम सबके मस्तिष्क परस्पर सम्बद्ध हैं। सभी मानव मस्तिष्क उस विराट मस्तिष्क का एक अंग हैं जो एक-दूसरे के साथ प्रत्येक हाव-भाव व बातों को एक-दूसरे के पास भेजने में लगा हुआ है। यह भेजना मस्तिष्क की अर्धसचेत अवस्था में होता है। अतः हम इस विषय में जान नहीं पाते। यह संप्रेषण चेतन स्वर पर भी होता है। किंतु इसकी गति की तीव्रता बहुत कम होती है। आपको टेलीपैथी का अनुभव हुआ होगा जब दो व्यक्ति एक ही विषय में एक साथ सेचते हैं। यदि दोनों मस्तिष्कों के बीच कोई संपर्क सूत्र न होता तो ऐसा कदापि संभव न था। यदि हम इस प्रक्रिया को विकसित कर पाएं तो द्रुत गति से विचार तथा संदेशों का आदान-प्रदान होगा तथा किसी भ्रम की गुंजाइश नहीं रहेगी। आपको मौखिक रूप से संप्रेषण की आवश्यकता नहीं रहेगी।

विशेषकर भारत में आपने ऐसे साधु देखे होंगे जो आपके विचारों को पढ़ सकते हैं। इस कला द्वारा आप आसानी से दूसरे के विचारों का ज्ञान प्राप्त कर सकते हैं। यहाँ एक वास्तविक अनुभव दिया जा रहा है, जो मेरे किसी परिचित को हुआ था। उन्हें एक साधु मिला और बिना किसी प्रस्तावना के उनके जीवन की कुछ बीती घटनाएं गिना दीं। तब साधु ने उससे कहा कि वह अपनी जन्मतिथि एक कागज पर लिखकर अपने पास रख लें। ज्योंहि मित्र ने कागज पर जन्मतिथि लिखी। साधु ने झटपट बता

दिया। इसी तरह उन्होंने मित्र द्वारा उनके प्रश्नों के उत्तर लिखवाए तथा बिना देखे उत्तर दे दिए। तब अचानक एक विचित्र घटना घटी। साधु ने मित्र से कहा कि वह अपने विवाह की तारीख लिखे। मित्र ने यह तारीख लिखने की बजाए गलती से पत्नी के जन्मदिवस की तिथि लिख दी। अब साधु ने उसे वही तिथि बताई जो उसने कागज पर लिखी थी। इससे पता चलता है कि साधु कोई ज्ञानी नहीं था, वह मेरे मित्र के सजग मस्तिष्क से संप्रेषण कर रहा था या उसे पढ़ रहा था। हम मन की अवस्थाओं पर विस्तार से चर्चा करेंगे पर पहले स्वामी विवेकानंद जी के अनुभवों के माध्यम से, संप्रेषण को गहराई से जान लें।

स्वामी जी अपने दो मित्रों के साथ किसी विद्वान के यहाँ गए। विद्वान व्यक्ति ने कागज के टुकड़ों पर कुछ लिखा और प्रत्येक व्यक्ति से कहा कि वे विभिन्न भाषाओं में लंबे वाक्य सोचें। स्वामी जी ने संस्कृत का श्लोक सोचा, उनके मित्र ने अरबी में कुरान की आयत सोची और तीसरे व्यक्ति ने जर्मनी भाषा में मेडिकल वाक्य सोचा। फिर सबने देखा कि उस व्यक्ति ने पहले से ही कागज के टुकड़ों पर वे वाक्य लिख रखे थे। उसे न केवल यह पता था कि वे लोग भविष्य में क्या सोचने वाले हैं, बल्कि उसने वे भाषाएं भी पढ़ ली थीं जिनसे वह पूरी तरह अनजान था। अवचेतन से संप्रेषण संभव है जो कि संप्रेषण को और भी गहन स्तर तक ले जाता है, हमें ब्रह्माण्डीय तरंगों व हमारे सच्चे स्वरूप तक जाने में सहायक होता है।

कंप्यूटर तथा उपग्रहों के इस नए युग में मनुष्य ने अनेक किरणों व ऊर्जाओं का अन्वेषण किया है, जिन्हें संदेशों के आदान-प्रदान या संप्रेषण के प्रयोग में लाया जा सकता है। ये किरणें या तरंगें पहले से ही अस्तित्व में थीं परंतु करीब सौ वर्ष पहले तक मनुष्य इनके अस्तित्व से अनभिज्ञ था।

इन किरणों की खोज होने के बाद इन्हें मनुष्य के कल्याण हेतु प्रयोग में लाया जाने लगा। यह बताने की आवश्यकता नहीं कि यह किरणें अदृश्य होती हैं। संभवत: इसलिए इन्हें खोजने में इतना समय लगा अथवा ईश्वर ने अपनी इच्छानुसार इन्हें जानने की क्षमता प्रदान की। ऐसी ही किरणें मनुष्य के मस्तिष्क के आसपास भी हैं। मस्तिष्क जैसी किरणों से एकाकार होता है। मनुष्य वैसा ही जीवन जीने को विवश हो जाता है।

किरणें अथवा बल दो प्रकार के हैं-

(1) सकारात्मक बल

(2) नकारात्मक बल

सकारात्मक बल

सकारात्मक बल मनुष्य के लिए लाभदायक होता है। ऐसी किरणें किसी भी व्यक्ति को जीवन में सफल, समृद्ध तथा संतुष्ट बनाती हैं। इसी बल के फलस्वरूप मनुष्य प्रसन्न तथा समृद्ध जीवन जीता है। मनुष्य अपनी इच्छाओं की पूर्ति भी कर सकता है, यद्यपि परिणाम उसके हाथ में नहीं होते। यद्यपि प्राकृतिक नियम कभी अनुचित नहीं होते। एक व्यक्ति कर्मों के आधार पर ही इच्छित परिणाम पाता है। पहले विचार उत्पन्न होता है फिर कर्म का रूप धारण करता है। विचार हमारे मन से उत्पन्न होते हैं और सकारात्मक मन ही सकारात्मक कर्म कर पाता है। सकारात्मक कर्मों से सकारात्मक नतीजे सामने आते हैं। मनुष्य केवल इन सकारात्मक तरंगों या बलों के माध्यम से अपनी भौतिक इच्छाएँ व जरूरतें पूरी कर सकता है बल्कि आध्यात्मिक वृद्धि में भी ये सहायक हैं। आध्यात्मिक प्रकृति के सकारात्मक बल मनुष्य के मन में न केवल सकारात्मक प्रभाव लाते हैं। इन बलों का अनुचित प्रयोग नहीं किया जाना चाहिए। ये मनुष्य को जीवन में ऊँचा उठने में सहायक होते हैं किंतु दुरुपयोग किए जाने पर घातक भी हो सकते हैं। कोई जीवन में सफलता पा लेता है तो कभी-कभी वह अहम् से पीड़ित हो जाता है। उसे सफलता का नशा हो जाता है। तब वह दूसरों से रूखा बर्ताव करता है, उन्हें हिक़ारत की नज़र से देखता है और उनका नाजायज फायदा उठाने की कोशिश करता है। सकारात्मक बल ऐसे अवांछित कर्मों को सह नहीं पाते और हमें दंडित करते हैं। दूसरों के प्रति बुरे तथा अवांछित रवैये के कारण ही अच्छे तथा सफल लोगों के जीवन में समस्याएं उत्पन्न होती हैं।

अवांछित कर्म तथा विचार एक व्यक्ति को नकारात्मक बना देते हैं। यदि कोई किसी से रूखा बर्ताव करता है तो उसने सामने वाले के बर्ताव में अवश्य कोई नकारत्मकता देखी होगी। तब सकारात्मक बल तो हमें दंडित करते ही हैं, साथ ही उनके स्थान पर नकारात्मक बल भी छाने लगते हैं। धीरे-धीरे सकारात्मक बल घटने लगते हैं और एक सकारात्मक व्यक्ति का भी ऐसा पतन होता है कि वह कभी पूरी तरह से संभल नहीं पाता।

मनुष्य के सोचने का तरीका व मन की अवस्था ही उसे बनाती या बिगाड़ती है।

अतः प्रत्येक व्यक्ति के लिए आवश्यक है कि वह सकारात्मक चिंतन करे, तब समस्याओं के समाधान स्वयं ही प्रस्तुत हो जाएंगे। समाधान तथा परिणाम ईश्वर के हाथ में है, व्यक्ति केवल प्रयास कर सकता है।

आप में से प्रत्येक इन खूबसूरत सकारात्मक विचारों से भरपूर होगा, जो कि आध्यात्मिक प्रकृति के हैं, ये आपको आत्मविश्वास से भरपूर व निःस्वार्थी बना देंगे। ये आपको शांत भाव बनाए रखने में मदद करेंगे, आप अपने पर व दूसरों पर अधिक भरोसा रख पाएंगे। आप वस्तुओं के प्रति संदेही नहीं रहेंगे और न ही दूसरों पर अनावश्यक संदेह करेंगे। आपको पता भी नहीं चलता और धन और यश आपके सहभागी हो जाते हैं। आप क्रोध, लालसा व लोभ से मुक्त हो जाते हैं तथा समाज में आदर पाते हैं। लोग आपकी बातें सुनते हैं तथा उन पर भरोसा करते हैं क्योंकि उन्हें विश्वास हो जाता है कि आप कभी गलत निर्णय नहीं देंगे।

नकारात्मक बल

हमें यह भी जानना होगा कि नकारात्मक बल हमारे जीवन को किस प्रकार प्रभावित करते हैं। ये बल हमारे जीवन में पूरी तरह बदलाव ला सकते हैं। अतः प्रत्येक व्यक्ति को चाहिए कि वह अपने जीवन से नकारात्मक बलों को निकाल दे। नकारात्मक बल किसी भी व्यक्ति को साधारण तथा व्यक्तित्वहीन बना सकते हैं। यह बल मनुष्य को अहंकारी, स्वार्थी तथा स्वकेंद्रित बना देते हैं। ऐसे व्यक्ति आजीवन संघर्षरत ही रहते हैं। वे दूसरों पर संदेह करते हैं। उनकी नकारात्मक विशेषताएं तलाशते हैं तथा सकारात्मक दृष्टि ही खो बैठते हैं।

ऐसे व्यक्ति न केवल अपना अपितु पारिवारिक जीवन भी नष्ट कर देते हैं। ऐसे व्यक्ति नीरस वातावरण की सृष्टि करते हैं। अपने विषय में उनकी धारणाएं अनुचित व निरर्थक होती हैं। ऐसे व्यक्ति समाज पर भारस्वरूप होते हैं। यदि वे ईश्वर पर विश्वास रखें, तो भी इस पथ पर चल नहीं पाते। नकारात्मक बल मनुष्य को चोरी तथा धोखाधड़ी के गहन अंधकार में खींच ले जाते हैं। हालांकि अभी सब कुछ खत्म नहीं हुआ, यदि ऐसे लोग चाहें तो स्वयं

को बदल सकते हैं, उन्हें सकारात्मक बलों को अपनी ओर आकर्षित करते हुए नकारात्मक बलों से मुक्ति पानी होगी।

भगवद्गीता में कृष्ण भगवान ने मस्तिष्क नियंत्रण के उपाय सुझाए हैं। सकारात्मक बल किसी भी मस्तिष्क को शांत, तनाव तथा उद्वेग रहित बनाते हैं जबकि नकारात्मक बल व्याकुलता तथा संघर्ष का कारण बनते हैं।

दूसरे अध्याय की श्लोक संख्या 56 में प्रभु कहते हैं-

"ऐसा मन जिसकी स्पृहा सुखों की प्राप्ति में दूर हो गई है तथा राग भय व क्रोध आदि नष्ट हो गए हैं, ऐसा मुनि स्थिर बुद्धि कहा जाता है।"

पांचवें अध्याय की श्लोक संख्या 17 में प्रभु कहते हैं-

"हे अर्जुन! जिनकी बुद्धि तथा मन एक जैसा है तथा सच्चिदानन्द परमात्मा में ही स्थित है, ऐसे तत्परायण पुरुष ज्ञान के द्वारा पापरहित होते हुए परमगति को प्राप्त होते हैं।"

पांचवें अध्याय की श्लोक संख्या 19 में प्रभु कहते हैं-

"जिनका मन एक जैसे भाव में स्थित है, वे जीते-जी इस संसार से मुक्त हैं क्योंकि सच्चिानन्द परमात्मा निर्दोष तथा सम है, इससे वे सच्चिदानंद परमात्मा में ही स्थित है।"

छठें अध्याय की श्लोक संख्या 7 में प्रभु कहते हैं-

"हे अर्जुन! सर्दी, गर्मी तथा सुख-दुःखादि में तथा मान-अपमान में जिसके अंतःकरण की वृत्तियां अच्छी प्रकार शांत हैं अर्थात् विकाररहित हैं। ऐसे स्वाधीन आत्मा वाले पुरुष के ज्ञान में सच्चिादानन्द परमात्मा सम्यक् प्रकार से स्थित हैं अर्थात् उसके ज्ञान में परमात्मा के सिवाय कुछ है ही नहीं।"

शांत मस्तिष्क का केवल एक ही विचार होता है, वह प्राकृतिक नियमों के अनुसार चलता है। यह मोह तथा आसक्ति से परे होता है। धैर्यवान मस्तिष्क मनुष्य को सही राह दिखाता है व उसे गलत फैसलों के विरुद्ध, सही फैसले लेने में मदद करता है। धीर व्यक्ति पक्षपात की भावना से रहित होता है तथा सबको समान भाव से देखता है। वह कभी भयभीत नहीं होता क्योंकि उसे पता है कि वह कभी भी गलत तथा अनुचित कार्य नहीं करता। उसके निर्णय दूसरों की रुचियों के आधार पर होते हैं। प्रेम तथा करुणा से परिपूरित ऐसा व्यक्तित्व प्रत्येक व्यक्ति का सहायक सिद्ध होता है।

अधीर मस्तिष्क

दूसरे अध्याय की श्लोक संख्या 66 में प्रभु कहते हैं-

"हे अर्जुन! साधनरहित पुरुष के अंत:करण में श्रेष्ठ बुद्धि नहीं होती है तथा ठीक तरीके से उसके अंत:करण में अच्छे भाव भी नहीं होते। नास्तिक पुरुष को कभी शांति नहीं मिलती। जिसको शांति नहीं है वह व्यक्ति कभी प्रसन्न भी नहीं रह सकता।

तीसरे अध्याय की श्लोक संख्या 3 में प्रभु कहते हैं-

''जो मूढ़बुद्धि पुरुष कर्मेन्द्रियों को हठ से रोक कर, इंद्रियों के भोगों से मन का चिंतन करता है, वह दंभी अथवा मिथ्याचारी कहलाता है।''

तीसरे अध्याय की श्लोक संख्या 40 में प्रभु कहते हैं-

''इंद्रियां, मन तथा बुद्धि, काम के निवास स्थान कहे जाते हैं। यह काम इन्हीं के माध्यम से ज्ञान को ढंक कर जीवात्मा को मोहित करता है।''

अधीर मस्तिष्क भौतिक सुख-सुविधाओं का दास हो जाता है। यह स्वार्थी तथा लोभी होता है। ऐसा व्यक्ति सदा अपना ही हित साधता है। वह सदा इसी गणना में लगा रहता है कि दूसरों से अनुचित लाभ कैसे उठाया जाए। वह दंभी तथा शेखीबाज़ होता है। ऐसे व्यक्ति जीवन के प्रति विचित्र व्यवहार के कारण विभिन्न मन:स्थिति में रहते हैं।अच्छा-बुरा तो सर्वत्र है किंतु अधीर मस्तिष्क वाला व्यक्ति प्राय: अच्छी के स्थान पर बुरी विशेषताओं का प्रयोग करता है। अधीर मस्तिष्क वाले व्यक्ति जीवन में दु:ख पाते हैं व उदासी में अपना समय बिताते हैं क्योंकि वे आत्मकेंद्रित होते हैं।

मस्तिष्क का कार्य करना

तीसरे अध्याय के श्लोक 42 में प्रभु कहते हैं-

''यदि तू यह सोचे कि इंद्रियों को रोककर कामरूप बैरी को मारने की मेरी शक्ति नहीं है तो तेरी यह भूल है क्योंकि इस शरीर की इंद्रियों से परे मन है, मन से परे बुद्धि है तथा बुद्धि से भी अत्यंत परे आत्मा है।''

आधुनिक वैज्ञानिकों ने मस्तिष्क का सूक्ष्मतापूर्वक विश्लेषण किया है। उनका कहना है कि मस्तिष्क प्रतिदिन चार अवस्थाओं से गुजरता है। पहली अवस्था **'बीटा'** है। इस अवस्था में मनुष्य बहुत सक्रिय होता है। इसी अवस्था में हम अपने निर्णय ले पाते हैं। इस अवस्था में ऊर्जा का प्रवाह 14 चक्र प्रति

सैकण्ड होता है। जब हम सक्रियतापूर्वक कार्य कर रहे हों तो उस समय हम बीटा अवस्था में होते हैं।

अगली अवस्था है **'अल्फा'**। थका देने वाले काम के बाद हमारा दिमाग अल्फा अवस्था में आ जाता है। लेटकर, संगीत सुनकर अथवा टी. वी. देखकर भी आराम किया जा सकता है। इस अवस्था में मनुष्य अधिक सक्रिय नहीं होता। इस अवस्था में ऊर्जा का प्रवाह 7-14 चक्र प्रति सैकण्ड होता है।

जब हमें नींद आने लगती है तो हम उस समय **थीटा** अवस्था में होते हैं तथा ऊर्जा का प्रवाह 4-7 चक्र प्रति सैकण्ड होता है। अंतिम अवस्था **'डेल्टा'** है। यह सैकंड से भी कम होता है। सोते समय व्यक्ति डेल्टा अवस्था में होता है किंतु स्वप्नावस्था में वह अल्फा अथवा थीटा अवस्था में प्रवेश करता है। यदि कोई व्यक्ति स्वप्नावस्था में होगा तो उसके बंद नेत्र भी गतिमान होंगे। सर्वेक्षण से पता चला है कि नेत्रों की गतिमान अवस्था में ही यदि मनुष्य का उठा दिया जाए तो वह पूरा सपना दोहरा सकता है। एक स्वस्थ व्यक्ति को कम से कम आठ घंटे की नींद लेनी चाहिए क्योंकि नींद के घंटे तो छह ही हैं, शेष दो घंटे सपनों के नाम हो जाते हैं।

वैज्ञानिक भाषा में कहा जाए तो मस्तिष्क को तीन भागों में बांटा जा सकता है-

1. *चेतन मस्तिष्क*
2. *अर्द्धचेतन मस्तिष्क*
3. *अवचेतन मस्तिष्क।*

चेतन मस्तिष्क

चेतन मस्तिष्क में वही विचार होते हैं, जिनके विषय में आप जानते हैं। निरूद्देश्य विचार: हम आसपास की वस्तुओं के बारे में कैसा महसूस करते हैं, हम उन्हें कैसे परखते हैं, आसपास के लोगों को पसंद करते हैं या नहीं, यह हमारे मन के साथ निरंतर गतिशील तारतम्य बनाए रखता है। परंतु आप चेतन मस्तिष्क से जुड़े विचारों को नियंत्रित नहीं कर पाते क्योंकि वे प्रक्रिया में हैं। आप चाहें अथवा न चाहें, वे आपके मस्तिष्क में बस चुके हैं। मस्तिष्क के यही, सकारात्मक अथवा नकारात्मक विचार ही आपके लिए अच्छी अथवा बुरी परिस्थित्तियां पैदा करते हैं। जैसा कि पहले भी बताया जा

चुका है कि विचार ही आपके कर्मों को प्रेरित करते हैं तथा ईश्वर व प्रकृति आपको कर्मानुसार ही दंडित अथवा पुरस्कृत करते हैं। सजग अथवा चेतन मस्तिष्क ही आपके विचारों का शासक है, आप वस्तुओं को किस रूप में लेते हैं। यह आपकी अंत:प्रकृति पर निर्भर करता है।

इसके पश्चात् आपके विचार; भाव अथवा इच्छा बन जाते हैं तथा कर्म के लिए प्रेरित करते हैं।

चेतन मस्तिष्क में एक व्यक्ति आसपास होने वाली सभी गतिविधियों के प्रति सजग रहता है।

व्यक्ति के मन में अपने परिचितों के लिए थोड़ी बहुत स्पष्ट छाप होती है, जीवन व इसके कार्यक्रमों के विषय में भी साफ राय होती, वह गलत भी हो सकती है। हर वस्तु के लिए उसके मन में छाप होती है, ये छाप या प्रभाव इतने गहरे होते हैं कि इन्हें आजीवन बदला नहीं जा सकता। अफसोस कई व्यक्ति आजीवन नकारात्मकता से घिरे रहते हैं नतीजतन वे जिंदगी के बारे में झूठे प्रभावों या दुविधाओं से कभी उबर नहीं पाते व अंतत: दूसरों को अपनी असफलता का दोषी ठहरा देते हैं। सजग मन पर हमारा नियंत्रण नहीं अत: हम इसके बारे में ज्यादा कुछ नहीं कर सकते, हम यह चर्चा करेंगे कि कौन-से कारक सजग मस्तिष्क को नियंत्रित करते हैं।

अर्धचेतन मस्तिष्क- प्रत्येक व्यक्ति के पास मस्तिष्क के इस भाग का नियंत्रण होता है। परंतु यह उसी पर निर्भर करता है कि वह इस भाग को उचित विचारों का पोषण दे अथवा नहीं। अर्धचेतन मस्तिष्क सकारात्मक तथा नकारात्मक बल में भेद करना नहीं जानता। यह विचारों पर कार्यवाही करके उन्हें चेतन मस्तिष्क तक भेजने का कार्य करता है। चेतन मस्तिष्क के विचार हमारी कार्यक्षमता तथा जीवन दशा का निर्धारण करते हैं। हमें अपने अर्धचेतन मस्तिष्क को सकारात्मक विचारों से पोषित करना चाहिए ताकि हम सफल तथा सकारात्मक जीवन जी सकें। यदि हम अर्धचेतन मस्तिष्क की उपेक्षा करेंगे, तब नकारात्मक तथा विध्वंसात्मक विचार हमारे मस्तिष्क पर अधिकार कर लेंगे, जिसके घातक परिणाम हो सकते हैं। हमें हो सकता है, असफलता, सफल न होना जैसे शब्दों को अपने मस्तष्क से दूर ही रखने की कोशिश करना चाहिए। हमेशा कोशिश करें कि सोच सकारात्मक हो और यह भी याद रखें कि प्रकृति सकारात्मक लोगों की सहायक होती है। लोगों में सबसे बड़ा अंतर उनके रवैये का ही है; अत: एक सकारात्मक रवैया हमारे भी काम

आएगा, इसने करोड़ों लोगों के लिए काम किया है परंतु हमें इस पर निरंतर, धैर्यपूर्वक व पूरी आस्था के साथ काम करना होगा।

सकारात्मक छवि पाने के लिए व्यक्ति अपने कर्मों का निरीक्षण करते हैं। वे आत्मविश्लेषण तथा परीक्षण करते हैं। यदि उनके कर्म सकारात्मक न हों तो वे अपने आप में ही अच्छाइयों-बुराइयों को निकालने लगते हैं। ग्लानि से भर उठते हैं। चूंकि आलोचना एक नकारात्मक कर्म है, लोग सकारात्मकता पाने के लिए, अवचेतन रूप से अपने मस्तिष्क को नकारात्मकता सौंपते रहते हैं। व्यक्ति को सजग रूप से, मन में प्रवेश कर रहे विचारों पर ध्यान देना चाहिए यदि ऐसा लगे कि मन में नकारात्मक विचार प्रवेश कर रहे हैं तो उन्हें तत्काल निकाल देना चाहिए। उन्हें एक पल के लिए भी मन में टिकने नहीं देना चाहिए।

एक भी नकारात्मक विचार यदि शीघ्र ही तिरोहित न हुआ तो कुछ ही क्षणों में विचारों की श्रृंखला इच्छा अथवा भावना से परिवर्तित होकर अनुचित कार्य की प्रेरक होगी। विचारों में विस्तार की क्षमता पाई जाती है। यदि किसी मित्र के बारे में, एक पल के लिए भी उभरे नकारात्मक विचार को रोका नहीं गया, तो यह मित्र के विषय में हमारी सोच बदल देगा, जो कि धीरे-धीरे बलवती होती जाएगी। उसकी सकारात्मक विशेषताएं कहीं विलीन हो जाएंगी और आपकी नजरों में उसकी कोई इज्जत नहीं रहेगी। इस तरह एक 'सोच' आपके संबंध के लिए घातक हो सकती है। इसका विपरीत भी सच है। सकारात्मक सोच अपनाने से सामने वाले की खूबियाँ सामने आएंगी, चाहे हम उसे कितना ही नापसंद क्यों न करते हों, इस तरह धीरे-धीरे वह हमारी प्रशंसा और सराहना का पात्र हो जाएगा।

मस्तिष्क की विचित्रता के विषय में क्या कहें। यह बहुत संवेदनशील तथा कूट प्रकृति का है, इसकी विचार प्रक्रिया पाँचों इंद्रियों द्वारा संपूर्ण होती है। यदि आप सकारात्मक बनना चाहते हैं तो आपको इन पाँचों इंद्रियों को नियंत्रित करना होगा, ध्यान रहे कि वे आपको नियंत्रित न करें। जैसा कि प्रभु ने कहा है कि इंद्रियां, मस्तिष्क तथा बुद्धि ही काम के वासस्थान हैं। अतः आपको सफल बनने के लिए लोभ, काम शत्रुता तथा स्वार्थ को त्यागना होगा। ऐसा किए बिना आप जीवन में कभी सफल नहीं हो सकते।

अवचेतन मस्तिष्क

अवचेतन मस्तिष्क वह भाग है जहां ऐसे तथ्य तथा जानकारी छिपी है जिससे संभवतः आप भी अपरिचित हैं। समस्या यह है कि मस्तिष्क के इस हिस्से में संचित जानकारी हम तक नहीं पहुँचती है। ऐसा कई बार होता है कि किसी स्थान पर पहली बार जाने के बावजूद वह आपको जाना-पहचाना लगता है। हम पहली बार विदेश जाते हैं किंतु हमें लगता है कि हम वहाँ पहले आए हैं? यह सब आपके अवचेतन मस्तिष्क के कारण होता है। क्या आप जानते हैं कि **थॉमस एडीसन** के मस्तिष्क में **लैंप तथा राईट बंधुओं** के मस्तिष्क में उड़ने वाली मशीन अथवा **मार्कोनी** के मस्तिष्क में वायरलैस बनाने का विचार कैसे आया। इन सभी महानुभावों ने इस बारे में सपने देखे और-अपने सपनों को मूर्त रूप देने में सफल रहे। निश्चित रूप से यह स्वप्न उनके अवचेतन मस्तिष्क द्वारा भेज गए थे। केवल कर्म ही उनके हाथ में था। अतः उन्होंने अपने विचारों पर कड़ा परिश्रम किया तथा विस्तृत दृष्टिकोण अपनाया। परिणामतः उनके स्वप्न यथार्थ के धरातल पर आ खड़े हुए।

ठीक इसी प्रकार हम सभी स्वप्न देखते हैं किंतु उन्हें गंभीरतापूर्वक नहीं लेते, वे हमें अस्पष्ट तथा संदिग्ध जान पड़ते हैं। किंतु उन महानुभावों को धन्यवाद देना होगा, जिन्होंने अपने सपनों को व्यर्थ नहीं जाने दिया वरना हम प्रकाश के बिना जी रहे होते और शायद जेट युग भी अस्तित्व में न आया होता। बदकिस्मती से, आम आदमी अपने ही सपनों में भरोसा नहीं रखता। जब हम सपनों की उपेक्षा करते हैं, तो वे भी हमारी उपेक्षा करने लगते हैं। अतः बेहतर होगा कि आप सभी अपने सपनों को गंभीरतापूर्वक लें।

मिस्र की एक प्राचीन कहावत के अनुसार, "ईश्वर ने स्वप्न इसलिए बनाए ताकि निद्रामग्न व्यक्ति सही राह देख सके।" स्वप्न हमें आने वाले खतरों के प्रति आगाह करते हैं। इन्हीं के माध्यम से ईश्वर हमसे वार्तालाप करते हैं।

स्वप्न एक प्रतिबिंब की भांति हमारे कामों को प्रकट करते हैं यही हमें बताते हैं कि हमारा व्यवहार मनुष्योचित है अथवा नहीं। स्वप्न मनुष्य को मृत्यु अथवा लाभ-हानि के प्रति भी सचेत करते हैं। **अब्राहिम लिंकन** ने अपने सपने में ताबूत के पास खड़े सिपाहियों तथा रोते हुए लोगों को देखा। जब उन्होंने पूछताछ की तो पता चला कि राष्ट्रपति की हत्या कर दी गई थी।

अनेक व्यक्तियों ने तत्कालीन राष्ट्रपति केनेडी की हत्या की पूर्व घोषणा कर दी थी। उनकी हत्या से एक दिन पूर्व ही एक महिला ने व्हाइट हाउस फोन करके सूचना दी थी कि उसने सपने में केनेडी की हत्या होते देखी है।

प्राचीन मिस्री तथा यूनानी दार्शनिकों का मानना है कि निद्रा के दौरान आत्मा शरीर से अलग होकर आध्यात्मिक पोषण प्राप्त करती है। स्वप्नावस्था में ही उन्होंने सौंदर्य तथा स्वास्थ्य को समर्पित मंदिरों के दर्शन किए। निद्रा उनके लिए रचनात्मक तथा आध्यात्मिक विकास का समय थी। ईसा के माता-पिता जोसफ तथा मेरी की धारणा थी कि निद्रा भी छोटी मृत्यु के समान होती है। वे बिस्तर पर यही मान कर जाते थे कि हो सकता है, वे अगले दिन सुबह सोकर ही न उठें। अत: उनका समुदाय हर दिन के साथ नए जीवन का आरंभ करता था। वे प्रतिदिन सूर्यास्त से पूर्व ही लड़ाई-झगड़े निपटा लेते थे क्योंकि वे जानते थे कि यह ईश्वरीय चेतना का ही एक अंश है।

आधुनिक युग में आप अपनी अंत: शक्तियों पर भरोसा रखने की बजाए कम्प्यूटर, टेलीफोन, टी.वी. तथा रेडियो आदि उपकरणों पर अधिक भरोसा रखते हैं। यह बाह्य उपकरण आपके भीतर छिपी प्रतिभा और योग्यता का प्रतिबिंब मात्र है, हमारे पास अपनी आन्तरिक योग्यताओं को मान देने का समय नहीं है और हम बाहरी सफलता पाने की कोशिश करते हैं, हमें एहसास ही नहीं होता कि यह वास्तव में, हमारे अंदर छिपी है।

आदिम जनजातियां अपने सपनों में वर्तमान तथा भविष्य के ताने-बाने का जाल बुनती हैं तथा ईश्वर से उनके संबंधों को प्रकट करती हैं।

एक मलेशियाई जाति सिलोइया में, जब छोटे बच्चे बोलने लगते हैं तो उन्हें परिवार तथा कबीले के साथ अपने सपने बाँटने के लिए प्रोत्साहित किया जाता है। यदि इस कबीले के बच्चे को सपने में कोई लड़ता हुआ दिखाई दे तो बालक को पुन: सपने में जाकर आक्रमणकारी से लड़ने को प्रेरित किया जाता है। वे मानते हैं कि सपने में मौत से लड़ने पर सकारात्मक ऊर्जा पैदा होती है। सिनोइया बालक जैसे सपने देखते हैं, उसी के अनुसार पोशाक का रंग पहनते हैं, गाना गाते हैं तथा अन्य गतिविधियाँ करते हैं।

अफ्रीकी जनजातियों में सपने में घटी घटनाओं पर भी यथार्थ प्रतिक्रिया व्यक्त की जाती है। यदि कोई व्यक्ति किसी दूसरे की स्त्री से सपने में भी व्यभिचार करे तो उसे वास्तविक रूप से दंडित किया जाता है।

सिनियॉस, जोहसा आदि कबीलों में सपनों की बहुत महत्त्वपूर्ण भूमिका है। वे सपने में देखी गई घटनाओं के आधार पर ही कर्म करते हैं।

यूनानी पौराणिक कथा के अनुसार निद्रा देव 'हाइपनों' तथा मृत्यु देव 'थानाटो' जुड़वां हैं तथा एक ही सिक्के के दो पहलू हैं। वहां सपनों का विश्लेषण एक लोकप्रिय विधा थी। पादरी तथा जादूगर ही स्वप्न की अच्छाई अथवा बुराई निश्चित करते थे। अच्छे सपने के अनुसार व्यवहार किया जाता था तथा बुरे सपने के दुष्प्रभाव को दूर करने के लिए धार्मिक कर्मकांड किए जाते थे। केवल प्राचीन मनुष्य ही सपनों तथा ईश्वर में विश्वास नहीं रखता था; महान आधुनिक अन्वेषकों ने भी सपनों से रचनात्मकता पाई, जो कि अवचेतन मस्तिष्क का ही एक भाग है। आधुनिक समय में, कोई सफलता को इन पारंपरिक तरीकों से पाने का प्रयास नहीं करता। हालांकि अब हम यह जानने का प्रयास करेंगे कि सपनों के माध्यम से अपने प्रश्नों के उत्तर कैसे पाए जा सकते हैं।

1. अपने शयनकक्ष में ऐसा वातावरण बनाएं, ताकि आप शांत तथा सहज अनुभव कर सकें। थकान मिटाने के लिए आप गर्म पानी में जायफल, सूखे अदरक का पाउडर डाल सकते हैं। कुछ समय तक गर्म पानी में ही रहें तत्पश्चात् बिस्तर पर तौलिया लपेट कर आ जाएं। अदरक आपके शरीर की मांसपेशियों व ऊतकों को आराम पहुंचाता है। ऐसा प्रतिदिन न करें। जिस दिन आप स्वप्न में इच्छित प्रश्नों के उत्तर चाहें, उसी दिन यह विधि अपनाएं।
2. केवल संभावित उत्तर पाने के लिए ही आपको सोते समय अपना मुख उत्तर की ओर रखना होगा अन्यथा स्मरण रहे कि वास्तुशास्त्र के अनुसार गहरी नींद के लिए आपका मुख दक्षिण अथवा पूर्व की ओर होना चाहिए।
3. अपने बिस्तर के पास कागज-कलम रखना न भूलें, ताकि आप नींद से जागते ही सपने को लिख सकें।
4. सोने से पूर्व एक कागज पर लिखें- मैं स्वप्न में अपने प्रश्न का उत्तर चाहता हूं तथा उस उत्तर को स्मरण रखना चाहता हूँ। जो प्रश्न आप पूछना चाहें उसे एक कागज पर लिखकर तकिए के नीचे रख लें।

स्वप्न को स्मृति में रखने का उपाय

1. सुबह धीरे-धीरे उठने का प्रयास करें। यदि आपके मस्तिष्क में स्वप्न की स्मृति है तो उत्तेजित न हों तथा उसे लिखने से पूर्व मन में दोहरा लें।

2. यदि स्वप्न स्मृति से उतर जाए तो शांतिपूर्वक गहरी सांस लें व उसे स्मरण करने का प्रयास करें। एक दिन पूर्व किए गए कामों को याद करें अथवा स्वप्न में देखे गए किसी रंग को याद करें।
3. स्वप्न में देखे गए संकेतों तथा चिह्नों को अवश्य लिखें। स्वप्न से जुड़े अपने भावों को भी लिखना न भूलें।
4. यदि दिन में भी पुन: वैसा ही स्वप्न दिखाई दे तो उसे शांत तथा सहज भाव से लिख दें।
5. यदि आधी रात को स्वप्न के दौरान ही आपकी आंख खुल जाए तो उसे उसी समय लिखने का प्रयास करें।

मस्तिष्क पर नियंत्रण कैसे पाएं?

अध्याय बारह के निम्नलिखित श्लोकों में प्रभु कहते हैं-

"मुझमें ही मन को एकाग्र करके निरंतर मेरे भजन, ध्यान में लगे हुए जो भक्तजन अतिशय श्रेष्ठ श्रद्धा से युक्त मुझ सगुणरूप परमेश्वर को भजते हैं। मैं उन्हें अति श्रेष्ठ मानता हूँ।" (2)

"जो पुरुष इंद्रियों के समुदाय को अच्छी तरह वश में करके मन, बुद्धि से परे सर्वव्यापी, अकथनीयस्वरूप तथा सदा एकरस रहने वाले, नित्य, अचल, निराकार, अविनाशी, सच्चिदानन्द ब्रह्म को निरंतर एकीभाव से ध्यान करते हुए उपासना करते हैं। वे संपूर्ण भूतों के हित में रत होते हैं तथा सबमें समान भाव वाले योगी भी मुझे ही प्राप्त होते हैं।" (3-4)

"हे अर्जुन! तू मुझमें ही मन तथा बुद्धि को लगा, इसके उपरांत तू मुझमें ही निवास करेगा तथा मुझे ही पाएगा, इसमें कोई संशय नहीं है।" (8)

"इस प्रकार शांत स्वभाव का जो पुरुष, सब भूतों में द्वेषभाव से रहित एवं स्वार्थरहित सबका प्रेमी तथा बिना उद्‌देश्य वाला दयालु है, ममता व अहंकार से रहित, सुख-दु:ख की प्राप्ति में सम तथा क्षमावान, अपराधी को अभय देने वाला, ध्यानयोग में युक्त, निरंतर लाभ-हानि में संतुष्ट तथा मन व इंद्रियों सहित शरीर को वश में किए हुए मेरे मन में दृढ़ निश्चय वाला है, वह मेरे में अर्पण हुए मन तथा बुद्धिवाला भक्त मुझे प्रिय है।" (13-14)

"जिससे कोई भी जीव उद्वेग को प्राप्त नहीं होता और जो स्वयं किसी भी जीव से उद्वेग को प्राप्त नहीं होता तथा जो हर्ष, अमर्ष (दूसरे की उन्नति देखकर संताप करना) भय व उद्वेगों से रहित है, वही भक्त मुझे प्रिय है।" (15)

अध्याय नौ की श्लोक संख्या 34 में प्रभु कहते हैं-

" हे अर्जुन! जिस अवस्था में योग के अभ्यास के निरूद्ध हुआ चित्त उपराम हो जाता है। जिस अवस्था में परमेश्वर के ध्यान से आरंभ हुई सूक्ष्म बुद्धि द्वारा परमात्मा को साक्षात करता हुआ, ईश्वर में संतुष्ट होता है। इंद्रियों से अतीत केवल शुद्ध होता है। सूक्ष्म बुद्धि द्वारा ग्रहण करने योग्य जो अनंत आनंद है, उसको जिस अवस्था में अनुभव करता है तथा जिस अवस्था में योगी भगवत् रूप से चलामान नहीं होता, परमात्मा रूपी लाभ प्राप्ति को ही सबसे बड़ा मानता है तथा जो दुख:रूप संसार के संयोग से रहित है तथा जिसका नाम योग है। उसी को जानना चाहिए। वह योग तत्पर चित्त से निश्चयपूर्वक करना ही कर्तव्य है।"

कुछ व्यक्तियों का अन्य की तुलना में मस्तिष्क पर अधिक नियंत्रण होता है। महान अर्जुन को भी अपने इंद्रियों को नियंत्रित करने में कठिनाई अनुभव हुई थी।

अट्ठारहवें अध्याय की श्लोक संख्या 53 में प्रभु कहते हैं-

"हे अर्ज़ुन! विशुद्ध बुद्धि से युक्त, एकांत तथा शुद्ध देश का सेवन करने वाला मिताहारी, जीते हुए मन वाणी तथा शरीर वाला व दृढ़ वैरागी, निरंतर ध्यान पारायण करने वाला, सात्त्विक, अंत:करण को वश में करने वाला तथा शब्दादिक विषयों का त्याग करने वाला अहंकार, बल, घमंड, काम, क्रोध, तथा संग्रह को त्याग कर ममतारहित, सच्चिदानन्द ब्रह्म में एकीभाव होने के योग्य होता है। ऐसा प्रसन्न चित्त वाला पुरुष न तो किसी वस्तु का शोक करता है और न ही किसी वस्तु की आकांक्षा करता है एवं सब भूतों में समभाव हुआ। मेरी पराभक्ति को प्राप्त होता है।

सातवें अध्याय की श्लोक संख्या 35 में प्रभु कहते हैं-

"हे महावाहो! नि:संदेह मन चंचल तथा कठिनता से वश में होने वाला है, परन्तु हे कुंती पुत्र अर्जुन! अभ्यास अर्थात् स्थितिं के लिए बारम्बार यत्न करने से वैराग्य वश में होता है। अत: इसे अवश्य वश में करना चाहिए।"

अत: प्रभु निष्पक्षता व अभ्यास पर बल देते हैं किंतु आधुनिक युग में इनका पालन कोई नहीं करता। उनके मस्तिष्क तथा इंद्रियां सदा नए रसास्वादन करना चाहती हैं। एक व्यक्ति जिसका मस्तिष्क शुद्ध हो वह जीवन में प्रसन्न तथा संतुष्ट रहता है। इसका अर्थ यह नहीं कि वह इतना संतुष्ट होता है कि अपने कर्तव्यों को भी उपेक्षित कर देता है। संतुष्टि एक

ऐसा स्तर है जहां मनुष्य अपने कार्य तथा कार्य करने के ढंग से प्रसन्न रहता है तथा अधिक बेहतर कार्य करना चाहता है। इसका अर्थ यह नहीं होता कि वह अपनी वर्तमान परिस्थितियों से असंतुष्ट है। वह व्यवसाय से जुड़े प्रत्येक पहलू के विकास का हर संभव प्रयास करता है। अंतर केवल इतना है कि वह अपने कर्म प्रभु को समर्पित कर देता है जिससे उस पर कार्य का भार नहीं पड़ता। यदि कार्य का भार न हो तो उसे भी बेहतर तरीके से निष्पादित किया जा सकता है। वह कभी कोई अनुचित कार्य नहीं करता। अतः भयरहित रहता है। उसे उचित तथा अनुचित का भेद करना आता है। इस प्रकार वह अनुचित निर्णय लेने से बच जाता है।

निम्नलिखित पर ध्यान दें

क्या न करें

- ईर्ष्यालु न बनें
- शत्रुता न रखें
- अपने आपको किसी चीज का मालिक न समझें।
- झूठे अहम् से बचें
- भयभीत न हों
- तनाव से बचें
- स्वार्थ से दूर रहें
- इंद्रियों के दास न बनें
- घमंड न करें
- घृणा न फैलाएं
- अज्ञानी न बनें
- क्रोधी न बनें
- मोह से दूर रहें

क्या करें

- ईश्वर में विश्वास रखें
- समान भाव रखें
- क्षमा के गुण को न भूलें
- अपनी आत्मा पर विश्वास रखें
- सहनशक्ति बनाए रखें

- संतुष्ट रहें
- सदा उचित कार्य करें

मस्तिष्क नियंत्रण पर प्रतिरोध क्यों?

1. **हमारे ऊपर इंद्रियों का नियंत्रण**- जिस दिन से आप आसपास के वातावरण के प्रति सजग हुए, उसी दिन से इंद्रियां आपको निर्यत्रित करने लगीं। वे आपको सदा यही एहसास दिलाती रहती हैं कि भौतिक सुख-सुविधाएं पाना ही जीवन का उद्देश्य है तथा उसे पाने के लिए मनुष्य किसी भी सीमा तक नीचे जा सकता है।
2. **प्रतिस्पर्धा तथा तिरस्कार, जीवनशैली का एक अंग**- हम आजकल एक ही उद्देश्य के साथ जीवित हैं। हम दूसरों को नीचा दिखाकर सबसे ऊपर पहुंचना चाहते हैं ताकि सबको तिरस्कार की भावना से देख सकें। इससे हमें अस्थायी संतुष्टि प्राप्त होती है तथा इस अवस्था तक पहुंचने के लिए हम पारिवारिक कर्तव्यों को भी तिलांजलि देने को तैयार हो जाते हैं।
3. **सच्चाइयों से भागना**- हम या तो जिंदगी की हकीकतों को जानते नहीं या उनसे मुँह मोड़ लेते हैं। हम सीढ़ी के उसी पायदान पर खड़े रहना चाहते हैं, जहाँ हम पहले से खड़े हैं। हम अपने दिमाग का सही इस्तेमाल ही नहीं करना चाहते। हम मानते हैं कि मस्तिष्क को नियंत्रित करने से कुछ नहीं होगा क्योंकि असफल होना हमारे भाग्य में लिखा है। असफलता का कारण जानने की बजाए हम दूसरों को उसका दोषी ठहराते हैं हम दुविधा में जीते हैं, हम या हमारी इंद्रियां झूठी संतुष्टि के पीछे भागते हैं, हमें एहसास तक नहीं होता कि हम वास्तव में उसका आनंद नहीं पा रहे।
4. **लगाव**- वर्षों में हमें आसपास की भौतिकवादी वस्तुओं से इतना लगाव हो गया है कि हमने अपने दिमाग में पसंद-नापसंद की विशेष धारणा बना ली है, हम सही पथ पर चलना ही नहीं चाहते और अपनी गलती होने पर उसे सुधारना तक नहीं चाहते।
5. **विवाद**- हम लोग इतने विवादप्रिय हो गए हैं कि किसी भी सनसनीखेज घटना के दर्शक, श्रोता अथवा हिस्सा बने बिना, हमें प्रसन्नता ही नहीं होती। संभवत: इसलिए समाचारपत्र; विवादित तथा नकारात्मक समाचार प्रस्तुत करने में आगे हैं क्योंकि पाठक ऐसे ही समाचार पढ़ना चाहते हैं।

6. **महत्त्वाकांक्षी**– महत्त्वकांक्षी व्यक्ति किसी भी कीमत पर अपने झूठे अहम् की संतुष्टि चाहते हैं।
7. **अपराधबोध**– हम अपने पिछले नकारात्मक कर्मों के अपराधबोध में इतने मग्न हो जाते हैं कि सकारात्मक सोच को अपनाने की बजाए अतीत में ही उलझे रहते हैं, यही प्रक्रिया हमारे वर्तमान तथा भविष्य दोनों को तबाह कर देती है। हम स्वयं को ही क्षमा करने में कठिनाई महसूस करते हैं, हालांकि स्वयं को क्षमा करने का अर्थ यह नहीं कि हम गलत कार्य करके भी स्वयं को क्षमा करते रहें।
8. **आत्मनिंदा**– हममें से कुछ लोग तस्करी आदि असम्मानजनक व्यवसायों में लिप्त रहते हैं। असफल होने पर हम अपनी ही निंदा करते हैं कि हमें तस्करी का कोई बेहतर तरीका चुनना चाहिए था। हम अपने आपको खूब दिलासा देते हैं कि अगली बार ऐसा नहीं होगा, अत: नकारात्मक गतिविधियों में लगे लोगों में काफी सकारात्मकता पाई जाती है। हममें से कुछ लोग ये ही नहीं जान पाते कि कार्य में असफलता की सबसे बड़ी वजह यही है कि हम ईश्वर व प्रकृति के नियमों के विरुद्ध कार्य कर रहे हैं।
9. **आत्मदया**- हम गलत काम करते हैं तथा अपने लिए ही सहानुभूति प्रकट करते हैं। अपनी भूलों से सबक लेने की बजाए हम स्वयं से कहते हैं-

   "मैंने कड़ी मेहनत की किंतु कुछ भी हाथ नहीं आया, यह मेरे भाग्य का दोष था। मैं आशा करता हूं कि ऐसा पुन: नहीं होगा।" हमें पूरी तरह विश्वास होता है कि हम जो भी कर रहे हैं, बिल्कुल ठीक है, केवल हमारे भाग्य में ही दोष है।

मस्तिष्क नियंत्रण की अयोग्यता के कुछ अन्य कारण

- **उपार्जित वस्तुएं**
- **बहानेबाज़ी**
- **सख़्त पसंद अथवा नापसंद**
- **असंतुलित जीवनशैली**
- **घमंड**
- **बदले की भावना**

मस्तिष्क नियंत्रण हेतु

1. **सदा ईश्वर में ध्यान रमाएं**– हम यह नहीं कहते कि ईश्वर में ध्यान लगाने के लिए आप कोई काम न करें। सारा दिन प्रार्थना करने की सलाह भी नहीं दी जा रही। हमें अपने कर्म प्रभु को समर्पित कर देने चाहिए और फिर निःस्वार्थ भाव से कर्तव्य निभाने चाहिए। हमें अपनी इंद्रियों को नियंत्रित करके ध्यान रखना चाहिए कि वे हमसे भौतिक सुख-सुविधाओं की माँग न करें। इन भौतिक सुख सुविधाओं पर हमारा वश नहीं, इन्हें पाने की कामना के बजाए अपने अंतिम लक्ष्य के प्रति कार्य करना चाहिए। कोई भी काम करने से पहले हमें स्वयं से पूछना चाहिए, "इससे ईश्वर को कैसा लगेगा?" यदि उतर आए कि वे प्रसन्न नहीं होंगे तो ऐसा काम कभी न करें।
2. **अभ्यास**- जैसा कि प्रभु ने कहा है *''मस्तिष्क नियंत्रण हेतु अभ्यास महत्त्वपूर्ण है।''* प्रत्येक व्यक्ति को यही अभ्यास करना चाहिए कि उसके अर्धचेतन मस्तिष्क में सात्त्विक विचारों का वास हो। नकारात्मक विचारों की निरंतर उपेक्षा द्वारा उन्हें अर्धचेतन मस्तिष्क से निकालने का अभ्यास करना चाहिए। पहले-पहल आप मन में आने वाले विचारों पर ध्यान दे सकते हैं, किंतु एक बार यह प्रयास सफल हो जाए तो आप पाएंगे कि सकारात्मक विचार बिना किसी प्रयास के आप तक पहुँच रहे हैं। मस्तिष्क को नियंत्रित करने में शीघ्रता न करें क्योंकि हड़बड़ाहट भी अनियंत्रित मस्तिष्क का ही एक लक्षण है। यदि आपका मस्तिष्क इंद्रियों की ओर भटके तो इसे सकारात्मक विचारों द्वारा शांत करने का प्रयास करें।
3. **अनुकूल परिस्थितियां**- मस्तिष्क नियंत्रण हेतु आपको जीवन की प्रमुख अभिज्ञताओं को स्वीकार करते हुए अनुकूल परिस्थितियां बनानी होंगी। आपको अपने मस्तिष्क को अवांछनीय समस्याओं के भार से मुक्त रखना होगा। आपको वृद्धावस्था, रोग, मृत्यु वियोग तथा पापों पर भी चिंतन करना होगा। इनसे आप युवावस्था, स्वास्थ्य, जीवन, अधिकार व बुराई के घमंड से मुक्त हो पाएंगे। अपने मस्तिष्क को छोटी-मोटी परेशानियों से दूर रखें ताकि आप सफलतापूर्वक बड़ी समस्याओं का हल तलाश कर सकें। अपनी कार्यक्षमता में वृद्धि का

भरसक प्रयत्न करें। वर्तमान में हमारे तत्काल भौतिक स्थान; घर या कार्यक्षेत्र को सुविधाजनक दायरा माना जाता है। जब तक कोई इस अघोषित गोपनीयता में प्रवेश नहीं करता, हम स्वयं को सहज पाते हैं। इस प्रकार आजकल लोगों में कृत्रिमता की भावना भी बढ़ती जा रही है। वे लोगों से कहते हैं- 'हमें आपके आने से प्रसन्नता होगी किंतु कृपया सूचित करके पधारें'' ऐसा इसलिए होता है ताकि वे अतिथियों के स्वागत की मन:स्थिति में आ सकें। आपका मस्तिष्क इतना नियंत्रित होना चाहिए कि दिनचर्या में आने वाली किसी बाधा को स्वीकार कर सके।

4. **भोजन**- शरीर को संतुष्टि तथा पोषण देने वाला भोजन मस्तिष्क को भी शुद्ध करता है। यह एक व्यक्ति को स्वस्थ तथा प्रसन्नचित्त रखता है। शुद्ध मस्तिष्क को नियंत्रित करना सरल होता है। कड़वा भोजन, दु:ख, पीड़ा, तथा रोगों का वाहक है। अशुद्ध भोजन ही घृणा, क्रोध, लालसा, ईर्ष्या आदि का कारण बन जाता है। यदि यह जानकर भी आप अपने भोजन को नहीं सुधारते तो यह दोष प्रभु का नहीं आपका होगा।

   भगवद्गीता के अनुसार सत्रहवें अध्याय में प्रभु कहते हैं-

   ''आयु, बुद्धि, बल, आरोग्य, सुख तथा प्रीति को बढ़ाने वाला, रसयुक्त, चिकना तथा सारयुक्त आहार सात्त्विक पुरुष को प्रिय होता है।'' (8)

   ''कड़वा, खट्टा, लवणयुक्त, अतिगर्म तथा तीक्ष्ण, रूखा एवं दाहकारक, दु:ख तथा चिंता को उत्पन्न करने वाला आहार राजसी पुरुषों को प्रिय होता है।'' (9)

   ''अधपका, रसरहित, दुर्गंधयुक्त, बासी, जूठा तथा अपवित्र भोजन तामसिक पुरुष को प्रिय होता है।"

5. **व्यक्ति**- आपके आसपास रहने वाले व्यक्तियों के आधार पर भी आपकी मानसिक अवस्था निर्भर करती है। जीवन के प्रति शांत तथा सकारात्मक रवैया रखने वाले लोगों के प्रति अधिक से अधिक समय बिताएं क्योंकि ऐसे व्यक्तियों का मस्तिष्क काफी हद तक नियंत्रित होता है। अच्छे व्यक्तियों की भाव तरंगें आपके मस्तिष्क में बदलाव लाती हैं। नकारात्मक व्यक्तियों से बचें क्योंकि वे तो पहले ही जीवन के निम्नतम स्तर में जी रहे हैं। जीवन में एक गुरु का मार्गदर्शन

अवश्य लें, जिससे आप अपनी समस्याएं निःसंकोच कह सकें, परंतु गुरु ज्ञानी हो तथा आपको व्यक्तिगत रूप से समय दे सके। आधुनिक गुरुओं के लाखों अनुयायी हैं, वे उनके लिए व्यक्तिगत रूप से समय नहीं निकाल सकते। हम यहाँ गुरुओं की महिमा खंडित नहीं करना चाहते, परंतु हमें किसी ऐसे के पास जाना चाहिए, जिसके पास हमारे लिए समय हो। हम बड़े गुरुओं के सत्संग व दर्शन का लाभ तो पा सकते हैं किंतु हमारे पास एक ऐसा गुरु भी होना चाहिए जो जीवन का सच्चा रास्ता दिखा सके।

6. **अनुशासन**- मस्तिष्क को नियंत्रित करने के लिए आपको स्वयं को अनुशासित करना होगा। आपको मस्तिष्क नियंत्रण के उपायों पर दृढ़ता अपनानी होगी। यदि आप दो माह तक अनुशासन का पालन करें और फिर उसे नीरस तथा व्यर्थ जानकर त्याग दें तो वह आपके किसी काम नहीं आएगा। यदि ऐसा हुआ तो आप पहले से भी अधिक कुंठित, व्याकुल, भ्रमित तथा निराश हो जाएंगे। अपनी अनुशासित जीवनशैली का त्याग कदापि न करें क्योंकि मस्तिष्क नियंत्रण हेतु निरंतरता आवश्यक है।
7. **अंतर जानें**- आपको जीवन के प्रति विस्तृत दृष्टिकोण अपनाते हुए पक्षपात की भावना से मुक्त होना होगा। यदि आप पक्षपाती हैं तो इसका अर्थ है कि आप स्वार्थी तथा इंद्रियों के दास हैं। अतः आपको विभिन्न परिस्थितियों में अच्छे बुरे का भेद जानना होगा तथा अच्छाई का पक्ष लेना होगा, चाहे आपको हानि ही क्यों न हो। इससे आपके चरित्र का परिचय भी मिलता है। यदि आपकी आत्मा किसी कार्य की साक्षी न हो तो उसे कदापि न करें।
8. **अधिकार भावना**- मस्तिष्क सदैव स्वस्थ तथा सृजनशील व्यवसाय में लगे रहना चाहिए। एक पुरानी कहावत के अनुसार 'खाली दिमाग शैतान का घर होता है।' यह कहावत यूं ही नहीं बनी, इसमें गहरा अर्थ छिपा है मस्तिष्क को धीर बनाने का सबसे संभावित उपाय यही है कि व्यंक्ति सर्वोच्च भाव को जीवन का लक्ष्य माने, इसी से सजगता भी उत्पन्न होती है। रचनात्मक विचार हमेशा सकारात्मक होते हैं। अपने खिलाफ जाने वाली बातों के बारे में नकारात्मक सोच अपनाने की बजाए यह सोचें कि वे आपके विरुद्ध क्यों गईं व उन्हें सुधारने के लिए क्या किया जा सकता

है। प्राय: व्यक्ति खाली बैठते ही व्यर्थ तथा निरुद्देश्य चिंतन में लीन हो जाते हैं। यह संभावित कल्पनाएं तथा भय निराधार होते हैं। नकारात्मक कल्पना शक्ति द्वारा आप अवास्तविकता को वास्तविकता में बदल देते हैं। आप संदेहों के घेरे में आ जाते हैं। ऐसी परिस्थितियों में मस्तिष्क पर नियंत्रण पाना कठिन हो जाता है।

9. **कामनाओं का त्याग करें**- आपको जीवन में कृत्रिम आनंद का त्याग करना होगा। इसका अर्थ यह नहीं कि आप आनंद ही न लें। आपको इंद्रियों से प्राप्त सुख को त्यागना होगा जो कि वास्तविक आनंदप्राप्ति की बाधा है। आनंद ऐसा हो जो आपके शारीरिक तथा मानसिक स्वास्थ्य पर बुरा प्रभाव न डाले।

धीमे जहर की तरह निगलने वाले आनंद से दूर रहें। जब तक हम आनंद के उद्देश्य से ऊपर नहीं उठते, हम जो भी कर लें, मस्तिष्क पर संपूर्ण नियंत्रण नहीं पा सकते। दो प्रकार के व्यक्तियों के जीवन में आंतरिक संघर्ष नहीं होता। पहले वे जो आनंद तथा विषय-योग के दास हैं। वे इन्हें पाने के लिए किसी भी हद तक, कोई भी अनुचित कार्य कर सकते हैं। दूसरे वे जिन्होंने मस्तिष्क को पूरी तरह साध लिया है। वे शांत, सहज व संतुष्ट रहते हैं। इन दोनों श्रेणियों में न आने वाले व्यक्तियों को आंतरिक संघर्ष, असंतुष्टि व भ्रम का सामना करना पड़ता है। वे नहीं जानते कि उन्हें किस पथ पर चलना है, अच्छे या बुरे? इस प्रकार अच्छी वस्तुएँ पाने के जुनून में लोभ व ईर्ष्या आदि नकारात्मक भाव उत्पन्न होते हैं, जो कि मन के शत्रु हैं।

9. **आत्म-परामर्श**– जैसा कि नाम से ही स्पष्ट है, हमें स्वयं को उस सकारात्मक सोच तथा बदलाव का परामर्श देता है, जो हम अपने जीवन में लाना चाहते हैं। हमें अपने मन को परामर्श देना होगा कि हमारी वे अधूरी इच्छाएँ वास्तव में पूरी हो गई हैं। हमें अपने मन को सकारात्मक सोच अपनाने की सलाह देनी होगी; जैसे मैं सफल हूँ 'मैं धनी हूँ', 'मैं स्वस्थ हूँ', 'मेरे मन में शांति है', 'मेरे बॉस मुझसे प्रसन्न हैं' आदि। हमें अपने व्यक्तित्व के उस पहलू के विषय में आत्मपरामर्श देना चाहिए, जिसमें हम सुधार लाना चाहते हैं जैसे- ''मैं विश्वास से भरपूर हूँ'', ''मेरी संप्रेषण क्षमता बहुत अच्छी है'', ''मैं जो हूँ, उसके लिए लोग मुझे चाहते हैं....''

आत्मपरामर्श करते समय आपने ऐसा महसूस करना है कि वे अधूरी इच्छाएँ पूरी हो रही हैं (सकारात्मक चिंतन), ऐसा न सोचें कि वे पूरी होंगी (आशा)। हमें अपने मन से कहना है कि हम 'पहले से ही' सफलता, धन, व अन्य इच्छाओं की पूर्ति का अनुभव कर रहे हैं। हाँ, ऐसा करते समय आपके मन में इस शक्तिशाली तकनीक के बारे में कोई संदेह नहीं होना चाहिए। यह भी ध्यान दें, इसे दिन के किस समय में करने से अधिकतम लाभ हो सकता है। सुबह उठते ही करें तो बेहतर होगा क्योंकि उस समय मन इतना सजग नहीं होता और मस्तिष्क भी अल्फा अवस्था में होता है। रात को सोने से पहले भी इसे दोहराएं। दिन में दो बार पूरे विश्वास से करें, आपका जीवन बदल जाएगा। हम जीवन में बदलाव लाना तो चाहते हैं किंतु अधूरी इच्छाएँ पूरी करने का तरीका नहीं जानते। सबसे पहले तो हमें इच्छा करना त्यागना होगा। इच्छा पैदा होने से, लालसा उत्पन्न होती है हम अपने व दूसरों से अपेक्षाएं रखने लगते हैं।

जब आप रात को आत्मपरामर्श के बाद सोने जाते हैं तो उस समय हिप्पोकैंपस (जहाँ मस्तिष्क में स्मृति सुरक्षित रहती हैं) बहुत सक्रिय हो जाता है, वह इस जानकारी को अल्पकालीन से दीर्घकालीन स्मृति में बदल देता है। जब आप आत्मपरामर्श के पश्चात सो जाते हैं तो मस्तिष्क स्नायु एक निश्चित क्रम में चलते हैं, नींद के दौरान किसी दृश्य उत्तेजक से बाधा भी नहीं होती और आपके विचार वैसी क्रिया-प्रतिक्रिया से जुड़ जाते हैं अतः आत्मपरामर्श व मानसिक चित्रण मन के नियंत्रण व उत्पादकता वृद्धि में सहायक होते हैं।

11. **मानसिक चित्रण–** टाँगें मोड़ कर, आँखें बंद करें व आराम से बैठ जाएं। आप कुर्सी पर भी बैठ सकते हैं बस रीढ़ की हड्डी सीधी रखें। उस समय कोई आपका ध्यान भंग न करे अतः मोबाइल बंद कर दें, कमरा बंद कर लें व दरवाजे पर बोर्ड लगा दें कि कोई आपको परेशान न करे।

अब उस आदर्श स्थिति का मानसिक चित्रण करें, जिसमें आप आना चाहते हैं। यदि आप काम के बारे में मानसिक चित्रण कर रहे हैं तो कल्पना करें कि आपने क्या पहन रखा है। कल्पना करें कि आप चेहरे पर मुस्कान लिए यात्रा कर रहे हैं देखें कि आप ऑफिस पहुँच कर

अपना कार्ड पंच करते हैं और सीट तक पहुँचते हैं। आप फोन पर उन ग्रांहकों से बात कर रहे हैं जो आपकी सेवाओं से खुश हैं। ठीक इसी तरह, स्वयं को बॉस से बात करते देखें। कल्पना करें कि बॉस आपके प्रदर्शन से बेहद खुश हैं और प्रबंधन के लिए आपके प्रयासों की सराहना कर रहे हैं। मानसिक चित्रण करें कि आपकी पदोन्नति हो रही है।

मानसिक चित्रण एक ऐसा साधन है, जो कि हर क्षेत्र में सहायक है, फिर चाहे आप व्यवसायी हों, या कोई गृहिणी। आप किसी भी क्षेत्र में इस साधन का प्रयोग कर सकते हैं। कृपया पहली सफलता पाते ही मानसिक चित्रण करना बंद न करें, क्योंकि आप इस अभ्यास को जितना दोहराएंगे, उतना ही लाभ पाएंगे। इसे पूरे विश्वास से करें तथा मानसिक चित्रण करते समय पूरी प्रक्रिया का इस तरह अनुभव करें मानो वह वास्तविकता में घट रही हो।

व्यक्ति को मानसिक चित्रण करते समय पहने जाने वाले कपड़े, जूते व शारीरिक भाषा आदि का भी ध्यान रखना चाहिए। धीरे-धीरे आप अपने दिमाग को नए विचारों से ओतप्रोत पाएंगे, यह आपको समस्याओं के समाधान के रचनात्मक उपाय देगा, जिनके बारे में आपने पहले कभी सोचा तक नहीं होगा। व्यक्ति को प्रतिदिन 15-20 मिनट तक मानसिक चित्रण का अभ्यास करना चाहिए। इसे प्रतिदिन नहीं किया तो कोई लाभ नहीं होगा। हो सकता है कि पहले दो-तीन दिन के अभ्यास में कुछ दिखाई न दे या आनंद न आए किंतु धीरे-धीरे आप इसके एक-एक पल का आनंद लेने लगेंगे।

दिन में दो बार निम्नलिखित वाक्य दोहराएं-

- मैं वही हूँ, जैसा मैं अपने विषय में सोचता हूँ।
- मैं अपने विचारों के बल पर ही वर्तमान अवस्था तक पहुंचा हूं।
- मैं प्रभु के बिना अस्तित्वहीन हूं।
- मेरे हाथ में केवल कर्म करना ही है।
- कर्म का फल केवल प्रभु के हाथों में है।
- भाग्य अथवा नियति, कुछ नहीं होती।
- प्रभु पक्षपाती नहीं हैं। यदि मैं उनके साथ हूँ तो वह मेरे साथ हैं।
- मैं अपने सभी कर्म प्रभु को समर्पित करता हूँ।

- चाहे कोई मुझे प्रेम करे अथवा नहीं, मैं सबसे प्रेम भाव रखता हूँ।
- मैं अपने तथा दूसरों के प्रति सच्चा हूँ।
- मेरी परिस्थितियां मुझे नहीं बनातीं, वे मुझे उद्घाटित करती हैं।
- मैं प्रत्येक बाधा को अवसर के समान जानता हूँ।
- मैं लापरवाही से दूर रहता हूँ।
- मैं नकारात्मक विचारों की उपेक्षा करता हूँ।
- मैं नियमित रूप से आत्मविश्लेषण करता हूँ।

❑

अध्याय 5

विश्वास

विश्वास अपने स्वभाव से ही, अज्ञात सत्ता में आरंभ होता है तथा वहीं उसका अंत हो जाता है। यह मन की एक ऐसी अवस्था है, जिसे निरंतर अवचेतन मन को पोषित करते हुए, प्रत्येक व्यक्ति के भीतर उत्पन्न किया जा सकता है। ये उन वस्तुओं के विषय में होता है, जिन्हें हम अनुभव से नहीं जान पाते। यह एक धारणा है, जिसे साक्ष्य का समर्थन प्राप्त होता है। विश्वास के माध्यम से ही हम ईश्वर के स्वर्ग आदि अदृश्य वस्तुओं को स्वीकारते हैं।

क्या इसका अर्थ है कि विश्वास नाजायज़ होता है। उत्तर है, 'नहीं', यह कुछ ऐसा ही है, मानो कोई इसे मान तो सकता है पर भांप नहीं सकता। ईश्वर को रासायनिक संरचना की दृष्टि से माना नहीं जा सकता लेकिन ईश्वर के अस्तित्व को प्रमाणित करने के दूसरे साक्ष्य मौजूद हैं। विश्वास ही ईश्वर तथा जीवन के प्रति मनुष्य का रवैया बनाता है। इसी विश्वास के बल पर आप स्वयं पर भरोसा कर पाते हैं लेकिन विरोधाभास यह है कि यही आपके भीतर अविश्वास भी पैदा करता है अत: यह व्यक्ति पर निर्भर करता है कि वह सकारात्मक विश्वास को पहचाने तथा उस पर कार्य करे। सकारात्मक विश्वास मानसिक अवस्था को शुद्ध कर देता है। यह एक राक्षस को मनुष्य, मनुष्य को देवता में बदल सकता है। जीवन के हीन तथा श्रेष्ठ भाव, इसी विश्वास की देन हैं। यहाँ तक कि आपका भय भी विश्वास से जुड़ा है। अत: किसी भी विषय की प्रचुरता के लिए मनुष्य को अपने भीतर विश्वास संजोना होगा।

यदि आप एक ओर प्रभु से परीक्षा में अच्छे अंकों तथा व्यवसाय में सफलता की कामना करें तथा दूसरी ओर मन ही मन असफलता से भयभीत रहें, तो दिन-रात की जाने वाली प्रार्थना भी फलदायी नहीं हो सकती, क्योंकि भीतरी विश्वास आपको निरंतर निरुत्साहित करता रहेगा तथा असफलता का भय दिखाता रहेगा। ऐसा इसलिए होगा क्योंकि आप भी भीतर से जानते हैं कि आपके प्रयासों में ही कमी थी।

आपकी प्रार्थना पूरी नहीं होगी क्योंकि प्रभु आपके अंतर्मन की सुनता है, जो निराशा से भयभीत है। ईश्वर के अनुसार, अविश्वास के कारण व्यक्ति की आंतरिक इच्छा थी कि वह असफल होगा। यह सच है कि यह जानबूझ कर नहीं किया गया और कोई जान कर असफल नहीं होना चाहता किंतु चेतन व अवचेतन मन दोनों मिलकर ईश्वर को असफलता का संदेश ही प्रेषित कर रहे थे। एक कहावत भी है कि ईश्वर उनकी सहायता करता है, जो अपनी सहायता स्वयं करते हैं। अपने भीतर विश्वास पैदा करें तथा सकारात्मक रूप से कार्यरत हों, ईश्वर कभी आपको निराश नहीं करेंगे। प्रभु के प्रति आस्था सच्ची हो तो बड़े से बड़ा संकट भी टल जाता है। ईश्वर में विश्वास का अर्थ केवल सच्चाई में विश्वास रखना नहीं होता बल्कि यह व्यक्ति के जीवन में सत्य की विशेषताओं में भी प्रकट होता है। राष्ट्रपिता महात्मा गांधी के पास कुछ न था। उनके पास अपने उद्देश्य की पूर्ति के लिए न तो धन था और न ही सिपाही, परंतु फिर भी वे देश से अंग्रेज़ों को भगाने में सफल रहे। ऐसा इसलिए संभव हुआ क्योंकि वे अहिंसा तथा अपने-आप में पूर्ण विश्वास रखते थे। उन्हें अपने मार्ग पर भरोसा था। इसी भरोसे के बल पर लाखों अनुयायी उनके साथ हो लिए तथा पूरे देश में उनके समर्थकों की कमी न रही।

भगवद्गीता के अध्याय तीन के श्लोक 17 में प्रभु ने कहा है कि *"प्रकृति के तीन रूपों में से ही मनुष्य को एक पथ चुनना पड़ता है। व्यक्ति जो भी चुनता है उसका विश्वास वैसा ही हो जाता है।"*

सर्वप्रथम मनुष्य को ईश्वर के प्रति विश्वास रखना चाहिए। यह विश्वास निष्पक्ष तथा बिना समझौते वाला होना चाहिए। जब ईश्वर में विश्वास रखेंगे तो उन्हीं के बताए मार्ग पर चलेंगे तो आत्मविश्वास और भी प्रखर होगा। मुझे विश्वास है कि आप अब तक ईश्वर व प्रकृति के विषय में जान चुके हैं। जीवन में आगे बढ़ने के लिए आपको प्राकृतिक नियमों को स्वीकारना होगा।

चौथे अध्याय की श्लोक संख्या 40 में प्रभु कहते हैं-

''भगवत-विषय को न जानने वाला तथा श्रद्धारहित व संशययुक्त पुरुष परमार्थ से भ्रष्ट हो जाता है। उनमें भी संशययुक्त पुरुष के लिए न तो यह लोक है और न ही परलोक।

प्रभु ने स्पष्ट रूप से कहा है कि यदि आप संशय में रहे तो कभी भी प्रसन्नता का अनुभव नहीं कर सकते। इस संसार में प्रत्येक व्यक्ति प्रसन्नता के लिए ही प्रयासरत है। प्रत्येक व्यक्ति प्रसन्न रहने की चाह में ही तनाव मोल

ले लेता है। ऐसा इसलिए है क्योंकि उन्हें अपने सिवा किसी दूसरे पर भरोसा नहीं होता। अपनी इसी मानसिकता के कारण वे प्रसन्नता के लिए तड़पते रहते हैं। इस संसार में चारों ओर इतना भ्रम है कि मनुष्य किसी पर भी विश्वास नहीं कर पाता। यदि कोई सहज भाव से दूसरे की सहायता करना भी चाहे तो उसे संदेहास्पद दृष्टि से देखा जाता है। वर्तमान संसार से सकारात्मक विश्वास लुप्त हो चला है। मनुष्य की दशा निरंतर सोचनीय होती जा रही है।

निम्नलिखित अध्याय 16 के श्लोकों के माध्यम से प्रभु ने स्पष्ट किया है कि तामसिक (आसुरी) प्रवृत्ति के लोगों का व्यवहार कैसा होता है।

"आसुरी स्वभाव वाले मनुष्य कर्तव्य कार्य में प्रवृत्त होने तथा अकर्तव्य से निवृत्त होना भी नहीं जानते। उनमें न तो बाहर-भीतर की शुद्धि है, न श्रेष्ठ आचरण और न ही सत्यभाषण है। वे कहते हैं कि यह आश्रयरहित तथा झूठा संसार ईश्वर के बिना स्त्री-पुरुष के संयोग से उत्पन्न हुआ है। अत: भोग ही भोगना चाहिए। (7-8)

"वे मरणपर्यंत अनंत चिंताओं का आश्रय करते हैं तथा विषयभोगों को भोगने में आनंदमग्न रहते हैं। अत: आशारूपी सैकड़ों फांसियों से बंधे हुए काम-क्रोध के परायण तथा विषय-भोगों की पूर्ति के लिए धन आदि पदार्थों का संग्रह करने की चेष्टा करते हैं।" (11-12)

"इन पुरुषों के विचार इसी प्रकार होते हैं कि आज मैंने इसे पाया, अब इस मनोरथ को पाऊंगा। मेरे पास इतना धन है जो भविष्य में और अधिक होगा।

सभी शत्रु मेरे द्वारा ही मारे गए। मैं ही ईश्वर तथा ऐश्वर्य को भोगने वाला हूं तथा सब सिद्धियों से युक्त बलवान व सुखी हूँ।

मैं बड़ा धनवान तथा कुटुंब वाला हूँ तथा मेरे समान दूसरा कौन है। मैं यज्ञ करूंगा, दान करते हुए प्रसन्नता तथा हर्ष को प्राप्त होऊंगा, इस प्रकार के अज्ञान से मोहित हैं।" (13-15)

"ऐसे उन द्वेष करने वाले अत्याचारी, क्रूरकर्मी तथा पापियों को मैं संसार में बारम्बार आसुरी योनि में गिराता हूँ अर्थात् शूकर, कूकर आदि नीच योनियों में उत्पन्न करता हूँ।" (19)

जैसा कि आपने उक्त श्लोकों में देखा, आसुरी प्रवृत्ति के लोग जीवन में सदा नीच कर्म करते हैं तथा भौतिक व आध्यात्मिक रूप से रसातल को प्राप्त होते हैं। यहां तक कि वे अगले जन्म में भी दंड पाते हैं तथा हीन विशेषताओं से युक्त होते हैं क्योंकि उनके पूर्वजन्म में भी उनके कृत्य ईश्वर तथा प्राकृतिक नियमों के विरुद्ध थे। जब ऐसे व्यक्ति ईश्वर के अस्तित्व में

ही शंका रखते हैं तो उनसे प्राकृतिक नियमों के पालन की उपेक्षा कैसे की जा सकती है? आज उनके व्यक्ति संघर्षरत हैं क्योंकि वे अज्ञान के अंधकार में खोए हैं। वे न तो ज्ञान पाना चाहते हैं और न ही उसके लिए कोई प्रयास करते हैं। प्रभु कहते हैं-

"हे अर्जुन! देव तथा आसुरी संपदा प्राप्त व्यक्तियों के लक्षण तुमसे कहता हूँ। देवीय संपदा से युक्त व्यक्तियों में भय का अभाव, आंतरिक स्वच्छता, तत्त्व ज्ञान के लिए निरंतर ध्यानयोग में दृढ़ स्थिति, सात्त्विक दान, इंद्रियों का दमन, भगवत् पूजा, अग्निहोत्र, वेद-शास्त्रों का पाठ-पाठन स्वध र्मपालन के लिए कष्ट सहन तथा अंत:करण की सरलता, मन, वाणी तथा शरीर से किसी को भी कष्ट न देना, यथार्थ व प्रिय भाषण, उपकार करने वाले पर कभी क्रोधित न होना, कर्म को करने के अभिमान का त्याग, निंदा आदि न करना, आसक्ति का न होना तथा आचरण में लज्जा तथा व्यर्थ चेष्टाओं का अभाव आदि पाया जाता है।

हे पार्थ! पाखंड, घमंड, अभिमान तथा क्रोध व कठोर वाणी एवं अज्ञान आसुरी संपदा को प्राप्त पुरुषों के लक्षण हैं।

अत: जीवन में फलने-फूलने के लिए आपको (1-3) ईश्वर प्रदत्त विधान का पालन करना ही होगा। जिसमें कर्तव्य, विश्वास, ईमानदारी, आत्मविश्वास भय का अभाव, दृढ़ता तथा एकाग्रता आदि गुण सम्मिलित हैं।

आत्मविश्वास

विश्वास ही आत्मविश्वास का मूलभूत आधार है। हम विश्वास तथा आत्मविश्वास जैसी विशेषताओं के साथ ही जन्म पाते हैं, किंतु निरंतर सामाजिक प्रभाव के कारण ये दोनों दब जाते हैं। आजकल प्राय: 'आत्मविश्वास' शब्द का प्रयोग किया जाता है। यह किसी व्यक्ति के व्यक्तित्व को पहचानने का बैरोमीटर माना जाता है। प्रत्येक व्यक्ति आत्मविश्वास के स्तर में वृद्धि चाहता है किंतु प्रश्न तो यही है कि इसे बढ़ाया कैसे जाए? यदि आप मस्तिष्क को नियंत्रित कर सकारात्मक चिंतन करने लगें तो निश्चय ही आपका विश्वास दृढ़ होगा तथा आत्मविश्वास के स्तर में वृद्धि होगी। कुछ और उपाय भी हैं, जिनके पालन से आपको लाभ हो सकता है।

बिक्री के क्षेत्र में, किसी भी उत्पाद विक्रेता का अपने उत्पाद में पूरी रूचि तथा विश्वास होना आवश्यक है। इसी तरह आप संसार में जो भी करना चाहें,

उस विचार के प्रति आपका विश्वास मजबूत हो। विश्वास अर्थात् आप जो भी कार्य करेंगे, सरल हो अथवा कठिन, विजयश्री आपकी ही होगी। आप ऐसा कुछ नहीं करेंगे जिससे आपको या दूसरों को नुकसान पहुंचे। आपके द्वारा किया जाने वाला कार्य ईश्वर द्वारा सराहा जाएगा।

यूं तो पूरा संसार बहुत बुद्धिमान है किंतु जब कोई उत्पाद विक्रेता पूरे आत्मविश्वास से अपने खराब उत्पाद का प्रचार करता है तो मानो सभी बहरे हो जाते हैं। यद्यपि झूठा प्रचार करने वाले विक्रेता तथा कंपनियां अपने दोष का दंड पाती हैं। कई बार ऐसा भी होता है कि एक अच्छा उत्पाद अच्छे प्रचार के अभाव में बिक नहीं पाता।

विश्वास में वृद्धि

आराम से बैठें, सुबह का समय बेहतर होगा क्योंकि उस समय आपका मस्तिष्क अल्फा अवस्था में होता है। आपकी मुट्ठियाँ बंद हों, आँखें बंद करके कल्पना करें कि आप पूरे आत्मविश्वास के साथ अपने वरिष्ठों से बात कर रहे हैं। आपके मुख से शब्दों तथा वाक्यों का सहज संप्रेषण हो रहा है। आपका शरीर सहज है तथा संप्रेषण में भी पूरी सहायता कर रहा है। अब धीरे से आँखें खोलें व पाँच सैकण्ड तक अपनी मुट्ठी देखें। अब फिर से आँखें बंद करके कल्पना करें कि आप आत्मविश्वास से दमक रहे हैं, दो मिनट तक इसका मानसिक चित्रण करें फिर आँखें खोलें व 10 सैकण्ड तक मुट्ठी को देखें। अब फिर से आँखें बंद करके मानसिक चित्रण करें कि आप आत्मविश्वास से भरपूर हैं तथा प्रत्येक प्रश्न का सही उत्तर दे रहे हैं। अब 2 मिनट बाद फिर से अपनी आँखें खोलें व अपनी मुट्ठी को 20 सैकण्ड तक देखें। इस अभ्यास को 21 दिन तक दोहराएं।

जब भी कभी आत्मविश्वास में कमी आए या समस्या के समाधान में संदेह उत्पन्न हो, अपनी मुट्ठी की ओर देखते ही वे सभी सकारात्मक अनुभव आपके मन में आ जाएंगे, वे सभी आत्मविश्वास से भरपूर क्षण भी सामने आ खड़े होंगे, जिन्हें आपने आँखें बंद करके देखा था। नतीजतन आप एक बार फिर से आत्मविश्वास से भरपूर हो उठेंगे।

स्वयं से निम्नलिखित वाक्य अवश्य कहें-

→ *मुझे ईश्वर तथा उनके बनाए नियमों में पूरा विश्वास है अतः मैं दृढ़ संकल्प व आस्था के साथ उन नियमों का पालन करूंगा तथा कठिन*

परिस्थितियों में भी उनका त्याग नहीं करूंगा। यह सब करने के लिए मेरे पास शक्ति का भरपूर स्रोत है।

→ *सफल बनने के लिए मैं प्रत्येक व्यक्ति को समान भाव से देखता हूँ, क्योंकि ईश्वर ने ही प्रत्येक व्यक्ति को बनाया है। यदि मैं उनका अपमान करूंगा तो उससे मेरा भी निरादर होगा। मैं धनी, निर्धन, मित्र, शत्रु, आत्मीय तथा अनजान से एक-सा व्यवहार रखूंगा तथा मुझमें ऐसा करने की भरपूर शक्ति है।*

→ *मैं प्रत्येक माह पांच नए मित्र अवश्य बनाऊंगा, मैं जानता हूँ कि मुझमें ऐसा करने का सामर्थ्य है।*

→ *मैं अपने भीतर मानवता के प्रति प्रेम पैदा करूंगा। स्वार्थ, ईर्ष्या, घृणा तथा क्रोध को त्याग दूंगा। मैं जानता हूँ कि मेरे भीतर इतनी शक्ति है।*

→ *मैं प्रतिदिन पंद्रह मिनट तक प्रार्थना करूंगा। मैं पूर्ण एकाग्रता से प्रार्थना करते हुए ईश्वर का मार्गदर्शन लूंगा, भविष्य के प्रति कल्पना करूंगा तथा अपनी बाधाओं से पार उतरूंगा। मैं जानता हूं कि मैं ऐसा कर सकता हूं।*

→ *मैं जानता हूँ कि अपने अवचेतन मस्तिष्क को सकारात्मक विचारों के लिए प्रोत्साहित करना होगा। अतः मैं अपने मस्तिष्क को सकारात्मक विचारों से भर दूंगा तथा अनुचित कार्य नहीं करूंगा, मैं जानता हूँ कि मैं यह सब कर सकता हूं।*

दृढ़ता

जब 'डि विट वालेस' नामक व्यक्ति ने अपनी पत्रिका आरंभ की तो उसने कल्पना तक नहीं की थी कि उसकी पत्रिका 170 से अधिक देशों में पहुंचेगी तथा एक माह में तीस करोड़ से अधिक प्रतियों की बिक्री होगी तथा यह तेरह से अधिक भाषाओं में छपेगी। यदि वह अपने कार्य के प्रति दृढ़ प्रतिज्ञ न होता तो ऐसा कभी भी संभव नहीं हो सकता था। इस पत्रिका का आरंभ उन दिनों हुआ जब श्री वाल्स, 1918 में एक फौजी अस्पताल में स्वास्थ्य लाभ कर रहे थे। वहां उन्होंने अनेक पत्रिकाएं पढ़ीं। उन्होंने पाया कि लेख आवश्यकता से अधिक बड़े थे। उन्होंने लेखों को संक्षिप्त रूप देना आरंभ किया अस्पताल से लौटने के बाद उन्होंने कुछ लेख प्रकाशकों के पास नमूने के तौर पर भेजे। उन्होंने कहा कि वे पूरी पुस्तक उसी प्रकाशक को देंगे जो उन्हें अपने यहां संपादक का पद सौंपेगा। केवल एक प्रकाशक को सामग्री जंची, किंतु उसने

भी यही कहा कि वितरण तीस हजार से अधिक नहीं हो सकता अत: उसके लिए छोटा प्रोजेक्ट था।

वाल्स यह सुनकर निरुत्साहित हो उठे परंतु अपने विचार पर डटे रहे। तब उनकी भेंट लीला बैल से हुई। वे विभिन्न प्रकाशकों को अपना प्रस्ताव भेजते रहे। सन् 1921 में उन्होंने लीला से विवाह किया तथा घूमने चले गए।

जब वे लौटे तो बहुत अधिक पत्र उनकी प्रतीक्षा में थे। उन पर पहले से काफी उधार था परंतु उन्होंने और उधार लिया तथा पहले अंक की पाँच हजार प्रतियों का माल तैयार किया। फरवरी 1922 में पहला अंक प्रकाशित हुआ परंतु अगले अंकों के लिए पर्याप्त धन कहां था? लीला के वेतन से घर का किराया जाने लगा। उन्होंने एक कमरा किराए पर दे दिया तथा किराएदारों के साथ रसोई तथा स्नानघर बांटा परंतु फिर भी वे उन पत्रिकाओं का शुल्क नहीं चुका पा रहे थे, जिनसे लेख लिए जाते थे। वाल्स एक पुस्तकालय में नौकरी करने लगे। वे कड़ी मेहनत से लेखन कार्य में जुटे रहते। उनके शरीर का अंग-अंग थकान से चूर-चूर हो जाता। कुछ ही दिन में पत्रिका का प्रसार तेजी से बढ़ा। सन् 1926 में यह संख्या 50,000 थी जो 1929 तक आते-आते 2,28,000 हो गई। इस पत्रिका का नाम था 'रीडर्स डाइजेस्ट'।

अनेक झंझटों, परेशानियों तथा कर्जों के बावजूद युगल दंपति ने अपना सपना साकार कर दिखाया तथा प्रभु से सफलता रूपी प्रसाद पाया।

अधिकतर लोग ज़िंदगी में इसलिए असफल नहीं होते कि उनके पास अच्छी नौकरी नहीं है या आत्मविश्वास की कमी है बल्कि उनके पास धैर्य का अभाव होता है। तेजी से भागती दुनिया में लोग भी तेजी से गतिशील होना चाहते हैं। चारों ओर अस्वस्थ प्रतिस्पर्धा व असंतुष्टि फैली हुई है। लोगों की मनोवृत्ति ही कुछ ऐसी है कि वे समाज का भला तो नहीं करना चाहते, बस दूसरों से ऊपर पहुँचना चाहते हैं ताकि उन्हें हिक़ारत की नज़रों से देख सकें। वे आकर्षण का केंद्रबिंदु बनना चाहते हैं ताकि दूसरे उनसे ईर्ष्या कर सकें जब लोग इतनी नकारात्मक मनोस्थिति व रवैये के साथ काम कर रहे हैं तो प्रकृति के नियम उन्हें सफलता का वरदान कैसे दे सकते हैं? यह असंभव है और ऐसे लोग धनी होने के लिए रातोंरात अपनी नौकरियाँ बदलते रहते हैं। वे किसी एक जगह टिक कर काम नहीं करते, पारिश्रमिक या वेतन में जरा-सी वृद्धि का आभास पाते ही, वे दूसरी जगह काम करने लगते हैं। धैर्य ही सफलता की कुँजी है।

थॉमस एडीसन बिजली से जलने वाले बल्ब का आविष्कार करने से पहले दस हजार बार असफल रहे लेकिन वर्तमान में, हम किसी भी स्तर पर, यहाँ तक कि एक बार भी अपनी असफलता स्वीकारने से तैयार नहीं होते। प्रतिस्पर्धा का अर्थ कोई 'दौड़' नहीं है। कईयों के लिए यह स्वस्थ होती है और वे अनेक प्रतिस्पर्धियों के बावजूद सफल रहते हैं। ये वे लोग हैं, जिन्होंने असफलता से हार नहीं मानी और अपने पेशे को फलने-फूलने का पूरा समय दिया, उन्होंने राह में आने वाली असफलता का पूरी बहादुरी व प्रसन्नता से सामना किया।

अपना काम बंद कर देने की बजाए पूरे साहस के साथ लड़े। वहीं दूसरी ओर, आप ध्यान दें कि असफल व्यक्ति लगातार अपने व्यवसाय बदलते हैं, इन अवसरवादियों के लिए धन कमाना ही जीवन का सबसे बड़ा उद्देश्य होता है। उन्हें एहसास नहीं होता कि दूसरों को किसी व्यवसाय से अच्छा कमाते देख ललचाना और वही काम शुरू करने का अर्थ है कि उन्हें नए सिरे से शुरुआत करनी होगी और किसी भी पिछले क्षेत्र का 25 प्रतिशत से अधिक अनुभव काम नहीं आएगा। जब तक वे इस क्षेत्र की सारी जानकारी लेंगे, तब तक और कई नए उद्यमियों के आ जाने से प्रतियोगिता कड़ी हो जाएगी। नतीजतन, उत्पादन में वृद्धि व माँग में कमी होने से उत्पाद की बिक्री व लाभ घटेंगे। हालात इतने बिगड़ जाएंगे कि ये लोग फिर से किसी मुनाफे वाले धंधे को तलाश में भाग खड़े होंगे। यही वजह है कि वे कभी जीवन में सफल तथा संतुष्ट नहीं हो पाते और धीरे-धीरे दिवालिया हो जाते हैं।

नीचे कुछ कारण दिए गए हैं, इन्हीं के कारण वे किसी एक स्थान पर टिक कर कार्य नहीं कर पाते।

निर्णय स्थगित करना- साहस का अभाव तथा खतरा सहने की क्षमता न होने के कारण लोग अपने निर्णय स्थगित करते रहते हैं। यही मानसिकता उनके वर्तमान पेशे को बुरी तरह प्रभावित करती है। सही व उचित निर्णय क्षमता के अभाव में उन्हें हानि होती है तथा व्यापार बंद करने की नौबत आ जाती है। तब भी उन्हें एहसास नहीं होता कि जीवन में उन्हीं निर्णयों की वजह से उथल-पुथल आई है, जिन्हें वे बड़ी सुविधा से टालते आए थे। निर्णय को स्थगित करने वाला व्यक्ति स्वयं को कुछ सीखने से भी दूर ले जाता है क्योंकि वह किसी भी नए अनुभव के लिए तैयार ही नहीं है और अनुभव के बिना कुछ नहीं किया जा सकता।

समझौता- लोग प्राय: अपने कार्य को प्राथमिकता नहीं देते क्योंकि वे भूल जाते हैं कि "कर्म ही पूजा है।" वे अपने काम से समझौता कर व्यक्तिगत तथा सामाजिक जीवन में व्यस्त होते चले जाते हैं, जिससे काम का नुकसान होता है। वे किसी कार्य पर केंद्रित होने की बजाए, उसके परिणामों व सुख पर अंदर ही अंदर ध्यान लगाए रखते हैं, धीरे-धीरे वे उस प्रक्रिया पर केंद्रित नहीं रह पाते, जो उन्हें उस परिणाम तक ले जा रही थी। कुछ समय बाद वही प्रक्रिया, एक आवश्यकता न होकर बोझ लगने लगती है।

रुचि का अभाव- कई बार वे कार्य में पूरी रुचि नहीं लेते। चूंकि उन्होंने केवल धन को ही अपना लक्ष्य माना है। अत: वे एकाग्र कैसे हो सकते हैं अत: कुछ समय पश्चात् वे भी पीछे हट जाते हैं। अपने ही विचारों से संघर्ष के कारण रुचि का अभाव पैदा होता है वे एक बार में कई काम करना चाहते हैं और कहीं नहीं पहुँच पाते। वे अवसरानुकूल अपनी रुचि भी बदलते रहते हैं, उन्हें एहसास नहीं होता कि कोई भी ऐसा व्यवसाय नहीं है, जिससे धन उत्पन्न न होता हो।

अप्रगतिशील- व्यक्ति कुछ भी कार्य किए बिना सब कुछ पा लेना चाहता है। यह एक सामान्य व्यवहार बन गया है। अप्रगतिशील व्यक्ति केवल सपनों में ही खोए रहते हैं या तो वे सोचते हैं कि वे कार्य के योग्य ही नहीं हैं अथवा सोचते हैं कि यदि भाग्य में सफलता लिखी है तो वह उन्हें स्वयं ही मिल जाएगी। इसी रवैये के कारण उन्हें बहाने तलाशने पड़ते हैं, इन्हें वे अपनी प्रगति की राह में सच्ची बाधा मानने लगते हैं और हार कर सब छोड़ देते हैं।

ऐसे व्यक्ति भी निम्न उपाय अपनाकर अटल प्रतिज्ञ बन सकते हैं।

1. **पूर्ण रुचियुक्त नियोजन**- उनके पास एक उचित योजना होनी चाहिए तथा आपको अपने काम से लगाव होना चाहिए। बेहतर होगा कि आप अपने काम को ही रुचि बना लें। यदि कोई व्यक्ति घर में पालतू जानवर रख ले तो उसे उससे लगाव हो जाता है, इसी तरह काम भी व्यक्ति की आजीविका का स्रोत है, व्यक्ति प्रतिदन उस पर 8-10 घंटे केंद्रित करता है, सप्ताह में 5-6 दिन उसके साथ बिताता है अत: उससे भी व्यक्ति को प्यार या लगाव हो सकता है। अपवाद केवल यही है कि व्यक्ति उसके लिए पूरी तरह से प्रतिबद्ध न हो या जानबूझ कर स्वयं को उससे दूर रखे।

2. **नकारात्मक विचार तथा लोगों से सावधान रहें**- आपने भी अनुभव किया होगा कि नकारात्मक विचारों को निरुत्साहित करना कितना महत्त्वपूर्ण हो सकता है, क्योंकि वे आपके काम में बाधा देते हैं। नकारात्मक विचार जीवन में कुछ करने की चाह रखने वालों को भयभीत कर देते हैं। नकारात्मक मानसिकता वाले व्यक्ति अपने मिलने वालों के विचार भी नकारात्मक कर देते हैं। अत: सदा ऐसे व्यक्ति से परामर्श लें जो आपको प्रेरित कर सके। वह आपको भविष्य में संभावित खतरों से सचेत करेगा तथा समाधान भी प्रस्तुत करेगा।
3. **सावधानी की अति**- सावधान रहना अच्छी बात है, परंतु थोड़ी व अधिक सावधानी दोनों ही घातक हो सकते हैं। कार्य के प्रति अधिक सजग न हों। दूसरों की परवाह किए बिना गंभीरतापूर्वक कार्य करें। बुद्धिमानी से निर्णय लें तथा अपने भीतर विश्वास पैदा करें। अति सजगता भी आपकी निर्णय क्षमता को प्रभावित कर सकती है, जिससे आपका आत्मविश्वास डगमगा सकता है।

भय

यह व्यक्ति के विश्वास को पूरी तरह कुचल देता है। यह एक व्यक्ति को निष्क्रिय बना सकता है। कई बार आपने लोगों को कहते सुना होगा- ''मुझे उस स्थान से भय लगता है, मुझे वहां नहीं जाना, मैं कभी घोड़े की सवारी नहीं करूंगा.... आदि'' कई व्यक्ति विवाह से भयभीत रहते हैं तो कई अपनी नौकरी खोने के प्रति चिंतित रहते हैं। चारों ओर इतना भय क्यों है? यह मनुष्य को कई प्रकार से हानि पहुंचाता है। यह उन्हें अवसाद तथा निराशा से भर सकता है। उनकी पहल क्षमता में कमी आती है। अनिद्रा रोग सताने लगता है तथा वे प्राय: अच्छे अवसर भी गंवा देते हैं। दु:ख तथा अप्रसन्नता उनके साथी बन जाते हैं। भय आपको विश्वास दिला देता है कि आप संसार में अकेले हैं तथा आपका रक्षक कोई नहीं है। भय के कारण प्रभु में आस्था डगमगा जाती है और व्यक्ति को तनाव तथा भययुक्त जीवन जीने के लिए विवश होना पड़ता है। **मिल्टन** के अनुसार-

''भय तथा आवेग की मन:स्थिति पर नियंत्रण पाने वाला ही सम्राट है।''

भय के प्रकारः मृत्यु, बुढ़ापा, निर्धनता आलोचना तथा रोग

निर्धनता का भय- निर्धनता के भय से पीड़ित व्यक्ति सदैव सजग रहता है। वह सदा अपने बचाव का प्रयत्न करता है। वह खतरों का सामना करने से घबराता है तथा अनिर्णय की भावना से ग्रस्त रहता है। वह सही समय पर कार्य नहीं कर पाता क्योंकि वह केवल हानि के विषय में सोचता है। वह सोचता है कि हो सकता है, उसे भरपेट भोजन न मिले....। मैंने एक चैनल पर प्रसिद्ध नेता-निर्देशक शेखर कपूर का साक्षात्कार सुना था। वे कह रहे थे-

''इसमें कोई संदेह नहीं कि मेरे पास सब कुछ है किंतु फिर भी मैं कड़ी मेहनत करता हूँ क्योंकि मुझे डर है कि यदि मैंने काम न किया तो एक दिन मैं भी भिखारियों की पंक्ति में पाया जाऊंगा।'' यदि एक संपन्न व्यक्ति निर्धनता के भय से पीड़ित है तब तो संसार का प्रत्येक व्यक्ति यूं ही घबराता होगा परंतु प्रश्न तो यह है कि आप ईश्वर तथा उसके बनाए नियमों में विश्वास क्यों नहीं रखते? क्या आप नहीं सोचते हैं कि ईश्वर अपक्षपाती है? ऐसे जनसाधारण के लिए समझौता ही सबसे बड़ी विशेषता होती है। वे नहीं जानते कि यह सदा कारगर नहीं होता। वे दूसरों को अपने तर्कों द्वारा कुछ भी समझाने की चेष्टा ही नहीं करते। ऐसा उनके साथ हमेशा घटित होता है।

ऐसे व्यक्ति कोई भी फैसला करते समय यही मान कर चलते हैं कि उनका फैसला गलत ही होगा। वे प्रत्येक कार्य को संदेह से देखते हैं तथा प्रत्येक कर्म के विषय में भ्रमित रहते हैं।

आलोचना का भय- कुछ व्यक्ति काफी हद तक आत्म-सजग होते हैं। वे जीवन की छोटी-छोटी बातों पर भी गहरा विचार करते हैं। यदि वे किसी से कुछ कहें तो उसकी प्रतिक्रिया क्या होगी।

''मैं उक्त व्यक्ति को ऐसा कुछ नहीं कहूंगा, यदि मैंने कहा तो मैं संभवत: उसे खो बैठूंगा।" उनका कार्यशील मस्तिष्क अनावश्यक बातों पर विचार करता रहता है। वे जान भी नहीं पाते कि ऐसी व्यर्थ की बातें सोचने से उनकी ऊर्जा घट रही है क्योंकि वे सदा दूसरों की नजर में अच्छे बने रहना चाहते हैं।

ऐसे व्यक्तियों में महत्त्वकांक्षा तथा पहल का अभाव रहता है। उन्हें यही भय सताता रहता है कि दूसरा व्यक्ति उन्हें पसंद नहीं करेगा। अत: ऐसे व्यक्तियों का व्यक्तित्व भी प्रभावी नहीं होता। वे दुबले-पतले, अंतर्मुखी तथा भावहीन जान पड़ते हैं। ऐसे व्यक्ति अपने मुंह मियां मिट्ठू बनने से भी बाज नहीं आते।

वे सदा समाज के श्रेष्ठ व्यक्तियों के संपर्क में रहना चाहते हैं। इससे उन्हें आनंद मिलता है। इस आनंद की प्राप्ति के लिए वे मूखर्तापूर्वक अपने समय तथा कार्य के साथ समझौते करते रहते हैं। ऐसे व्यक्ति स्वाभिमानी नहीं होते क्योंकि उन्हें लगता है कि कहीं उनका स्वाभिमान किसी को ठेस न पहुंचा दे। इस तरह उनकी कल्पनाशक्ति व मनुष्यत्व भी प्राय: नष्ट हो जाता है।

बुरे स्वास्थ्य तथा बुढ़ापे का भय- कुछ व्यक्ति सदा यही मानकर चलते हैं कि उनका स्वास्थ्य ठीक नहीं है तथा शरीर की आकृति भी विचित्र है। वे सदा काल्पनिक रोगों से ग्रस्त रहते हैं तथा अपने स्वास्थ्य की चिंता करते हैं। यदि किसी बीमारी के पांच-छह लक्षणों में से एक भी लक्षण उन्हें अपने भीतर दिखाई दे जाए, तो उन्हें पूरा विश्वास होता है कि वे उसी रोग से ग्रस्त हैं और वे उसी विषय में सोचने लगते हैं। वे केवल चिकित्सकों के परामर्श से ही सांत्वना पाते हैं। दो या तीन चिकित्सकों का परामर्श लिए बिना भी उन्हें चैन नहीं आता। व्यक्ति को 'संदेह' नामक रोग की चपेट में आने से बचना चाहिए आप जानते ही हैं कि मनुष्य का मस्तिष्क जो सोचता है, वही पाता है। ठीक इसी तरह एक व्यक्ति यदि किसी रोग विशेष के प्रति सदा चिंतित रहे तो यही विचारधारा आगे चल कर उक्त रोग का कारण बन सकती है। सुनिश्चित करें कि आप अपने स्वास्थ्य के विषय में चिंता नहीं करेंगे क्योंकि ऐसी मानसिकता आपकी कार्यक्षमता को भी बुरी तरह प्रभावित करती है।

वृद्धावस्था का आगमन होने पर मनुष्य में हीनभावना विकसित होने लगती है। पचास वर्ष की आयु में उसे लगने लगता है कि उसके शरीर की क्षमता व ताकत, किसी क्षेत्र की वजह से नहीं बल्कि, आयु की वजह से घट रही है। हमें उन शतरंज के खिलाड़ियों को अनदेखा नहीं करना चाहिए, जो सत्तर साल की आयु में भी व्यावसायिक रूप से खेलते हैं। बुढ़ापा केवल आपके मस्तिष्क में आता है। बाल सफेद होते ही आप स्वयं तथा दूसरों को प्राय: कहते हैं कि आप बूढ़े हो रहे हैं। अवचेतन मस्तिष्क भी निरंतर यही वाक्य दुहाराता रहता है। परिणामत: मस्तिष्क आपको वही बुढ़ापा सौंप देता है, जिसके भय से आप पीड़ित थे। यह उन व्यक्तियों के लिए एक बहाना भी हो सकता है जो जीवन में कोई पहल लेना ही नहीं चाहते। वे अपनी ऊर्जान्वित युवावस्था में कहते हैं कि कुछ भी विशेष करने के लिए वे अपरिपक्व तथा अनुभवहीन हैं। प्रौढ़ावस्था में अनुभव होने पर भी वे ऊर्जा की कमी के कारण कोई भी बड़ी परियोजना हाथ में नहीं लेते।

वृद्धावस्था में तो यूं भी बहानों की कमी नहीं रहती। इसी तरह उनका जीवन निरर्थक हो जाता है।

मृत्यु का भय- सभी आयु तथा लिंग के व्यक्ति मृत्यु के भय से भयभीत हैं। ऐसा इसलिए है क्योंकि हम सभी इस संसार को छोड़ना नहीं चाहते, हम नहीं जानते कि मृत्यु के पश्चात् हमारा क्या होगा? परंतु वास्तविकता यही है कि छोटे-बड़े अनेक व्यक्तित्व आज हमारे बीच नहीं जो आज से सौ वर्ष पूर्व संसार के हिस्सा थे। किसी भी आयुवर्ग के व्यक्ति की मृत्यु हो सकती है। यह कोई अभिशाप नहीं है। यह बुरे लोगों के लिए अभिशाप तथा भले लोगों के लिए वरदान है क्योंकि बुरे लोगों का अगला जन्म वर्तमान से और भी अधिक बुरा होगा तथा अच्छे लोग अच्छी योनि में जन्म लेंगे तथा बेहतर जीवन जी पाएंगे।

अध्याय 6 की श्लोक संख्या 41-42 में प्रभु कहते हैं-

"निवास पुरुष स्वर्गादि उत्तम लोकों को प्राप्त होकर, उनमें बहुत वर्षों तक शुद्ध आचरण वाले ज्ञानी सत्पुरुषों के घर में जन्म लेता है अथवा वैराग्यवान पुरुष ज्ञानवान योगियों के कुल में जन्म लेता है।"

अत: स्पष्ट है कि जीवन एक सतत प्रक्रिया है तथा यह किसी एक की मृत्यु पर समाप्त नहीं होती। हम अपने कर्मों के आधार पर वहीं से नया जीवन आरंभ करते हैं, जहां से पुराना समाप्त हुआ था। इसी समय अंतराल में हम नया शरीर धारण करते हैं। अज्ञानी जीवन का चिंतन करने की अपेक्षा सदा मृत्यु के विषय में सोचता रहता है, जीवन में उद्देश्यहीनता ही इसका प्रमुख कारण है।

एकाग्रता

एकाग्रता आपके विश्वास को सशक्त करती है। एकाग्रता व विश्वास परस्पर वृद्धि में सहायक हैं। मनुष्य अपनी इच्छित वस्तुओं पर आसानी से एकाग्र हो सकता है परंतु यही एकाग्रता पर्याप्त नहीं है क्योंकि इस इच्छित मार्ग पर चलना भी सहज नहीं होता।

मनचाही वस्तु पर संपूर्ण संकल्पशक्ति से होने वाला विचारों का प्रवाह ही एकाग्रता है। इससे आपकी संकल्पशक्ति पूर्ण होती है। जब आप भौतिक वस्तुओं की प्राप्ति के लिए एकाग्र होते हैं तो इंद्रियां मस्तिष्क को नियंत्रित करती हैं किंतु जब आप इच्छा पूरी करने के मार्ग पर अग्रसर होते हैं तो आपको मस्तिष्क व बुद्धि को नियंत्रित करना पड़ता है। इसका अर्थ है कि आपने एक बार कड़ी मेहनत व विश्वास के साथ सही पथ का अनुसरण

आरंभ कर दिया, तो आप सफल होंगे। कभी-कभी इंद्रियां ही सुझाव देने लगती हैं कि काम आने वाले कल पर छोड़कर, आराम करो। चूँकि आप कड़ी मेहनत कर रहे होते हैं इसलिए आराम की इच्छा होती है। इस प्रकार इंद्रियां आपकी एकाग्रता भंग करते हुए काम से दूर ले जाने का लालच देती हैं। यदि आप उनके सम्मुख समर्पण कर दें तो इच्छित सफलता मिलने में विलंब हो सकता है या फिर आप शेष जीवन यूं ही बिता देंगे। दूसरी ओर यदि आपने बुद्धि का साथ दिया तो आप शीघ्र ही पूर्ण एकाग्रता से अपने काम पर लौट सकते हैं।

अपनी एकाग्रता बढ़ाने के लिए आपको आत्मनियंत्रण का अभ्यास करना चाहिए। व्यर्थ की गपशप से आपकी एकाग्रता भंग होती है तथा मानसिक ऊर्जा का क्षय होता है। उद्‌देश्यहीन कार्य, विवाद, मूर्खतापूर्ण कोरी कल्पनाएं, रूढ़िवादी भय तथा दूसरों की कमियां निकालने से आपकी ही हानि होती है। जीवन में जो कुछ भी पाना चाहें, नियत समय व स्थान में उसी पर एकाग्र हों। आप ध्यान द्वारा मानसिक एकाग्रता में वृद्धि कर सकते हैं। एकाग्र होते समय प्रत्येक व्यक्ति अधिक दबाव न डालें तथा धैर्य रखें क्योंकि इस कार्य के लिए अधिक अभ्यास की आवश्यकता होगी। अनासक्ति, ध्यान तथा प्रभु के प्रति प्रेम आपकी एकाग्रता शक्ति को बढ़ाता है। यह कार्य सहज नहीं है परंतु असंभव भी नहीं है।

आपने ग़ौर किया होगा कि मनपसंद विषय अथवा पुस्तक पर आपका ध्यान शीघ्र ही एकाग्र हो जाता है। यदि विषय मनपसंद न हो तो एकाग्रता शीघ्र ही भंग हो जाती है। इसे पाने की कोई सहज विधि नहीं है केवल अभ्यास द्वारा ही इसे प्राप्त कर सकते हैं। यदि आरंभ में आप सफल न भी हो पाएं तो हिम्मत न हारें, क्योंकि यह एक ऐसा कार्य है जिसे आप सजग अवस्था में पहली बार करने जा रहे हैं। ध्यान रखें कि आपके कार्य का वातावरण शांत तथा कोलाहल पूर्ण न हो। यदि आप किसी मित्र को फोन करना चाहते हैं तो इस विचार को दिमाग में न रखें। उसे फोन करने के बाद ही कार्य आरंभ करें अन्यथा मित्र को फोन करने का विचार आपके मस्तिष्क की एकाग्रता को भंग करता रहेगा।

❑

अध्याय 6

मृत्यु के पश्चात जीवन

जीवित मनुष्यों के रूप में, हमारे पास इससे महत्त्वपूर्ण तथ्य कोई नहीं है कि हमारे पास कुछ ऐसा है, जिसे हम 'आत्मा' के रूप में वर्णित कर सकते हैं, जो कि हमारे शरीर की मृत्यु के बाद भी हमेशा विधमान रहेगी। इसके बिना तो हमारा अस्तित्व ही व्यर्थ है, फिर इस बात से कोई अंतर नहीं पड़ता कि हम एक साल जिएं अथवा करोड़ों साल, वास्तव में इसका न होना भी अंतत: क्रूरता ही होती।

पहले-पहले जब मैंने इस पुस्तक को लिखना आरंभ किया तो मैं इस अध्याय को शामिल नहीं करना चाहता था। परंतु फिर मैंने सोचा कि यह अध्याय उनके लिए लाभदायक हो सकता है, जो प्रभु में विश्वास नहीं रखते तथा यह मानते हैं कि सब कुछ कृत्रिम है, किसी व्यक्ति की मृत्यु से उसका अंत हो जाता है। कुछ ऐसे लोग भी हैं जो यह मानते हैं कि कोई व्यक्ति मरने के बाद प्रभु में समा जाता है तथा स्वयं ईश्वर हो जाता है। उसे पृथ्वी पर होने वाली प्रत्येक घटना की जानकारी रहती है।

यदि आप मृत्यु के पश्चात जीवन पर लिखी गई पुस्तकों का अध्ययन करें तो परलोक में होने वाली घटनाओं का विस्तृत वर्णन पाएंगे। परलोक को दूसरी दुनिया के नाम से भी जाना जाता है। इस पुस्तक में दिए गए सभी विवरण मनुष्य के लिए मृत्यु के बाद भी लाभदायक सिद्ध होंगे।

जब महात्मा बुद्ध ने निर्वाण प्राप्त किया तो उन्होंने अपने अनुभव के आधार पर कहा-

''मुझे अपने अनेक पिछले जन्मों की याद है, मैंने अनेक कालों में एक, दो, तीन, चार, पाँच.... सौ.... हजारों जन्म लिए। मैं इन सभी जन्मों के विषय में जानता हूँ। जन्म कहां हुआ, किस परिवार में हुआ, तब मेरा नाम क्या था तथा मैंने क्या किया? मेरे जीवन में दुर्भाग्य तथा सौभाग्य आए तथा प्रत्येक मृत्यु के पश्चात नया जन्म होता रहा, इस प्रकार असंख्य जन्मों के

विवरण, विशेषताएं तथा परिस्थितियां मेरी स्मृति में हैं। यह ज्ञान मैंने रात्रि के प्रथम प्रहर में पाया।''

अमरीका के महान समाजसेवी तथा व्यवसायी श्री हेनरी फोर्ड लिखते हैं- ''मैंने 26 वर्ष की आयु में अवतारवाद के सिद्धांत को अपनाया। धर्म तथा कर्म भी मुझे पूरी तरह संतुष्ट नहीं कर पाए। यदि हम अगले जन्म में जीवन के अनुभवों का प्रयोग न कर पाएं तो कर्म भी निःसार हो जाता है। जब मैंने अवतार की खोज की तो समय की कोई सीमा न रही। मैं घड़ी का दास न रहा.... मैं दूसरों के साथ जीवन की गहरी समझ से प्राप्त सहजता बांटना चाहता था।''

पदार्थ की तीन अवस्थाएं होता हैं- ठोस, द्रव्य तथा गैस। आप सब जानते हैं कि यह तत्त्वों से बनी हैं। आप यह भी जानते हैं कि शुद्ध वायु को गैस से द्रव्य तथा ठोस अवस्था में बदला जा सकता है। अतः हमारे पास तीन परते हैं- ठोस, द्रव्य तथा गैस। पदार्थ की चौथी अवस्था 'आकाश' है। इसकी भी चार परतें अथवा स्तर हैं। इस प्रकार पृथ्वी पर सात स्तर हैं।

सातवीं पर्त बहुत कम जटिल विजातीय अणुओं से बनी है। छठी सामान्य विजातीय अणुओं से बनी है। जिसका प्रत्येक संयोग इकाई के रूप में कार्य करता है। पांचवीं थोड़े जटिल विजातीय अणुओं से बनी है। चौथी अधिक जटिल विजातीय अणुओं से बनी है। तीसरी और अधिक जटिल है तथा गैस के रूप में है। दूसरी पर्त, तीसरी से भी अधिक जटिल है तथा द्रव्य कहलाती है। पहली पर्त सबसे अधिक जटिल है तथा ठोस कहलाती है।

मनुष्य के भौतिक शरीर के दो भाग हैं- एक भाग सघन शरीर है, जो ठोस, द्रव्य तथा गैस से मिलकर बना है तथा दूसरा भाग आकाशीय तत्त्वों से बना है। जिसकी चार ऊपरी परतें हैं। आपने आभामंडल के बारे में अवश्य सुना होगा। यह आकाशीय तत्त्व का एक भाग है तथा मनुष्य के शरीर के आसपास प्रकाश के रूप में रहता है। मनुष्य के स्वास्थ्य में कमी अथवा वृद्धि के साथ इन रंगों की आभा भी कम अथवा अधिक होती रहती है। किए गए सत्कर्मों का फल ही हमें जीवन को खुशहाल बनाने में सहायक होते हैं। मनुष्य का शरीर पिछले तथा वर्तमान जीवन में किए गए कर्मों के अनुसार ही सुंदरता पाता है।

यदि पिछले जन्म में अच्छे कर्म किए होंगे तो वह जन्म से ही सुंदर होगा अन्यथा उसका शरीर बदसूरत होगा। ठीक इसी तरह यदि आपकी त्वचा में निखार आ रहा है तो इसका अर्थ कि आप अच्छे कर्म कर रहे हैं। यदि जानबूझ कर अथवा अनजाने में पाप करेंगे तो आपकी त्वचा स्वयं ही मुरझा जाएगी।

मृत्यु के समय आत्मा व आकाशीय तत्त्व, सघन शरीर से अलग हो जाते हैं, संभवत: इसलिए जब किसी व्यक्ति की मृत्यु होती है तो कुछ लोग एक खास तरह का कंपन या असहजता महसूस करते हैं, क्योंकि उस समय आकाशीय तत्त्व शरीर से विलग हो रहा होता है। आत्मा के साथ-साथ मन व इंद्रियां आदि सब शरीर को छोड़ देते हैं।

आकाशीय तल

परलोक में भी इस लोक की तरह सात परतें होती हैं। अंतर केवल इतना होता है कि यहां वस्तुएं अधिक बड़ी तथा पारदर्शी होती हैं। इसे आकाशीय जगत भी कहते हैं क्योंकि यह अमूर्त ज़ीवों के नक्षत्रीय खगोल का जगत है।

हाइपरप्लेन एक ज्यामितीय अवधारणा है। जिससे एक रेखा के उच्चतर आयामों की चर्चा होती है।

ईसोटेरिसिज़्म (Esotericism) या (ईसोटेरिज़्म (Esoterism) शब्द के दो मूल अर्थ हैं। शब्दकोष के अनुसार यह गोपनीय मतों का सूचक है, इसे ग्रीक भाषा से लिया गया है: दूसरे अर्थ में यह अपने और भीतर जाने की प्रवृत्ति है "रहस्यमयी........ इस लोक में जीवन बहुत अधिक सक्रिय होता है। यहां पृथ्वी पर पाई जाने वाली प्रत्येक वस्तु की प्रतिकृति (नमूना) पायी जाती है। यहां वे व्यक्ति भी रहते हैं, जो मृत्यु के कारण अपना शरीर खो चुके हैं। आकाशीय तल का जनसंख्या घनत्व अधिक होता है जिसमें अग्नि, वायु, जल तथा धरती भी शामिल होते हैं।"

पारलौकिक शरीर, मनुष्य के भौतिक शरीर से कहीं बड़ा होता है। यह प्रत्येक व्यक्ति की परिपक्वता के आधार पर सभी दिशाओं में दस से बारह इंच की गोलाई में होता है। मनुष्य की आध्यात्मिक परिपक्वता के अनुसार उसके पारलौकिक शरीर के आकार में अंतर हो सकता है। धरती पर मनुष्य का व्यवहार-उसका स्वार्थ, घृणा, नीचता आदि पारलौकिक शरीर का निर्माण करते हैं। उसके अच्छे-बुरे कर्म भी आधार बनते हैं।

हम अपनी नींद के समय कहां होते हैं? क्या हम नींद के दौरान यात्रा करते हैं? यदि हाँ, तो कहाँ? यह प्रश्न समय-समय पर आपको परेशान करता होगा। सभी मनुष्य नींद के समय अपने पारलौकिक शरीर में प्रवेश करते हैं, परन्तु वे इस विषय में जान नहीं पाते।

आंशिक रूप से परिपक्व व्यक्ति का पारलौकिक शरीर थोड़ा विकसित होने के कारण उसके शरीर में घूमता तो है, किंतु वह धरती पर उसके प्रति

सजग नहीं होता। एक पूर्णतया परिपक्व व्यक्ति का पारलौकिक शरीर सातों परतों के सूक्ष्म अणुओं से बना होता है।

एक परिपक्व मनुष्य का पारलौकिक शरीर उसके नियंत्रण में रहता है तथा उसके विचारों से पूर्णतया सहमत होता है। ऐसे व्यक्ति शांत तथा कोमल होते हैं।

'यह परलोक कहाँ स्थित है।' आपको यही प्रश्न व्यथित कर रहा होगा। यह परलोक आपके पीछे ही है। यह चारों ओर तथा हर तरफ मौजूद है। हम अपने भौतिक शरीर की सीमाओं के कारण इस तक पहुँच नहीं पाते, इसे देख या महसूस नहीं कर पाते।

जैसा कि मैंने पहले कहा है कि लोग मृत्यु के पश्चात परलोक में जाते हैं। वहां विगत जीवन के कर्मों के आधार पर उन्हें कुछ परिवर्तनों से गुजरना पड़ता है। जिसके एक अंश को 'नर्क' के नाम से जाना जाता है। मृत्यु से किसी व्यक्ति के चरित्र, स्वभाव तथा ज्ञान आदि में कोई अंतर नहीं पड़ता। उस दिव्य लोक में भी सात स्तर हैं एक से दूसरे स्तर पर वार्तालाप नहीं हो सकता। किंतु एक ही स्तर पर रहने वाले एक-दूसरे से वार्तालाप कर सकते हैं। आत्मा अपने विगत जीवन के कर्मों को स्वयं देखती है। अपनी सफलता, अफलता, निराशा, कुंठा, प्रयास व भावनाओं आदि को देखकर ही वह जीवन का सच्चा उद्देश्य तथा प्रकृति के नियमों को जान पाती है।

परिपक्व मनुष्य शीघ्र ही नर्क से मुक्ति पा लेता है, एक अर्द्ध-परिपक्व व्यक्ति भी नर्क से गुजरता है किंतु समय लेता है। यद्यपि वह इस समय को जान नहीं पाता। स्वर्ग में पहुंचने पर ही उसे अपनी अवस्था का पता चलता है।

नर्क में भी सात पर्तें पाई जाती हैं। सबसे निचली पर्त में वे लोग रहते हैं जो कामनाओं को त्याग नहीं पाए। वहां का वातावरण उदासीन होता है। यह क्षेत्र मानवता को हानि पहुंचाने वाले अपराधियों, हत्यारों तथा शराबियों की शरणस्थली है। उनके पारलौकिक शरीर भी सोचनीय दशा में पाए जाते हैं।

नर्क के दूसरे स्तर में असंतुष्ट तथा व्याकुल लोग रहते हैं। वे अब भी पृथ्वीवासियों के मोह में पड़े हैं। इस मोह का त्याग किए बिना वे ऊंची तथा बेहतर सतह तक नहीं जा सकते। वे पृथ्वी पर रहने वालों से संपर्क कर अपने अधूरे कार्य पूरा करने का प्रयास करते हैं। नर्क की तीसरी पर्त में ऐसे व्यक्ति रहते हैं जो कि पृथ्वी पर बुद्धिमान तथा विचारक होने के बावजूद सांसारिक कार्यों में ही लिप्त रहे।

चौथी पर्त तीसरी की तरहं ही है, अंतर केवल इतना है कि यहां अधिक शुद्ध आत्माएं पाई जाती हैं।

पांचवीं पर्त अधिक प्रकाशवान तथा आकर्षक है। इस स्तर पर ऐसे धार्मिक व्यक्ति रहते हैं, जिन्होनें पृथ्वी पर लोगों का निःस्वार्थ भाव से मार्गदर्शन करने की बजाए प्रसिद्धि की चाह रखी।

छठी पर्त में ऐसे व्यक्ति रहते हैं जो पृथ्वी पर आध्यात्मिक तथा भौतिक ज्ञान की खोज में रहे। वे नर्क में इसलिए आए क्योंकि उन्होंने इंद्रिय सुखों की पूर्ति के लिए कार्य किए।

सातवीं परत पर ऐसे बुद्धिजीवी रहते हैं जो भौतिक सुख-सुविधाओं के मोह में पड़े रहें परन्तु उन्हें पाने के बाद भी त्याग नहीं सके।

स्वामी परमहंस योगानंद (5 जनवरी, 1893-7 मार्च, 1952) ने विदेशों में भी ख्याति अर्जित की। वे 7 मार्च, 1952 को महासमाधि में लीन हो गए। लॉस एंजेल्स में शवगृह के निर्देशक श्री हैरी टी. रॉव. का कहना है-

"परमहंस योगानन्द जी के मृत शरीर पर किसी नुकसान का कोई चिह्न नहीं था.... मृत्यु के बीस दिन पश्चात् भी शरीर ज्यों का त्यों रहा।

जब यह संत जीवित थे, तो प्रायः एक रोचक प्रसंग सुनाते थे। एक दिन वे अपने कमरे में बैठे थे तो उन्हें अपने स्वर्गीय गुरु श्री युक्तेश्वर जी ने साक्षात दर्शन दिए। उन्होंने बताया-

"मैं दूसरी दुनिया की उस सतह से आया हूँ जहां कोई जीवित प्राणी प्रवेश नहीं कर सकता।" गुरु ने कहा कि वे उन श्रद्धालु परलोकवासियों के लिए कार्यरत थे जो कि उनकी इंद्रियों के बल पर पहली बार गति करने वाले थे या एक बार फिर उच्च लोक तक जाना चाहते थे।

उस लोक में भी मनुष्य अपनी पूरी चेतना के साथ काम करता है। यहां अनेक लोक हैं, जिनमें जाने के लिए दिव्य वाहनों अथवा प्रकाश की दूरी द्वारा यात्रा की जाती है जो कि बिजली अथवा रेडियोएक्टिव ऊर्जा से भी तेज है। यहां पृथ्वी से अधिक शक्तिशाली सौरमंडल हैं। यहां पृथ्वी की अपेक्षा दिन-रात लंबे होते हैं। वर्षा अथवा बर्फ के अलावा तापमान सामान्य रहता है। पृथ्वी पर तो रासायनिक प्रतिक्रिया द्वारा ठोस वस्तुओं को बदला जाता है किंतु इस लोक में इच्छाशक्ति से ही ठोस को दूसरे पदार्थों में बदला जा सकता है। लोग अपनी इच्छानुसार रूप बदल सकते हैं। यहां कोई भी योनि से जन्म नहीं लेता तथा पारलौकिक शरीर पर गर्मी अथवा सर्दी का भी कोई प्रभाव नहीं पड़ता।

उस लोक में रहने वाले लोगों के तीन नेत्र होते हैं। दो सामान्य नेत्र आधे खुले रहते हैं जबकि तीसरा नेत्र पूरी तरह खुला होता है। ये मस्तक के बीचों-बीच स्थित हैं। मनुष्य के शरीर में कान, नाक, त्वचा तथा जीभ आदि

अंग होते हैं। वे अपनी छठी इंद्रिय जाग्रत होने से पहले इस लोक की घटनाओं को नहीं देख सकते। यहां मनुष्य की औसत आयु पांच सौ से हजार वर्ष है जो पृथ्वी पर किए गए कर्मों पर आधारित होती है। मनुष्य अपनी इच्छा से ही किसी भी लोक में रहता है अतः आपकी इच्छाएं इसलिए बनी हैं ताकि आप जीवन चक्र में उलझे रहें।

आप सोचते हैं कि वास्तविक जीवन एक सपना है तथा मनुष्य के तीनों शरीर भ्रम मात्र हैं, जिन्हें आप एक दिन त्याग देंगे।

मानसिक लोक

इस लोक का जीवन और भी **सक्रिय** तथा **स्पंदन** से भरपूर है इस लोक में भी सात स्तर हैं। इन परतों को स्वरूप तथा स्वरूपहीन अवस्था में बांटा जा सकता है। पहली चार पर्तों में स्वरूप है जबकि ऊपर की तीन पर्तें स्वरूपहीन होती हैं। यहाँ जीवात्मा उल्लासमयी गति के साथ निरंतर गतिशील रहती हैं। मानसिक लोक ब्रह्माण्डीय मन को प्रतिबिंबित करता है, जैसा कि 'मन' अध्याय में चर्चा की गई है; हम सबके मन आपस में जुड़े हैं; ये टेलीपैथिक संपर्क हैं। यहां संप्रेषण वाचिक रूप से नहीं, किंतु विचारों के माध्यम से होता है। आश्चर्य की बात यह है कि यह संप्रेषण इस लोक में संपूर्ण व गतिवय होता है। यहां आत्माओं तथा मानसिक संभावनाओं में विविधता पाई जाती है, अतः उच्च मानसिक लोक की आत्माओं के संपेषण को, कम मानसिक योग्यता वाली आत्माएं नहीं समझ पातीं। एक परिपक्व व्यक्ति, चार पर्तों के सूक्ष्म अणुओं से बना होता है, जिनमें तीसरी तथा चौथी पर्त का वर्चस्व होता है।

स्वर्ग भी मानसिक लोक का ही एक भाग है। यहां रहने वालों के पास भौतिक अथवा पारलौकिक शरीर नहीं होता। स्वर्ग में दो अवस्थाएं पाई जाती हैं। पहली अवस्था स्वरूपमयी तथा दूसरी स्वरूपरहित होती है। यहां विचारक के पास भावलोक तक नहीं होता। पृथ्वी पर किए गए कर्म स्वर्ग में रहने की अवधि निश्चित करते हैं। स्वर्ग में अच्छे तथा निःस्वार्थ भावों को ही प्रश्रय मिलता है। यहां लोग सच्चाई को मान देते हैं।

यहां मस्तिष्क सदा सकारात्मक विचारों को ही प्रोत्साहित करता है। स्वर्ग में चारों ओर प्रेम तथा आनंद का साम्राज्य रहता है।

स्वर्ग की निचली पर्तों में अपेक्षाकृत कम विकसित आत्माएं वास करती हैं। वे स्वर्ग में प्रसन्नचित्त रहती हैं। दूसरी निचली पर्त में धार्मिक महिलाओं

का वास होता है। तीसरी निचली पर्त में वे लोग रहते हैं जो पृथ्वी के वासियों पर श्रद्धा रखते हैं। वे सब पृथ्वी पर किए गए कर्मों का अच्छा फल पाते हैं। इस प्रकार श्रेष्ठ आत्माएं ऊपरी पर्तों तक पहुंचती रहती हैं।

यह प्रकृति के नियमों के संभाव्य तथा बल की स्पष्ट व्याख्या करता है, कोई भी इससे इंकार नहीं कर सकता या इसकी अवज्ञा नहीं कर सकता। आप प्रकृति को मूर्ख नहीं बना सकते किंतु कितना बड़ा विरोधाभास है कि मनुष्य अपने पाखंड व छल से भरे कर्मों को भी उचित ठहराने की कोशिश में लगा रहता है। परंतु अब आपको एहसास हो गया होगा कि आप मनुष्य के सर्जक को धोखा नहीं दे सकते, उसके लेखे-जोखे में कभी गलती नहीं होती। 'आप जो बोते हैं' वही काटते हैं,' अब तक आपको यह भी एहसास हो गया होगा कि हम जो देखते या मानते हैं, उसके परे भी बहुत कुछ है, किसी व्यक्ति की मृत्यु होने पर केवल उसका शरीर मरता है, उस व्यक्ति की मौत नहीं होती वह केवल भौतिक अवस्था को त्यागता है। भगवद्गीता में श्रीकृष्ण ने यही कहा है। अत: भाग्य या नियति में विश्वास रखना भी अनुचित होगा। उन्हें रचा नहीं गया, वह हमारी कल्पना की वस्तु है। आप अपने कर्मों के बल पर अपना भविष्य स्वयं गढ़ सकते हैं, इसके लिए आपको दृढ़ संकल्प शक्ति व निरंतर प्रयासों की भी आवश्यकता होगी।

आपने ऐसे महान साधु-संतों को देखा होगा जो मीलों दूरी पर बैठे व्यक्ति का हाल तक बता देते हैं। वे अपने पारलौकिक शरीर द्वारा कुछ ही क्षणों में उस व्यक्ति की सारी जानकारी ले आते हैं। वे अपने मस्तिष्क द्वारा यात्रा करने में भी सक्षम होते हैं। आपने ऐसे नेत्रहीन व्यक्तियों के बारे में भी सुना होगा जो अपने दिव्य नेत्रों से इस संसार को देख पाते हैं। हो सकता है किसी मनुष्य का भौतिक शरीर अपंग हो, किंतु उसका पारलौकिक शरीर बिल्कुल पूर्ण अवस्था में होता है।

❑

अध्याय 7

ज्ञान

ज्ञान विविध आयामों का फ़लक है जो कि चारों तरफ प्रचुर मात्रा में उपलब्ध है। औपचारिक भाषा में ज्ञान के प्रभाव तथा समता को समझाना या उसकी व्याख्या करना कठिन है। इसमें अन्य आयामों के अतिरिक्त वस्तुगत अंतर्दृष्टि, सहज ज्ञान व प्रवृत्ति आदि भी शामिल हैं किंतु हम अधिकतर, अपने चारों ओर इसकी उपस्थिति व संभावना से अछूते रहते हैं या तो अधिकतर लोग इस विषय में जानते नहीं या मानते हैं कि संपूर्ण ज्ञान पाने के लिए यह जीवन बहुत छोटा है। हालांकि हम इस तथ्य को भी उपेक्षित नहीं कर सकते, क्योंकि एक ही व्यक्ति मेज से लेकर कंप्यूटर निर्माण तक की तकनीक नहीं सीख सकता। यदि आप ध्यानपूर्वक सोचें, यदि करोड़ों में से कोई एक उत्पाद बनाना हो तो उसके निर्माण से पहले, उसके अध्ययन व प्रक्रिया को जानने में कुछ वर्ष लगाने होंगे इसमें इसके अलावा कई उप-उत्पाद भी शामिल हैं। यह सच है कि हम यह परवाह ही नहीं करते कि कोई मेज, कैलकुलेटर, कुर्सी या कंप्यूटर कैसे बना है, क्योंकि यह हमारी नियमित गतिविधियों का अंग नहीं है। मनुष्य इन उत्पादों का प्रयोग केवल इसलिए करते हैं क्योंकि इससे उनकी कार्यक्षमता में वृद्धि होती है। क्या आपने सचमुच कभी सोचा कि आपके रोज़मर्रा के इस्तेमाल की चीजें, पर्दे या मेज आदि कैसे बनते हैं। स्वाभाविक रूप से आपका उत्तर यही होगा कि हम नहीं जानते या इसे जानने की जरूरत नहीं समझते क्योंकि यह हमारे वृहत्तर स्तर से संबंधित नहीं है। साथ ही, यह भी देखा गया है कि लोगों को दूसरों के काम के बारे में इतना ध्यान नहीं देना चाहिए, परंतु फिर भी वे जानना चाहते हैं।

ज्ञान चार प्रकार का हो सकता है-

1. *आध्यात्मिक ज्ञान*
2. *व्यावसायिक ज्ञान*
3. *साधारण सकारात्मक ज्ञान*
4. *साधारण नकारात्मक ज्ञान*

दुर्भाग्यवश मनुष्य *जनरल निगेटिव नॉलेज* (जी. एन. के.) में अधिक लिप्त है, इससे उसकी सफलता के स्तर में भी अंतर आता है। लोग दूसरों के जीवन में घट रही घटनाओं या उनके विषय में जानने को अधिक उत्सुक रहते हैं, कि वे प्रसन्न हैं या उदास? मिसाल के तौर पर: हॉलीवुड या बॉलीवुड में क्या हो रहा है? किसका विवाह किससे हो रहा है? कौन किसे तलाक दे रहा है? यहाँ उल्लेखनीय है कि हम जिन हस्तियों की बात कर रहे हैं, वे तो अपना कर्म करने में व्यस्त हैं। निरीक्षकों को इसी में रस आ रहा है। सवाल यह पैदा होता है कि 'ये बातें आपके जीवन को कैसे प्रभावित करती हैं? संभवत: असफल व्यक्ति पर इसका अधिक प्रभाव पड़ता है, वे यह मानकर स्वयं को झूठा दिलासा देना चाहते हैं कि उनकी तरह बाकी लोग भी बुरे वक्त से गुजर रहे हैं। उन्हें इस बात का जरा भी एहसास नहीं होता कि दूसरों के लिए यह बुरा दौर कुछ समय के लिए हो सकता है, परंतु उनके लिए यह काफी लंबा भी हो सकता है। वे तो इसी झूठी तसल्ली के खेल में व्यस्त रहते हैं। वहीं दूसरी ओर प्रगतिशील लोग अपने बुरे दौर से गुजर जाते हैं, वे अपनी पिछली भूलों से सबक लेकर आगे कदम बढ़ा देते हैं। 'जी. एन. के.' व्यक्तियों की संख्या भी कम नहीं है। ऐसे लोग गप्पबाजी का पूरा मजा लेते हैं, उनके लिए यही मनोरंजन का प्रमुख साधन होता है। इस तरह वे उन कर्तव्यों से विमुख हो जाते हैं, जो कि उन्हें दिए गए हैं, यहाँ 'जी. एन. के.' विचारधारा से मुक्ति पाने के लिए कुछ उपाय प्रस्तुत हैं।

- *व्यर्थ गपशप से भरी पत्रिकाएं न पढ़ें।*
- *समाचार-पत्र के व्यर्थ कोने न पढ़ें।*
- *जो व्यक्ति आपसे संबंधित नहीं, उनके बारे में न सोचें क्योंकि इससे कोई लाभ नहीं होगा।*
- *दूसरों के साथ अपनी तुलना न करें।*
- *दूसरों के बारे में पूछताछ करना बंद करें।*
- *दूसरों के प्रति जिज्ञासा न रखें।*
- *दूरदर्शन पर नकारात्मकता से भरे धारावाहिक न देखें।*
- *दूसरों से ईर्ष्याभाव त्याग दें, चाहे यह आपके मस्तिष्क में ही क्यों न हो।*
- *कोई भी ऐसा नकारात्मक कार्य न करें जो आपके लिए हानिकारक हो।*

हो सकता है कि गपशप से भरे कॉलम को पढ़ने में आपको बेहद रस आता है व इस आदत को छोड़ना काफी मुश्किल लगे; इसलिए आपको सलाह दी जाती है कि इस विषय से बिल्कुल नाता न तोड़ें, अन्यथा मन

बार-बार उसी ओर भटकेगा। अपने-आप को धीरे-धीरे समझाने से शुरुआत करें कि यह आपकी सफलता की राह में कितनी बड़ी बाधा है। गपशप से भरी पत्रिकाएँ एकदम पढ़ना बंद न करें, उन्हें पढ़ने में लगने वाले समय को घटाएं। उस समय में सकारात्मक साहित्य पढ़ें। ठीक इसी तरह, नकारात्मक दृश्यों को भी देखने से बचें जैसे टी. वी. के नकारात्मक धारावाहिक, इन्हें भी धीरे-धीरे देखना छोड़ दें। उस समय दोपहर या रात्रि भोज के लिए निकल जाएं। आपको यह जानकर हैरानी होगी कि बहुत से लोग अब भी ऐसे हैं जो लोकप्रिय धारावाहिक तक नहीं देखते, और वे सब आपको उन रेस्त्राँ या स्थानों में मिलेंगे, जहाँ-जहाँ आप जाएंगे। अपनी किसी दूसरी रुचि को प्रोत्साहित करते हुए उसमें समय बिताना शुरू करें। आपको एहसास होगा कि आप नकारात्मकता के चंगुल व लत से छूटकर मुक्त हो गए हैं।

स्मरण रहे कि आपकी इंद्रियां साधारण नकारात्मक ज्ञान की लोभी हैं, परंतु अब आपको सजग भाव से इससे नाता तोड़ना होगा। अपने शेष जीवन में अधूरी इच्छाएं पूरी करें अथवा इस घटिया मनोरंजन से दिल बहलाएं, चुनाव आपके हाथ में है।

सामान्य सकारात्मक ज्ञान- इस ज्ञान द्वारा आपके व्यक्तित्व में निखार आता है व संपूर्ण व्यक्तित्व आभायुक्त हो उठता है। जी. पी. के. यानी सामान्य सकारात्मक ज्ञान व्यक्ति को दूसरों के साथ संपर्क साधने में सहायक होता है तथा सामाजिक एकत्रीकरण में एक सकारात्मक पहचान देता है। जबकि जी. एन. के. की नकारात्मक ऊर्जा, आपकी रचनात्मकता को सबसे अधिक क्षति पहुँचाती है। जी. पी. के व्यक्ति को दूसरों के अनुभव से सीखने योग्य बनाता है। यह व्यक्ति को जानने में मदद करता है कि दुनिया में क्या घट रहा है और यह उसे कैसे प्रभावित कर सकता है। यह व्यक्ति को संसार के लिए कुछ करने की प्रेरणा देता है। कोई भी ज्ञान न होने से थोड़ा सकारात्मक ज्ञान होना कहीं बेहतर है। अत: व्यक्ति को सामान्य सकारात्मक ज्ञान अवश्य लेना चाहिए; दूसरों को प्रभावित करने के लिए नहीं बल्कि स्वयं को निखारने तथा संवारने के लिए।

व्यावसायिक ज्ञान– वर्तमान में सफलता पाने के लिए व्यावसायिक ज्ञान भी बहुत महत्त्व रखता है। कॉर्पोरेट सभ्यता, संगठनात्मक प्रक्रियाएं, मानव संसाधन प्रबंधन व सूचना तकनीक जैसे मुद्दों की तकनीकी व अनुभवपरक जानकारी के सफल मेल पर, व्यावसायिक जानकारी की निपुणता काफी हद तक निर्भर करती है। इन मुद्दों में संतुलन साधने के लिए बेहतर तकनीकों की

समझ होना जरूरी है। व्यक्ति को उत्पाद, बाजार, प्रतियोगियों व कर्मचारियों से जुड़ी सम्पूर्ण जानकारी लेनी चाहिए। यदि व्यक्ति का व्यावसायिक ज्ञान संपूर्ण होगा और वह उसे बुद्धिमत्तापूर्ण प्रयोग करेगा तो उसे सफलता मिलते देर नहीं लगेगी। यदि व्यावसायिक जानकारी का अभाव होगा तो उसे प्रतिस्पर्धा की दौड़ से बाहर आते देर नहीं लगेगी।

कई व्यक्ति अपनी आंखें तथा कान बंद कर लेते हैं तथा अपनी उत्पादन क्षमता अथवा सुधार के विषय में कोई विचार नहीं करते। उन्हें लगता है कि ईश्वर ही उनका सहायक होगा। वे यह भूल जाते हैं कि ईश्वर उन्हीं की सहायता करता है जो अपनी सहायता स्वयं करते हैं। जानकारी अथवा ज्ञान के अभाव में कोई भी सहायक नहीं हो सकता। जानकारी एक प्राथमिक साधन है; प्रत्येक व्यक्ति को इसकी आवश्यकता होगी, यदि वह अपने व्यवसाय विशेष में श्रेष्ठता पाना चाहता है।

परंपरा के अनुसार, सभी छोटी-बड़ी सफल कंपनियां उत्पाद को बाजार में उतारने से पहले सर्वेक्षण करती हैं। इस सर्वेक्षण पर काफी धन भी व्यय किया जाता है। सर्वे से प्राप्त आँकड़े उनके भावी नियोजन में सहायक होते हैं। उन्हें पता है कि बाजार चलन की पहले जैसी स्थिति का अनुमान लगाए बिना उत्पाद को बाजार में लाना नुकसानदायक हो सकता है। अत: सर्वेक्षण पर धन व्यय करने में भी उन्हें कोई संकोच नहीं होता क्योंकि यह मात्रा संभावित हानि की तुलना में काफी कम होती है।

कल्पना ही ज्ञान का आधारभूत अंग रचती है। व्यक्ति के पास स्व-रचित काल्पनिक शक्ति होनी चाहिए ताकि वह वर्तमान प्रतियोगी जगत में सृजनात्मक बदलाव ला सके। सपनों के माध्यम से भी यह कार्य हो सकता है, जैसा कि 'मन' अध्याय में वर्णित है; सजगता से अपनी समस्याओं का समाधान तलाशें। आपको इस कल्पना के योग्य भी होना चाहिए कि बातें आपके हक में कैसे हो सकती हैं, यह अभ्यास तथा प्रयोग से संभव है। कल्पना के बाद विचार आते हैं। ये विचार सृजनशील अथवा विध्वंसात्मक हो सकते हैं। विध्वंसात्मक विचारों को झट से त्याग दें तथा सृजनशील विचारों की सूची में से चुनें। यदि विचार परिस्थिति के अनुकूल है। उपयुक्त तथा सुसंगत है तो आपमें उसे कार्य रूप में परिणत करने का साहस होना चाहिए। कल्पना तथा विचार व्यावसायिक बात का एक अंश गढ़ते हैं क्योंकि रचनात्मकता व बुद्धिमत्ता ही एक उत्पाद को दूसरों की तुलना में बेहतर बनाते हैं। हमें भूलना नहीं चाहिए कि किसी अच्छे विज्ञापन या कंपनी की मार्केटिंग रणनीति के बल पर ही उसकी अच्छी बिक्री सुनिश्चित होती है। यह सब तीन

'आई' (I) से जन्मे हैं- इमैजिनेशन, आइडिया व इंटलिजेंस–अत: अपनी कल्पना व विचारों की उपेक्षा न करें, ये आपको ज्ञान के और निकट ले जाते हैं।

निम्न उपाय यदि धार्मिक भाव से अपनाए जाएं तो आपके लिए कारगर हो सकते हैं-

- *सदा अपने मस्तिष्क को सचेत रखें।*
- *किसी उपंयुक्त व प्रामाणिक स्त्रोत से अपने व्यवसाय के विषय में जानकारी लें।*
- *व्यावसायिक जानकारी के स्रोतों की जानकारी रखें।*
- *व्यवसाय से संबंधित पत्र-पत्रिकाओं का अध्ययन करें।*
- *समान रुचि के व्यक्तियों से भेंट करें।*
- *अपना कार्य साफ-सुथरा करें।*
- *अपने जीवन में आने वाले बदलावों की कल्पना करें।*
- *खाली समय में व्यवसाय-विस्तार के विषय में सोचें। यदि मस्तिष्क थका हो तो ईश्वर का चिंतन करें।*
- *विचारवान प्रतिस्पर्धी व्यक्तियों के साथ कार्यरत रहें। इससे इनकी कार्यक्षमता में भी वृद्धि होगी।*
- *सहायकों के अच्छे विचार अपनाकर उन्हें कार्य रूप देने का प्रयत्न करें, यदि आपने उन्हें नीचा दिखाया तो वे अपने विचार व्यक्त नहीं करेंगे व आपके काम में रुचि लेना बंद कर देंगे।*

आध्यात्मिक ज्ञान :- यदि आध्यात्मिक ज्ञान के अर्थ पर ध्यान दें तो यही एकमात्र साधन है जो मनुष्य को उसकी जड़ों तक ले जाता है। यह ज्ञान की सभी शाखाओं में से महत्त्वपूर्ण है, किंतु बड़े दुर्भाग्य की बात है कि लोग इसकी अहमियत नहीं समझते, वे समझते हैं वे किसी न किसी कारणवश इसे दूसरों के साथ बाँटना नहीं चाहते। इसका अर्थ यह नहीं कि व्यक्ति को अध्यात्म संबंधी सभी कलाओं का ज्ञान होना चाहिए, किंतु इसके निश्चित श्रेष्ठ पहलुओं की जानकारी अवश्य होनी चाहिए, ताकि मन व कर्मों को भौतिक व आध्यात्मिक सफलता के लिए निर्देशित किया जा सके। प्रभु की शिक्षाओं का पालन करें ताकि आपके मन में लोभ न जागे या आप दूसरों के साथ बुरा न कर सकें। यदि हम ऐसा करते हैं तो हो सकता है कि उक्त व्यक्ति तो हमें दंडित न करें किंतु ईश्वर हमें हमारे कर्मों की सजा अवश्य दें, अत: आध्यात्मिक ज्ञान को उपेक्षित नहीं किया जाना चाहिए। ज्ञान की बुद्धिमत्तापूर्वक व्याख्या की जा सकती है। बुद्धि ही मस्तिष्क को अच्छे-बुरे का अंतर समझाती

है परंतु कामनाओं से भी बुद्धि को मस्तिष्क पहचान नहीं पाता तथा मनुष्य ज्ञान से कोसों दूर होता चला जाता है।

तीसरे अध्याय की श्लोक संख्या 29 में प्रभु कहते हैं-

"प्रकृति के गुणों से मोहित हुए पुरुष गुण तथा कर्मों में आसक्त होते हैं, उन अच्छी प्रकार न समझने वाले मूर्खों को अच्छी प्रकार जानने वाले ज्ञानी पुरुष भरमाएं नहीं।"

चौथे अध्याय की श्लोक संख्या 42 में प्रभु कहते हैं-

"हे भरतवंशी अर्जुन! तू समत्वबुद्धि रूप योग में स्थित हो अथवा अज्ञान से उत्पन्न हुए हृदय में स्थित इस अपने संशय को ज्ञानरूप तलवार द्वारा छेदन करके युद्ध के लिए खड़ा हो।"

पांचवें अध्याय की श्लोक संख्या 15 में प्रभु कहते हैं-

"सर्वव्यापी परमात्मा न तो किसी के पाप कर्म ग्रहण करता है और न ही शुभ कर्म ग्रहण करता है किंतु मात्रा के द्वारा ज्ञान ढका हुआ है, इससे सब जीव मोहित हो रहे हैं।"

गीता में स्पष्टः कहा गया है कि अज्ञान के स्थान पर ज्ञान आता है, फिर चाहे वह आज हो या पाँच हजार वर्ष पहले। आज से पांच हजार वर्ष पहले भी चारों ओर अज्ञान था और आज भी है। इस अज्ञान से मुक्ति पाने के लिए आपको स्वयं पहल करनी होगी तथा उचित अनुचित का भेद जानना होगा। ईश्वर ने स्पष्ट रूप से कहा है कि वे किसी भी व्यक्ति को अच्छे अथवा बुरे कर्म के लिए प्रेरित नहीं करते। प्रभु हमारे कर्म को संचालित नहीं करते, हम स्वयं ही कर्म करते हैं तथा उसके अनुसार पुरस्कार पाते हैं। यह संसार कामना तथा उत्तेजना से इतना परिपूर्ण है कि आप आध्यात्मिक ज्ञान के अभाव में अच्छे अथवा बुरे की पहचान नहीं कर सकते। अतः यदि आप इस भौतिक संसार से दुःखी हैं तो यह ईश्वर का नहीं अपितु आपका ही दोष है। ईश्वर ने तो आपको पुस्तकीय ज्ञान सौंपा है। उसे पढ़कर अमल में लाने का पूरा दायित्व आपका ही है।

सातवें अध्याय की श्लोक संख्या 16 में प्रभु कहते हैं-

"हे भरतवंशियों में श्रेष्ठ अर्जुन! उत्तम कर्म वाले धन चाहने वाले, दुःखी, जिज्ञासु तथा ज्ञानी, यह चार प्रकार के भक्तजन ही मुझे भजते हैं।

सातवें अध्याय की श्लोक संख्या 17 में प्रभु कहते हैं-

"इनमें से नित्य मुझमें एकीभाव से स्थित अनन्य प्रेम भक्ति वाला ज्ञानी ही अति उत्तम है क्योंकि मुझे तत्त्व से जानने वाले ज्ञानी को मैं अत्यंत प्रिय हूँ तथा वह ज्ञानी मुझे अत्यंत प्रिय है।"

सातवें अध्याय की श्लोक संख्या 23 में प्रभु कहते हैं-

"परंतु उन कम बुद्धि वालों का वह फल नाशवान है तथा वे देवताओं को पूजने वाले देवताओं को प्राप्त होते हैं तथा मेरे भक्त चाहे जैसे ही भजें, शेष में वे मुझे ही प्राप्त होते हैं।"

सातवें अध्याय की श्लोक संख्या 25 में प्रभु कहते हैं-

"मैं अपनी योगमाया से छिपा हुआ सबके प्रत्यक्ष नहीं होता, अत: यह अज्ञानी मनुष्य जन्मरहित, अविनाशी परमात्मा को तत्त्व से नहीं जानता, अत: मुझे जन्म लेने वाला तथा मरने वाला समझते हैं।"

ऐसा माना जाता है कि चार प्रकार के व्यक्ति प्रभु की उपासना कर रहे हैं। पहले वे व्यक्ति हैं, जिनके जीवन में गंभीर समस्याएं हैं तथा वे सोचते हैं कि वे मुसीबतों से घिरे हैं। यही सबसे असफल हैं तथा काफी बड़ी संख्या में मौजूद हैं।

उनका ईश्वर में भरोसा तो है परंतु काफी कमजोर है, वे प्रभु की शिक्षाओं पर नहीं चलना चाहते, अत: वे अपनों कर्मों के अनुसार दंडित या पुरस्कृत होते हैं, फिर वे प्रभु से क्षमा की भीख चाहते हैं। उन्हें एहसास तक नहीं होता कि प्रभु से प्रार्थना करें या न करें; अपने कुकर्मों का फल तो भोगना ही होगा। यदि ईश्वर केवल इसलिए लोगों को क्षमा करने लगें कि लोग उन्हें याद करते हैं तो इसका अर्थ होगा कि वे पक्षपाती हैं और उनके नियम भी सशक्त नहीं हैं।

अवतारों को पूजने वाले लोगों में प्राय: ऐसे व्यक्ति होते हैं जो अपने स्वार्थ की पूर्ति चाहते हैं। वे नहीं जानते कि यह सब अस्थायी है तथा अवतारों या गौण देवों को पूजने वाले व्यक्ति उनके ही धामों में जाएंगे और यहां भी भयंकर परिणाम सामने होंगे। वे प्रभु से एकाकार होने के लिए उसे याद नहीं करते, उसे नहीं पूजते तथा कम प्रयासों व अवधि में वैसे ही नतीजे पाना चाहते हैं जबकि वास्तविकता यह है कि ये नतीजे कभी एक-दो हो ही नहीं सकते।

अध्याय चौदह की श्लोक संख्या 6 में प्रभु कहते हैं-

"हे निष्पाप! उन तीनों गुणों से प्रकाश करने वाला, निर्विकार सत्वगुण तो निर्मल होने के कारण सुख तथा ज्ञान की आसक्ति अर्थात ज्ञान अभिमान से बंधता है।"

अध्याय 18 की श्लोक संख्या 18 में प्रभु कहते हैं-

"हे भारत! ज्ञाता, ज्ञान व ज्ञेय, यह तीनों ही कर्म के प्रेरक हैं अर्थात इन तीनों से संयोग से कर्म में प्रवृत्त होने की इच्छा उत्पन्न होती है तथा कर्त्ता,

करण व क्रिया, यह तीनों ही कर्म के संग्रह हैं अर्थात इन तीनों के संयोग से कर्म बनता है।"

अध्याय 18 की श्लोक संख्या 20 में प्रभु कहते हैं-

"हे अर्जुन! जिस ज्ञान से मनुष्य पृथक-पृथक सब भूतों में एक अविनाशी परमात्मभाव को विभागरहित समभाव से स्थित देखता है, उस ज्ञान को तू सात्विक जान।"

अध्याय 18 की श्लोक संख्या 21 में प्रभु कहते हैं-

"जिस ज्ञान के द्वारा मनुष्य संपूर्ण भूतों में भिन्न-भिन्न प्रकार के अनेक भावों को न्यारा-न्यारा करके जानता है, उस ज्ञान को तू राजस जान।"

अध्याय 18 की श्लोक संख्या 22 में प्रभु कहते हैं-

"जिस विपरीत ज्ञान के द्वारा मनुष्य एक क्षणभंगुर नाशवान शरीर को ही आत्मा जानकर उसमें सर्वस्व की भांति आसक्त रहता है तथा जो बिना मुक्ति वाला, तत्त्व-अर्थ से रहित व नीच है, वह ज्ञान तामस कहा गया है।"

अध्याय 18 की श्लोक संख्या 30 में प्रभु कहते हैं-

"हे पार्थ! प्रवृत्तिमार्ग तथा निवृत्तिमार्ग को कर्तव्य तथा अकर्तव्य को एवं भय तथा अभय को बंधन तथा मोक्ष को जो बुद्धि तत्त्व से जानती है, वह बुद्धि तो सात्त्विकी है।"

अध्याय 18 की श्लोक संख्या 31 में प्रभु कहते हैं-

"हे पार्थ! जिस बुद्धि के द्वारा मनुष्य धर्म व अधर्म को तथा कर्तव्य और अकर्तव्य को भी यथार्थ नहीं जानता, वह बुद्धि राजसी है।"

अध्याय 18 की श्लोक संख्या 32 में प्रभु कहते हैं-

"हे अर्जुन! जो तमोगुण से आवृत्त हुई बुद्धि, अधर्म को धर्म मानती है तथा संपूर्ण अर्थों को विपरीत ही मानती है, वह बुद्धि तामसी है।"

भगवद्गीता प्रासंगिक रूप से इस तथ्य को उद्घाटित करती है कि अज्ञान से कभी भी सफलता हाथ नहीं आ सकती। केवल ज्ञानी ही इस जगत में समृद्धि पाते हैं क्योंकि उनमें ईश्वर तथा प्रकृति को समझने की योग्यता व उसके अनुसार उचित निर्णय लेने की क्षमता होती है।

❑

अध्याय 8

उद्देश्य

जीवन में सफलता पाने के लिए किसी लक्ष्य या उद्‌देश्य का होना आवश्यक है। लक्ष्यहीनता किसी पंखहीन पक्षी के समान होती है, किसी जीव का जन्म तथा अस्तित्व भी अपने-आप में एक उद्‌देश्य है, जिसे प्रकृति ने गढ़ा है। इसे आगे ले जाना हमारे अपने हाथ में है, जिसके लिए व्यक्ति को जीवन में अपना उद्‌देश्य निर्धारित करना होगा। हममें से अधिकतर के लिए सफलता एक एकाकी उद्‌देश्य है किंतु कई बार व्यक्ति अपने चुनावों में इतना भ्रमित हो जाता है कि उसके लिए दुविधा उत्पन्न हो जाती है। वह तय नहीं कर पाता कि किस राह पर चले, कौन-सा व्यवसाय अपनाए। चूंकि यह दुविधा तथा भ्रम बने रहते हैं इसलिए वह अपने एकाकी उद्‌देश्य से भटक जाता है नतीजतन उनमें से अधिकतर अपना पेशा बदलते रहते हैं या किसी ऐसे क्षेत्र में काम करते रहते हैं, जो उन्हें बिल्कुल पसंद नहीं होता। वहाँ वे न केवल अपने काम को कोसते रहते हैं बल्कि दूसरों से ईर्ष्या करने में अपनी ऊर्जा भी नष्ट करते हैं। उन्हें अपनी रुचि के अनुसार किसी दूसरी जगह काम तलाशने की बजाए उस अस्थायी पारिश्रमिक व आश्रय को ही अपनाना पड़ता है क्योंकि उनमें बदलाव लाने की ताकत ही नहीं होती। जीवन में सुरक्षा की अहमियत होती है किंतु इसका अर्थ यह भी नहीं कि व्यक्ति को अपने सपनों का संसार पाने का खतरा मोल नहीं लेना चाहिए। इसका अर्थ यह नहीं कि उसे प्रकृति प्रदत्त प्रतिभा को भुला कर साधारण जीवन जीना चाहिए तथा सफलता पाने की किसी भी संभावना को नकार देना चाहिए। रोज़मर्रा की दिनचर्या एकरस हो जाए तो वह व्यक्ति को असफलता की ओर ले जाती है। अधिकतर व्यक्ति अपने-अपने क्षेत्रों में एकरस व नीरस वातावरण के बीच जीते हैं क्योंकि वे अपनी नौकरी नहीं खोना चाहते। उनके जीवन का ढाँचा ही ऐसा बन जाता है कि उन्हें सुबह समय पर ऑफिस पहुँचना है और सही समय पर शाम को लौटना है। माह के अंत में उन्हें उनका वेतन मिल जाता है।

ऐसे व्यक्ति एक ऐसे वातावरण की सृष्टि कर देते हैं। जहां परिवार के सदस्यों को सीमित आय में रहने के लिए प्रशिक्षित कर दिया जाता है। उन्हें विश्वास दिला दिया जाता है कि कोई चमत्कार ही उनकी स्थिति में बदलाव ला सकता है परंतु हम सभी जानते हैं कि चमत्कार कभी घटित नहीं होते।

अत: जीवन में आपका उद्देश्य बड़ा होना चाहिए। कृपया याद रखें कि आप छोटा या बड़ा जो भी सोचते हैं, वह निवेश है। छोटी या बड़ी सोच के हिसाब से व्यक्ति को ज्यादा या कम भुगतान कर नहीं देने पड़ते। यदि निवेश एक-सा है तो व्यक्ति बड़ी सोच क्यों न अपनाए? जीवन में छोटे उद्देश्य कहाँ विलीन हो जाते हैं, पता तक नहीं चलता। छोटे उद्देश्य बौनों की दुनिया में, उनकी तरह खुशी-खुशी जीने का दिखावा करते हैं।

यदि किसी व्यक्ति का कोई उद्देश्य, उसकी रीढ़ की हड्डी में सिहरन नहीं पैदा करता तो उस पर एक बार फिर से गंभीरतापूर्वक सोच लेना चाहिए। व्यक्ति के उद्देश्य के साथ ऐसा अविश्वास नहीं उपजना चाहिए कि, "असंभव, क्या मैं इसे कर पाऊँगा? मैं इसे तो किसी हाल में नहीं पा सकता।" यदि किसी को लगता है कि जीवन में कुछ बड़ा पाने की संभावना काफी क्षीण है, तो उसे भी एक बार सोचना चाहिए। जीवन में ऐसा उद्देश्य नहीं होना चाहिए कि "जीवन को अपने तरीके से चलने दो' या मेरे साथ जो भी होगा', अच्छा ही होगा", ये विचार इस बात के प्रतीक हैं कि व्यक्ति जीवन में पर्याप्त नहीं पा रहा और उसे बाद में पछताना होगा।

आजकल माता-पिता में यह चलन भी काफी बढ़ता जा रहा है कि वे अपनी मर्जी का व्यवसाय बच्चों पर थोप देते हैं। यह निर्णय उस व्यवसाय से प्राप्त होने वाले वित्त पर आधारित होता है। दुर्भाग्यवश, दुनिया में लोभ इतना है कि वह उद्देश्य को धुंधला देता है और सफलता की संभावना वहीं क्षीण हो जाती है। माना यह 'कंप्यूटर युग' है परंतु इसका अर्थ यह नहीं कि प्रत्येक व्यक्ति को इस पेशे से मिलने वाले पैसे के लोभ में, अपनी रुचि का क्षेत्र छोड़ कर सॉफ्टवेयर या हार्डवेयर व्यवसायी बन जाना चाहिए।

अर्थशास्त्र के आधार पर तय न करें कि कौन-सा काम करना चाहिए। पहले-पहल लोग मॉडलिंग व्यवसाय के नाम पर नाक-भौं सिकोड़ लेते थे। मॉडल, सौंदर्य प्रतियोगिता में भाग लेने वाली, एयरहोस्टेस या पब्लिक रेलेशन (पी.अर.) की नौकरी करने वाली महिलाओं को अच्छी नजरों से नहीं देखा जाता था, किंतु अब इन पेशों से मिलने वाले पैसों ने इन्हें लुभावना बना दिया है और दुनिया इनकी दीवानी है।

इसी लालसा ने जाने कितने भावी डॉक्टरों तथा इंजीनियरों के जीवन की दिशा बदल दी, क्योंकि इस क्षेत्र का ग्लैमर भी कम आकर्षणयुक्त नहीं होता। अब प्रश्न यह उठता है कि कोई व्यक्ति व्यवसाय का चुनाव कैसे करे?

किसी व्यक्ति के जीवन में रुचि का क्षेत्र क्या है, आजकल यह जानने के लिए कई प्रकार के मनोवैज्ञानिक तरीके मौजूद हैं। इसके साथ ही व्यक्ति इन परीक्षणों की मदद से यह भी जान सकता है कि मेरी रुचि का क्षेत्र जो भी हो, उस क्षेत्र विशेष में मेरी सफलता की क्या संभावना है। यदि कोई व्यक्ति किसी क्षेत्र को अपनी रुचि से जोड़ता है तो इन मनोदैहिक (साइकोमैटिक) परीक्षण की मदद से यह जान सकता है कि उसके भीतर उस क्षेत्र विशेष में सफलता पाने लायक मनोवृत्ति या सहज संभाव्य है या नहीं। देखा गया है कि लोग जिस क्षेत्र विशेष को अपनी रुचि का क्षेत्र मानते हैं, उससे किसी दूसरे क्षेत्र में ज्यादा बेहतर प्रदर्शन कर पाते हैं।

साइकोमैट्रिक टेस्ट

हम जानते हैं कि प्रकृति के तीन रूप हैं- सात्विक, राजसी व तामसिक। हम यह भी जानते हैं कि व्यक्ति में विगत जीवन से इन तीनों का मेल पाया जाता है। यही कर्म तय करते हैं कि नवजात शिशु की प्रकृति सात्विक, राजसी या तामसिक होगी। हालांकि ऐसा नहीं कि वह प्रकृति के एक ही रूप के साथ विकसित होगा। प्रकृति ने उसे पर्याप्त संसाधन दिए है ताकि वह अपनी जन्मजात प्रकृति को बदल सके। तामसिक प्रवृत्ति का व्यक्ति; धैर्य, दृढ़ संकल्प तथा प्रयत्नों के बल पर अपनी प्रकृति बदला सकता है। इस प्रकार, व्यक्ति का वर्तमान जीवन, जन्मजात तीन प्राकृतिक रूपों की बजाए उसके द्वारा किए गए प्रयत्नों पर आधारित होता है। किसी की रुचि को पहचान कर उसकी प्रतिभा को सँवारना कठिन नहीं होता। यदि कोई बालक अच्छी आवाज़ के साथ जन्मा है तो उसे अच्छा प्रशिक्षण दिलवाकर प्रोत्साहित किया जा सकता है। इसी तरह, यदि कोई बच्चा खेलों में रुचि रखता है तो वह प्रशिक्षण के क्षेत्र विशेष में अपने निर्णय के आधार पर कभी किसी बच्चे को प्रोत्साहित न करें। ऐसा क्यों है कि प्रत्येक व्यक्ति खेल, संगीत, इलैक्ट्रॉनिक्स आदि को समान रूप से पसंद नहीं करता। ऐसा इसलिए है कि यह सब उसके विगत कर्मों के आधार पर प्रकृति ने दिया है, इसे पूरी गंभीरता से लिया जाना चाहिए तथा उद्देश्य प्राप्ति की दिशा में प्रयासों को निर्देशित किया जाना चाहिए।

हम सबको जीवन में कुछ कर्तव्य निभाने पड़ते हैं, जैसे माता-पिता के प्रति, दोस्तों के प्रति....। इसी प्रकार हमें प्रकृति से मिली प्रतिभा के लिए भी अपना कर्तव्य निभाना चाहिए। आजकल माता-पिता व पारिवारिक बंधन को भुलाकर, अच्छी नौकरी के लिए विदेश जाना एक आम बात हो गई है। यहाँ माता-पिता भी कुछ नहीं करते क्योंकि वे बच्चे की खुशियों में ही अपनी खुशियाँ तलाशते है तथा संतुष्ट हो जाते हैं। यदि उन्हें बच्चों से मिली वित्तीय सहायता या उनके साथ में से किसी एक को चुनने के लिए कहा जाए तो वह बच्चों का साथ ही चाहेंगे। बदकिस्मती से, जीवन का मूल्य तथा उद्देश्य भौतिक वस्तुओं तक सीमित हो गया है, जीवन का उद्देश्य पेशे से ही शुरू होता है और उसी पर खत्म हो जाता है, अत: 'जीवन के उद्देश्य' का अर्थ जानना बहुत मायने रखता है घर व कार्यस्थल में अपने कर्तव्यों का उचित निर्वाह व पूरी सजगता, ईमानदारी, उत्सुकता व उमंग के साथ करते रहने का प्रयास ही आपके जीवन का उद्देश्य होना चाहिए।

तीसरे अध्याय के निम्न श्लोकों में प्रभु कहते हैं-

"हे अर्जुन! जो कोई श्रद्धायुक्त मनुष्य दोष बुद्धि से रहित होकर मेरी बुद्धि के अनुसार व्यवहार करता है। वह पुरुष-संपूर्ण कर्मों से छूट जाता है।" (31)

"प्रत्येक व्यक्ति स्वधर्म का आचरण करे क्योंकि अच्छी तरह आचरण किए हुए दूसरे धर्म से बढ़कर भी अपने धर्म उत्तम होते हैं। अपने धर्म में मरना कल्याणकारी है तथा दूसरे का धर्म भय देने वाला है।"

18वें अध्याय की श्लोक संख्या 47 में प्रभु कहते हैं-

"प्रत्येक को अपने ही कर्म में लगे रहना चाहिए, चाहे वह उसे ठीक ढंग से कर पाएं अथवा नहीं। अपने प्रकृति के अनुरूप किए गए कर्म कभी पाप पूर्ण प्रतिक्रियाओं से प्रभावित नहीं होते।"

मनुष्य आजकल अपने कर्तव्यों की पूर्ति करने की अपेक्षा दूसरों के कर्तव्य निभाकर आनंदित होता है। यदि प्रभु ने आपको कोई विशेष योग्यता दी है तो ऊंचाई तक ले जाने का दायित्व आपका ही है। यदि आप धन के अभाव में उस क्षेत्र को त्याग दें तो आपके साथ दो घटनाएं घट सकती हैं-पहली, आप एक पाप करेंगे क्योंकि आपने अपने लिए नियम कर्तव्य की उपेक्षा की है और दूसरी, आप इस नए क्षेत्र में कभी सफल नहीं हो पाएंगे क्योंकि आपको हमेशा याद रखना चाहिए कर्मफल आपके नहीं, प्रभु के हाथों में है। वैधानिक रूप से भी कहा जाए तो जिस क्षेत्र में आप अरुचि से प्रवेश करते हैं, तथा भौतिक उद्देश्य की पूर्ति करना चाहते

हैं, वहाँ सफलता की कोई संभावना नहीं रहेगी क्योंकि रुचि न होने के कारण एकाग्रता काफी कम होगी और न ही कोई रचनात्मक विचार सामने आएंगे क्योंकि कोई भी ऐसे क्षेत्र के बारे में सोचना पसंद नहीं करता, जो उसकी रुचि का न हो।

वास्तव में परिवार का होना बहुत शुभ होता है अत: अपने व्यावसायिक कर्तव्यों की पूर्ति के अतिरिक्त, परिवार के प्रति भी कुछ कर्तव्य होते हैं, जिन्हें निभाना चाहिए। अपने ही परिवार के प्रति अज्ञान रखने से विवाहेत्तर संबंध उभरते हैं, नीयत चाहे कितनी भी साफ क्यों न हो, इसे पाप ही माना जाएगा।

प्रभु ने भी कहा है कि अपना कर्तव्य त्यागकर दूसरे के कर्तव्य की पूर्ति करना घातक हो सकता है।

छठे अध्याय की श्लोक संख्या 40-41 में प्रभु कहते हैं-

"हे पार्थ! शुभ कर्म करने वाले पुरुष का न तो इस लोक में और न ही उस लोक में नाश होता है क्योंकि कोई भी शुभ कर्म करने वाला दुर्गति को नहीं प्राप्त होता। शुभ कर्म करने वाला व्यक्ति स्वर्गादिक उत्तम लोकों को प्राप्त होकर उनमें बहुत वर्षों तक वास करके शुद्ध आचरण करने वाले अच्छे ज्ञानी पुरुष के घर जन्म लेता है।"

18वें अध्याय के निम्न श्लोकों में प्रभु कहते हैं-

"हे अर्जुन! कर्म करना कर्तव्य है, ऐसा जानकर जो शास्त्रविधि से नियम किया हुआ कर्तव्य, कर्म की आसक्ति तथा फल को त्याग कर किया जाता है, उसे ही सात्त्विक त्याग माना जाता है।" (9)

"हे पार्थ! ध्यानयोग के द्वारा जिस गलत धारण से मनुष्य मन, प्राण और इंद्रियों की क्रियाओं को धारण करता है, वह धारणा तो सांत्विक ही है।"

तीसरे अध्याय के निम्न श्लोकों में प्रभु कहते हैं-

"शास्त्रविधि से नियत किए हुए, स्वधर्मरूप कर्म को करो, क्योंकि कर्म न करने की अपेक्षा कर्म करना श्रेष्ठ है तथा कर्म न करने से तेरा शरीर निर्वाह भी सिद्ध नहीं होगा।' (8)

"यदि मैं कर्म न करूं तो यह सब लोक भ्रष्ट हो जाएं तथा मैं इस सारी प्रजा को हनन करने वाला अर्थात मारने वाला बनूं।"

अपने जीवन का प्रमुख लक्ष्य या उद्देश्य पहचानें-

यह सूची काफी विशाल है; संतोष, प्रसन्नता, सफलता व आध्यात्मिकता आदि कुछ भी आपके जीवन का लक्ष्य हो सकते हैं।

- *अपने परिवार के प्रति कर्तव्य निश्चित करें।*
- *अपने आप तय क्रें कि आपके लिए परिवार पहले है अथवा व्यवसाय? दोनों को एक साथ न लेकर चलें क्योंकि यह तब तक असंभव है, जब तक आप स्वयं को संतुलित न कर लें।*
- *अपने घर तथा व्यवसाय के प्रति कर्तव्य निश्चित करें।*
- *अपने धार्मिक कर्तव्यों के पालन से भी पीछे न हटें।*
- *अपनी रुचि के अनुरूप व्यवसाय का चुनाव करें।*
- *अपनी रुचि का आकलन करें।*
- *अपने-आप से पूछें कि आप किस सीमा तक स्वयं को जानते हैं।*
- *यह न देखें कि आपकी रुचि आपको भौतिक सुख-सुविधा देगी अथवा नहीं याद रखें कि कर्मफल आपके हाथ में नहीं है। ऐसा कोई व्यवसाय नहीं जिससे आपको आय प्राप्त न हो।*
- *दूसरों की चिंता किए बिना अपने व्यवसाय में खो जाएं।*
- *दफ्तर में खाली समय पाते ही रचनात्मक विचारों की कल्पना करें तथा सोचें कि आप समाज के लिए क्या कर सकते हैं।*
- *अपने मस्तिष्क में दूसरे व्यवसाय का विचार भी न लाएं। अपनी असंतुष्टि का कारण जानने का प्रयास करें।*

हम सब जानते हैं कि अपनी रुचि के व्यवसाय में कभी भी लौटा जा सकता है या उसे अंशकालिक रूप से भी आरंभ कर सकता है। (हालांकि इसकी इतनी अधिक सलाह नहीं दी जाती।) यहाँ पाबंदी केवल इतनी है कि यदि आप अपने रुचि के व्यवसाय को पूरा समय नहीं दे पाएंगे तो सफलता पाने की संभावना भी घट जाएगी तब प्रोत्साहन न मिलने पर आप इस अशंकलिक व्यवसाय को, सही मायनों में खुलने से पहले ही बंद कर देंगे।

यदि आप कोई खतरा मोल नहीं लेना चाहते तो संभवत: आपके पास निम्न बहानों की सूची हो।

1. नया व्यवसाय आरंभ करने के लिए मैं बूढ़ा हो गया हूँ। मुझमें पहले जैसी शक्ति भी नहीं रही।
2. मेरे पास अपनी रुचि का कार्य प्रारंभ करने के लिए धन नहीं है। यदि मैंने ऋण लिया तो उसकी अदायगी मेरे लिए कठिन होगी तथा मेरा जीवन दु:खदायी हो जाएगा। (यहां आप नकारात्मक चिंतन में लीन हैं।)
3. मैं अपने पारिवारिक दायित्वों की पूर्ति कैसे कर पाऊंगा।

4. जब मेरे मित्रों, आत्मियों व बंधुओं को पता चलेगा कि मैं अपना कार्य क्षेत्र बदल रहा हूँ तो वे मेरा उपहास करेंगे।

एक समय था, जब मैं इसमें रुचि रखता था, पर अब मुझे आरंभ से शुरुआत करनी होगी। ऐसे में तो मेरे सारे पिछले अनुभव बेकार गए....

- अब यह इतना जानदार नहीं रहा।

अपने आप से कहें

- *मैं अपनी प्राकृतिक रूप से सकारात्मक इच्छा को अवश्य पूरा करूंगा।*
- *मैं जानता हूँ कि मैं अपने इस कर्तव्य की पूर्ति कर सकता हूँ।*
- *मैं जानता हूँ कि ईश्वर पक्षपाती नहीं है तथा मेरे प्रयास निश्चित रूप से सराहे जाएंगे।*
- *मैं वही कर रहा हूँ तथा करूंगा, जिसके लिए मेरा जन्म हुआ है।*
- *प्रकृति मेरी सहायक है कोई भी मेरे लक्ष्य में अकारण बाधा नहीं दे सकता।*
- *मुझमें इस कार्य को करने का साहस है।*
- *यदि मुझमें कड़ा परिश्रम करने तथा भयभीत हुए बिना खतरा मोल लेने की शक्ति है तो मुझे सफल होने से कोई नहीं रोक सकता।*
- *मैं प्रत्येक वस्तु के विषय में सकारात्मक हूँ तथा शीघ्र मेरे स्वप्न साकार होंगे।*

यदि आप अपनी प्राकृतिक प्रतिभा को नहीं बढ़ाना चाहते तो आपको धीरे-धीरे अपने वर्तमान व्यवसाय को पसंद करना शुरू कर देना चाहिए। हालांकि ऐसा कहना ही आसान है, यह काफी मुश्किल होता है क्योंकि यहां यह व्यवसाय आपका मनपसंद नहीं बल्कि आप पर थोपा गया है परंतु व्यक्ति मौजूदा पेशे को ही सकारात्मक नजरिए से देखना आरंभ कर सकता है। याद रखें, यदि आप सकारात्मक सोचते हैं तो आपकी सकारात्मकता निश्चित रूप से विस्तार पाएगी अतः यदि आप व्यवसाय को सकारात्मक रूप से लेंगे तो लगाव भी अपने-आप पैदा होगा। अपनी उपलब्धियों को याद करें, असफलताओं को नहीं। याद करें कि आप कैसे कंपनी को इतनी ऊँचाई तक लाए और भविष्य में आप क्या योगदान दे सकते हैं!

अपने क्षेत्र से जुड़ी तकनीकी जानकारी प्राप्त करें। अपने प्रतिस्पर्धियों से सीखें कि वे कैसे आगे बढ़े। अपनी कंपनी की विशेषताएं तथा बाजार में उसकी महत्ता जानने का प्रयास करें।

याद रखें कि इस कंपनी ने आपको क्या दिया? यदि आप यहां न होते तो क्या करते? कंपनी के प्रति धन्यवादी रहें जिसने एक ऐसे व्यक्ति को आश्रय दिया जो कंपनी के कार्यों में पूरी तरह रुचि नहीं लेता। आपको जो कुछ भी दिया गया है, उसके लिए प्रभु को धन्यवाद दें।

अपनी कंपनी की अपेक्षाओं पर पूरा उतरने के लिए कड़ा परिश्रम करें। शीघ्र ही आपको उच्च पद प्राप्त होगा। मानसिक शांति तथा संतुष्टि की प्राप्ति होगी।

हो सकता है कि वह पदोन्नति आपकी कल्पना से भी परे हो। हमेशा विनम्र, धन्यवादी तथा स्नेह से परिपूर्ण रहें। जीवन नए रूपों में आपके सामने उद्घाटित होगा।

❑

अध्याय 9

क्रोध

एक संत ने अपने शिष्यों से पूछा, ''हम गुस्से में चिल्लाते क्यों है? लोग परेशान होने पर एक-दूसरे पर चिल्लाने क्यों लगते हैं?''

शिष्यों ने थोड़ी देर सोचा, उनमें से एक ने कहा, क्योंकि हम हमारा आपा खो देते हैं।''

"लेकिन जब वह व्यक्ति हमारे पास ही बैठा है तो हमें चिल्लाना क्यों पड़ता है?'' संत ने पूछा। क्या उससे धीमी आवाज़ में बात नहीं हो सकती? उस पर चिल्लाना जरूरी क्यों हो जाता है?''

शिष्यों ने कुछ और उत्तर भी दिए, पर संत संतुष्ट नहीं हुए।

अंत में उन्होंने कहा, "जब दो व्यक्ति एक-दूसरे पर क्रोधित होते हैं, तो उनके दिलों के बीच दूरी बन जाती है। उस दूरी को पाटने के लिए ही उन्हें एक-दूसरे पर चिल्लाना पड़ता है। वे जितने ज्यादा क्रोध में होंगे, बीच की दूरी उतनी ज्यादा होगी और उतना ही ज़ोर से चिल्लाना पड़ेगा।''

तब संत ने पूछा, ''जब दो लोग परस्पर प्रेम करने लगते हैं, तो क्या होता है? वे एक-दूसरे पर चिल्लाने की बजाए प्यार से बात करते हैं, क्यों? क्योंकि उनके दिल बेहद करीब होते हैं। उनके दिलों की दूरी बहुत कम होती है।"

बात आगे बढ़ाते हुए संत कहता है "जब वे एक-दूसरे को और ज्यादा चाहने लगते हैं तो क्या होता है। वे बात नहीं करते, आपस में फुसफुसाते हैं, इस तरह एक-दूसरे के और करीब आ जाते हैं। आखिर में फुसफुसाने की भी जरूरत नहीं पड़ती। आँखों आँखों में ही बातें होती हैं। इस तरह एक-दूसरे को चाहने वाले पास आ जाते हैं।''

दूसरे अध्याय की श्लोक संख्या 62 में प्रभु कहते हैं-

"मन सहित इंद्रियों को वश में करके मेरे पारायण न होने से मन के द्वारा विषयों का चिंतन होता है तथा विषयों का चिंतन करने वाले पुरुष का उन विषयों में लगाव हो जाता है और इस लगाव से उन विषयों की कामना उत्पन्न होती है तथा कामना में विघ्न पड़ने से क्रोध उत्पन्न होता है।"

दूसरे अध्याय की श्लोक संख्या 63 में प्रभु कहते हैं-

"क्रोध से अविवेक अर्थात् मूढ़भाव उत्पन्न होता है तथा अविवेक से स्मरणशक्ति भ्रमित हो जाती है। तथा स्मृति के भ्रमित हो जाने से बुद्धि अर्थात् ज्ञान शक्ति का नाश हो जाता है तथा बुद्धि का नाश होने से उस पुरुष का नाश हो जाता है।"

क्रोध एक नकारात्मक भावनात्मक प्रतिक्रिया है। कहीं भी, कोई भी इसका शिकार हो सकता है। यह नकारात्मक भावना प्रायः निराशा व कुंठा से आरंभ होती है। इसे हम अनपेक्षित घटनाओं के लिए प्रतिक्रिया भी कह सकते हैं। ऊपर दिए गए श्लोक से स्पष्ट है कि कितनी सरलता से क्रोध के कारण व प्रभावों को पहचाना जा सकता है। एक भावना के रूप में क्रोध इतनी शक्ति रखता है कि यह किसी भी व्यक्ति को तबाह कर सकता है। आसक्ति तथा लालसा को क्रोध का प्रमुख कारण कह सकते हैं आसक्ति से ही जीवन में दु:ख तथा पीड़ा उत्पन्न होते हैं, साधरण जन जीवन के इस सामान्य से तथ्य को पचा नहीं पाते। यदि व्यक्ति अनासक्त रहने का अभ्यास करे तो क्रोधित होने का कारण ही नष्ट हो जाएगा और फिर वह अपने जीवन में कुछ बेहतर कर सकता है। यह अभ्यास उसे भौतिक सुविधाओं के पीछे भागने से रोक लेगा और वह देखेगा कि सब कुछ स्वयं उसके पास चलकर जाएगा।

प्रत्येक व्यक्ति अपने जीवन काल में सुख-सुविधायुक्त सांसारिक वस्तुएं पाने की कामना करता है। ऐसे में, उसे उस व्यक्ति से ईर्ष्या होने लगती है, जो उससे कहीं धनी है तथा दुनिया में सबसे ऊँचा दिखता है; उसे न केवल धनी व्यक्तियों से ईर्ष्या होती है बल्कि वे भी नहीं भाते जो उससे थोड़ा-सा भी आगे हैं। इन भौतिक इच्छाओं तथा सपनों में बंधा व्यक्ति, धीरे-धीरे इन्हें पाने की बलवती इच्छा से बँधने लगता है। इच्छा पूर्ति न होने पर मन में क्रोध उत्पन्न होता है। पत्र-पत्रिकाओं में हत्या व मार-काट की जो भी खबरें छपती हैं वे इसी ईर्ष्यालु प्रकृति का परिणाम हैं, जो कि भौतिक इच्छाओं के पीछे भागने के फलस्वरूप उत्पन्न होती हैं। व्यक्ति को लगता है कि वह अपनी शारीरिक क्षमता या अनुचित कार्यों द्वारा जीवन में कुछ भी पा सकता है। यही व्यक्ति जीवन में असफल होते हैं और दुर्भाग्यवश दुनिया में ऐसे लोगों की संख्या बहुत अधिक है। आत्मविश्लेषण द्वारा हम जान सकते हैं कि हम किस श्रेणी में आते हैं और क्या बनना चाहते हैं।

क्रोधजनित प्रभावों में निराशा, भ्रम, स्मृति भंग तथा बुद्धि में कमी प्रमुख हैं। प्रायः क्रोधित व्यक्ति गंभीरतापूर्वक किसी भी विषय में सोच नहीं पाता।

एक खीझा हुआ व्यक्ति अपनी ही दशा से अनजान होता है। कहने की आवश्यकता नहीं कि कोई भी व्यक्ति ऐसे व्यक्ति का साथ नहीं चाहता क्योंकि क्रोधी अपना मानसिक संतुलन तो खोता ही है, साथ ही दूसरों का जीवन भी दु:खदायी कर देता है। **पाइथागोरस** के अनुसार-

'क्रोध मूर्खता से प्रारंभ होता है तथा पश्चात्ताप पर समाप्त होता है।'

वैज्ञानिक परीक्षणों के आधार पर कहा जा सकता है कि क्रोध के कारण धमनियां प्रभावित होती हैं जो कि हृदय रोग का कारण बन जाती हैं। क्रोध आपकी सफलता में बाधक है तथा हृदय व मस्तिष्क के स्वास्थ्य के लिए भी घातक है।

अथर्ववेद (6.42.1) में लिखा है-

'धनुष से छूटे बाण के समान हृदय से क्रोध को निकाल फेंको ताकि आप पुन: मित्र बनकर सामंजस्य स्थापित कर पाओ।'

क्रोध के कारण

समझौते का अभाव- प्राय: यदि हम किसी मामले में किसी से सहमत नहीं होते तो क्रोधी रवैया अपना लेते हैं। बहसबाज़ी होने लगती है, प्रत्येक व्यक्ति दूसरे को अपना नजरिया समझाने की कोशिश में लगा रहता है। फिर शीघ्र ही यह प्रक्रिया एक ऐसी बहस में बदल जाती है, जहां वे परस्पर संबंधों को भुलाकर दोषारोपण तक करने लगते हैं। यही भावना निरंतर जारी रहती है और मन में पछतावे की भावना जन्म लेती है। यह मामला तभी सुलझ सकता है, जब कोई दल हथियार डाल दे, जबकि ऐसा बहुत काम होता है। समझौता न हो पाने का कारण ही दु:ख का मूल बनता है। मनुष्य को किसी और की अपेक्षा स्वयं पर अधिक भरोसा होता है, यहाँ तक कि वह ईश्वर से भी ज्यादा अपने पर भरोसा रखता है। वह निरंतर अपनी ही रुचियों व प्राथमिकताओं को सबके सामने लाता रहता है? जिससे संघर्ष उत्पन्न होता है।

मान भंग- यदि आप अपने प्रयासों के परिणामों का मोह न पालें तो आपको चोट पहुंचने का प्रश्न ही नहीं उठता। यदि आप अपने अहंकार से दूर रहें तो बॉस या सहयोगियों के व्यंग्य या डांट भी आपके लिए कोई मायने नहीं रखेगी। यदि आप अपने आदर्श तथा नियमों के अनुसार चलते रहें तो नि:संदेह प्रत्येक व्यक्ति आपको पूरा मान-सम्मान देगा तथा तब कभी क्रोध उत्पन्न नहीं होगा।

अनादर- असहमति व असमर्थन की अवस्था:-यहां भी अहंकार मुख्य भूमिका निभाता है। यदि सहकर्मी बॉस का अनादर करे अथवा बच्चे माता-पिता का कहा न मानें तो स्वभाविक रूप से क्रोध जाग्रत होता है। मुख से निकलता है ''तुम्हारी हिम्मत कैसे हुई?'' छोटे लोग तथा बच्चे सही होने पर भी दोषी ठहरा दिए जाते हैं। कार्यालय में प्राय: बॉस तथा सहकर्मियों के बीच संप्रेषण के अभाव में यह घटित होता है। यदि यह कभी बॉस की ओर से हो तो अधीनस्थ के सभी तर्क निरुत्तर हो जाते हैं।

उत्तेजना- उत्तेजना से भी क्रोध उपजता है परंतु यह कैसे संभव होता है? ऐसा तभी घटित होता है तब आनंदमग्न तथा प्रसन्न व्यक्ति को जान पड़ता है कि उसकी खुशियां छीन ली गईं। इससे क्रोध तथा असंतुष्टि का भाव उदय होता है क्योंकि उक्त व्यक्ति अपने आनंद में इतना मग्न हो जाता है कि वह स्वार्थी बन जाता है। यदि घर में दूरदर्शन पर क्रिकेट का मैच व कार्टून आ रहा हो तो पिता व पुत्र के बीच प्राय: ऐसी स्थिति उत्पन्न हो जाती है तथा गृहिणी को कलह का सामना करना पड़ता है।

अनुचित कार्य–यह भी दो प्रकार का हो सकता है। यदि हम किसी व्यक्ति को अनुचित कार्य करते पाते हैं तो इसे स्वीकार नहीं कर पाते तथा क्रोधित हो जाते हैं। वहीं दूसरी ओर यदि कोई हमारी गलती पकड़ कर सूचित कर दे तो भी हमारा क्रोध जाग्रत हो जाता है।

यदि कोई आपका लाभ उठाए- यदि कोई व्यक्ति आपका फायदा उठाने लगे, तब भी आपका अहम् घायल होता है तथा क्रोध जाग्रत होता है। इसी क्रोध से वशीभूत हो आप इतना बोल जाते हैं कि आप पर अनेक दोषारोपण कर दिए जाते हैं।

इससे कोई फर्क नहीं पड़ता कि कैसे, कब और कहाँ; राजनीति में हमेशा दोषारोपण का खेल चलता है।

वर्तमान में व्यक्ति स्वयं को इतनी प्राथमिकता देने लगा है कि इसके विरुद्ध कुछ भी होने पर उसे नकार दिया जाता है, क्योंकि वह उसकी निजी पसंद से मेल नहीं खाता। पूरी दुनिया में सभी विपक्षी दल इन्हीं चालों का अभ्यास करते हैं।

ईर्ष्या भी व्यवहार का एक जटिल रूप है। व्यक्ति स्वयं को दूसरों की तुलना में बेहतर न कर पाने पर नकारता है तथा निरंतर स्व मूल्यांकन में लगा रहता है। अपने से किसी को कुछ बेहतर करते देख- मन में ईर्ष्या व पीड़ा जन्म

लेते हैं। अपने ही कर्मों का विश्लेषण करने की बजाए तथा यह देखने की बजाए कि कब, कहाँ और कैसे गलती हुई; व्यक्ति आसान रास्ता तलाशता है।

खीझ–यदि किसी व्यक्ति को उसकी आरामदायक परिस्थितियों के घेरे से बाहर निकाला जाए तो उसके मन में क्रोध पैदा हो जाता है।

अमैत्रीपूर्ण व्यवहार- यदि आपसे कोई मित्रवत् व्यवहार न करे तो आपके मस्तिष्क में सबसे पहला विचार आएगा "भाड़ में जाए।" आप स्वयं से वादा करेंगे कि उक्त व्यक्ति से कभी बात नहीं करेंगे, परंतु एक बुद्धिमान व्यक्ति सदा इससे विपरीत व्यवहार करेगा। अपनी सुख-सुविधा के इस दायरे को हम कट्टर नियमों से बाँध देते हैं। यदि कोई इसमें बाधा देता है तो अनावश्यक खीझ पैदा होती है।

असंगठित- असंगठित व्यक्ति सदा हड़बड़ाहट में रहता है तथा जान नहीं पाता कि कौन-सी वस्तु कहां रखी है। परिणामतः वह सदा क्रोधित ही रहता है।

क्रोधजनित प्रभाव

यदि कोई दूसरों से लाभ उठाते हुए, अपनी इच्छा के अनुसार कार्य करता है तो इससे दूसरे खीझते हैं तथा नकारात्मक प्रतिक्रिया पैदा होती है। एक निश्चित सीमा तक यह अहम को भी घायल करता है।

जीवन में बाधाएं–घर हो अथवा बाहर हमें क्रोध के कारण अनेक समस्याओं का सामना करना पड़ता है।

अप्रसिद्धि- क्रोध किसी व्यक्ति की लोकप्रियता में बाधक होता है।

लगातार परखा जाना– यदि किसी व्यक्ति को ठीक होने के बावजूद लगातार परखे जाने की स्थिति से गुजरना पड़े तो उसके मन में क्रोध उत्पन्न होता है। अहं भी प्रताड़ित होता है।

तनाव तथा दबाव- क्रोधी व्यक्ति के जीवन की कोई सार्थकता नहीं रहती है। वह सदा दूसरे व्यक्तियों के नकारात्मक पक्षों को निहारता है। वह इसे एक चुनौती के रूप में लेते हुए, व्यक्ति के अमैत्रीपूर्ण व्यवहार को मित्रता में बदलने का प्रयास करेगा क्योंकि वह झूठे अहं का मारा नहीं होता। उसकी यही विशेषता उसे दूसरों से अलग ला खड़ा करती है। आत्म परीक्षण के अभाव में यह स्थिति और भी कठिन हो उठती है।

निर्णय क्षमता- क्रोधी व्यक्ति की निर्णय क्षमता क्या होगी? आप स्वयं ही सोचें, उसने तो क्रोधित होने का पहला निर्णय ही गलत लिया है,

आगे और क्या हो सकता है? क्रोधजनित निर्णय ही प्राणों के ग्राहक बन जाते हैं।

कैद- कभी आपको अदालत जाने का अवसर मिले तो आप पाएंगे कि अधिकतर लड़ाई-झगड़े अहम् के कारण ही होते हैं जो क्रोध का रूप ले लेते है। परिणामत: व्यक्ति स्वयं को जेल की सलाखों के पीछे पाते हैं या फिर अदालतों के चक्कर काटते दिखाई देते हैं।

दूसरे अध्याय के श्लोक 60 में प्रभु कहते हैं-

"साधनरहित पुरुष के अंत:करण में श्रेष्ठ बुद्धि नहीं होती तथा उस उपयुक्त के अंत:करण में आस्तिक भाव भी नहीं होता तथा बिना आस्तिकभाव वाले पुरुष को शांति भी नहीं होती, फिर शांतिरहित पुरुष को सुख कैसे हो सकता है?"

शांति क्रोध का विपरीत भाव है। संपूर्ण विश्व शांति की खोज में जुटा है। इतने प्रयास होने पर भी शांति उनसे कोसों दूर हैं। हम सब प्रभु के अभिन्न अंग हैं किंतु उनसे बहुत दूर हैं। हम बाह्य स्रोतों से प्रसन्नता व शांति पाने के लिए भटकते रहते हैं किंतु शांति का मूल स्रोत हमारे ही भीतर छिपा है। हम इस तथ्य पर विश्वास ही नहीं करना चाहते हैं। हम इसे बाहर तलाशने के इतने अभ्यस्त हो चले हैं कि इसके भीतरी स्रोत की कल्पना भी हमें असंभव जान पड़ती है।

दूसरे अध्याय की श्लोक संख्या 71 में प्रभु कहते हैं-

"जो पुरुष संपूर्ण कामनाओं को त्याग कर, ममता रहित, अहंकार रहित व छूआ-छूत से दूर हो जाता है, उसे ही शांति की प्राप्ति होती है।"

आप भी यह सोचकर आश्चर्यचकित हो रहे होंगे कि हमने धन तथा यश प्राप्ति की लालसा से यह पुस्तक खरीदी है किन्तु लेखक हमें वासनाएं त्याग कर भगवद्गीता का उपदेश मानने का परामर्श दे रहा है। यह एक विरोधाभास है। यह विरोधाभासा नहीं है किंतु जान पड़ता है। कारण यही है कि आप भौतिक सुख-सुविधाओं के पीछे जितना भागेंगे, वे आपसे दूर होती चली जाएंगी। यह एक प्राकृतिक नियम है। इसका अर्थ यह कदापि नहीं कि आप काम करना छोड़ दें। आपको कर्म तो करना है किंतु परिणाम के विषय में नहीं सोचना। लोग प्राय: क्रोधी व्यक्ति का साथ पसंद नहीं करते, इस तरह लोगों से उसका मेलजोल घटता है और मुसीबत में कोई भी उसकी मदद के लिए आगे नहीं आना चाहता हमें भूलना नहीं चाहिए कि इस दुनिया में दूसरों के सहयोग के बिना जीना कठिन है, केवल ऋषि-मुनि ही इसका अपवाद हैं।

यदि जीवन में कुछ बेहतर पाना है तो दूसरों का सहयोग लेना ही पड़ता है। उदाहरण के लिए, व्यवसाय में, यदि बॉस अपने अधीनस्थों से रूखा बर्ताव ही करता रहेगा तो अधिक रचनात्मक कार्य संभव नहीं हो पाएगा।

प्राय: आपने देखा होगा कि बच्चे अपना मनपसंद काम करना चाहते हैं। वे अपनी निजी रुचियों के आधार पर ही संतुष्ट व प्रसन्न रहते हैं। माता-पिता उन पर अपनी इच्छाएं लादने लगते हैं। विद्यालय जाने से पूर्व ही बच्चों को पढ़ने पर विवश कर दिया जाता है। वे बच्चों को निरंतर स्मरण दिलाते रहते हैं कि खेल-कूद केवल समय बिताने का साधन है। यदि जीवन में यश तथा धन पाना है तो पढ़ना बहुत आवश्यक है। क्रोध, भय आसपास के लोगों के मन में भय उत्पन्न करता है जिससे आपसी मेल-जोल के स्तर में बाधा आती है। लोग अपने विचार प्रस्तुत करने में झिझकते हैं क्योंकि उन्हें लगता है कि उनके विचार मंजूर नहीं होंगे। रुचि का अभाव, सक्षमता को प्रभावित करता है तथा कंपनी के संपूर्ण प्रदर्शन पर इसका असर पड़ता है। किशोरावस्था में आते-जाते वे अपने वातावरण तथा पोशाक के प्रति सजग हो उठते हैं, मित्रों से प्रतिस्पर्धा बढ़ने लगती है। पढ़ाई, खेल-कूद तथा व्यक्तित्व ही उनके केंद्र बिंदु हो जाते हैं। परिपक्व होने पर करियर ही उनके जीवन का प्रमुख ध्येय हो जाता है।

सफल करियर पा लेने की आकांक्षा में उन्हें अनेक बाधाओं से गुजरना पड़ता है। जिससे कुंठा तथा क्रोध उत्पन्न होते हैं।

बेचैनी:- बेचैनी या व्याकुलता से अक्षमता उत्पन्न होती है और व्यक्ति के दिमाग की शांति भंग हो जाती है। हालांकि वह व्यक्ति स्वयं ही अपनी अक्षमता का दोषी होता है किंतु व्याकुल होने की वजह से वह अपनी शांति खो देता है इससे काम का सकारात्मक माहौल नष्ट होता है और भ्रम पैदा होता है।

अब तक आप सभी जान चुके हैं कि इच्छाओं की पूर्ति में बाधा ही क्रोध को जन्म देती है। क्रोध रूपी हिंसक बल सदा पीड़ादायी होता है तथा मस्तिष्क को प्रतिशोध के लिए प्रेरित करता है। इसी प्रक्रिया में क्रोधित व्यक्ति अपने आपको नष्ट कर लेता है। क्रोध अस्वस्थ मस्तिष्क का परिचायक है। यह अज्ञान तथा हीन बुद्धि से उत्पन्न होता है। समस्या समाधान में अयोग्यता से क्रोध उत्पन्न होता है। क्रोधित व्यक्ति अलग-अलग तरीके से प्रतिक्रिया व्यक्त करते हैं। कई लोग अपने कर्तव्यों को अच्छी तरह नहीं निभाते या उनसे मुँह फेर लेते हैं। प्राय: हड़तालों के रूप में क्रोध का ही प्रदर्शन होता है।

कुछ मौन तो कुछ आक्रामक भाव से क्रोध-व्यक्त करते हैं।

तनाव तथा दबावः- ऐसा व्यक्ति प्रायः दूसरों के कामों में गलतियाँ निकालता है। जिससे उस पर दोनों तरह से दबाव पड़ता है। कुंठा बढ़ती है तथा प्रकृति भी उसके विरुद्ध हो जाती है।

अभी तक आपने अपनी ओर से पूरी कोशिशें की होंगी, अब 6 से 9 माह तक, वह सब तकनीकें लागू करें, जो आपने इस पुस्तक से समझी हैं। अपने ऊपर भरोसा रखें, तब आपको कोई निराशा नहीं होगी। यदि आप अभी नहीं समझे, तो जीवन में आगे जाकर इसका एहसास होगा, तब आपके पास अपने तरीकों में सुधार के लिए न तो ऊर्जा होगी और न ही समय। इसे आज ही शुरू करें, जितनी जल्दी हो सके, बेहतर होगा।

वे सफलता तथा यश के भी गलत मायने ले बैठते हैं और बच्चा भी इसी तंत्र में उलझ जाता है। आसक्ति का यही आरंभ बच्चे के साथ फलतः-फूलता है।

यदि आप वृद्धजन को देखें तो पाएंगे कि वे पहले से कहीं शांत व अनासकत हो जाते हैं क्योंकि उन्होंने जीवन के सार को जान लिया है कि चाहे वे भौतिक सफलता पाएं या नहीं, यह उनकी पूर्णता पाने की राह में बाधा नहीं दे सकता।

अब उन्हें उन कर्मों पर पछतावा होता है, जो उन्होंने दूसरों की कीमत पर, आनंद पाने के लिए किए थे। उन्हें यह भी एहसास होता है कि परिणामों का सामना करने का वक्त आ पहुँचा है। वे शांति की तलाश में प्रार्थनारत होते हैं, धर्म या अध्यात्म की शरण ले लेते है। जब वे युवा पीढ़ी को वही भूलें दोहराते देखते हैं, जो उन्होंने की थीं, तो आत्मबोध और भी गहरा जाता है।

क्रोध अपरिपक्वता का सूचक है। इसे कोई भी मानने को तैयार नहीं होगा। यद्यपि क्रोध सभी को आता है। बुद्धि की कमी, स्थितियों से निपटने में अक्षमता ही अपरिपक्वता के कारण हैं।

क्रोध पर नियंत्रण पाने के प्रमुख उपाय

1. **शांति भाव- प्रशांति–** 'कर्म' नामक अध्याय में इस पर चर्चा की गई है। विकसित होने के लिए यह एक खूबसूरत विशेषता है। यह एक संपूर्ण मनुष्य को दर्शाती है, जिसने न केवल जीवन की समस्याओं का सामना किया है बल्कि उन पर पार भी पा लिया है। एक शांत भाव वाला व्यक्ति अपनी सकारात्मक भावनाओं को नकारात्मक होने से बचाता है व उन्हें अच्छी तरह समझता है। वह शांत भाव से क्रोध को पनपने नहीं

देता, उसे अपने अधूरे भावों को निर्देशित व नियंत्रित करना आता है। उसे जीवन की सार्थकता का एहसास हो जाता है, जब वो आपरिपक्वता को पहचानता है, तो वह केवल सहानुभूति व्यक्त करता है। वह क्रोध को अपने ऊपर हावी नहीं होने देता क्योंकि वह जानता है कि क्रोध उसे नियंत्रित नहीं कर सकता। उसे अनुभव है कि इस ईश्वरमयी संसार में कुछ भी बुरा नहीं है। वह मनुष्य की अपरिपक्वता को पहचानता है तथा उनके अनुचित कर्मों के प्रति सहानुभूतिपूर्ण व्यवहार अपनाता है।

2. **धैर्य**–क्रोध को नियंत्रित करने के लिए धैर्य की आवश्यकता होती है अतः इसका अभ्यास अवश्य करना चाहिए। हड़बड़ाहट व खीझ में किया गया काम हमेशा क्रोध तथा अधैर्य को जन्म देता है, इससे पीड़ा तथा विध्वंस में भी वृद्धि होती है। महत्त्वपूर्ण मुद्दों पर, यदि किसी की राय मेल न खाती हो तो व्यक्ति को धैर्य रखना चाहिए। दूसरों की गलतियों के बारे में बात करने की बजाए व्यक्ति धैर्यपूर्वक अपनी भावनाओं के विषय में बात कर सकता है।

   दूसरे व्यक्ति पर हमला करने की बजाए व्यक्ति को उस व्यक्ति को बताना चाहिए कि उसके काम की वजह से उसे कितनी भावनात्मक उथल-पुथल का सामना करना पड़ा। दूसरा व्यक्ति न केवल एक अच्छे श्रोता की तरह सब सुनेगा बल्कि उसे अपनी भूल का एहसास भी होगा।

3. **निःस्वार्थ**–क्रोध स्वार्थी व्यक्ति की पहचान है। स्वार्थी व्यक्ति किसी वस्तु का हकदार न होने पर भी, सब कुछ अपने अनुसार पाना चाहता है। जीवन में निःस्वार्थ वृत्ति अपनाएं, आपको एक नेक व लोकप्रिय व्यक्ति बनते देर नहीं लगेगी। स्वार्थी व्यक्ति हमेशा छल-प्रपंचों से घिरा रहता है, जबकि निःस्वार्थ व्यक्ति दूसरों की संगति का आनंद पाता है। निःस्वार्थी व्यक्ति दूसरों की संगति का आनंद लेता है, जबकि स्वार्थी उनसे लाभ लेने का प्रयत्न करता है। निस्वार्थी कभी क्रोधित नहीं होता क्योंकि उसे प्रभु पर पूरा भरोसा होता है। ईश्वर उसे वही देता है, जिसका वह हकदार होता है। ऐसे से चर्चा करते समय, व्यक्ति बिना किसी बाधा के स्पष्टता का साक्षी हो सकता है। विषय से भटकाव भ्रम तथा गलतफहमियाँ पैदा करता है। बिना किसी स्वार्थ के, दूसरों को सुनने की कोशिश करें क्योंकि अगर हम अपने ही विषय में बात करते रहे तो हमारे मसलों का कोई अंत नहीं होगा।

4. **क्षमादान**- दूसरों को माफ करना सीखें। कटुता त्याग दें। जिन्होंने आपको ठेस पहुँचाई हो, उन्हें क्षमा करने का साहस रखें और सारी कड़वाहट

छोड़ दें। यदि आप माफी दे सकते हैं तो आप घृणा, जलन आदि नकारात्मक विचारों को भी दूर भगा सकते हैं। लड़ने की बजाए मेलजोल बढ़ाने में अपनी ऊर्जा व्यय करें। यदि किसी व्यक्ति के पास कुछ है ही नहीं तो वह दूसरे को कैसे दे सकता है, अतः क्रोध व घृणा से बचें अन्यथा अंततः क्रोध व घृणा ही बाँटना होगा। दूसरों को गलत साबित करने या जीतने की बजाए माफी देकर मामला निपटाना सीखें।

5. **आत्मक्षमा**- कई बार व्यक्ति अपने ऊपर ही क्रोधित हो जाता है। यदि अपराधबोध महसूस हो तो इस बारे में ज्यादा न सोचें व स्वयं से कहें कि आप भगवान नहीं है। केवल ईश्वर से ही कभी भूल नहीं होती, मनुष्य कभी संपूर्ण नहीं हो सकता। ईश्वर तथा मनुष्य में यही अंतर है किंतु यह भी याद रखें कि अपनी गलती कभी न दोहराएं।
   यह कभी न मानें कि आप जो जीवन जी रहे हैं, आपको उसे जीने की इजाज़त नहीं दी गई। अपने-आपको दंड देना बंद करें व स्वयं से प्यार करना शुरू करें।
6. **ईश्वर**- अपने सारे काम ऐसे करें मानो ईश्वर के प्रति कर्तव्य निभा रहे हों। यदि आप अपने कर्म प्रभु को समर्पित कर देंगे तो आपको कभी कोई दुःख नहीं होगा तथा कर्मफल की चिंता भी नहीं सताएगी।

यदि आप क्रोधित हों तो अपने मन को रचनात्मक दिशा में लगाने की कोशिश करें। यदि बात करते-करते क्रोध आ जाए तो बड़े तरीके से बात का विषय बदल दें या विनम्रता से कोई बहाना बनाकर कमरे से बाहर निकल जाएं। क्रोध दिलाने वाले व्यक्ति अथवा बात के विषय में न सोचें। उस गतिविधि पर ध्यान दें, जो आपको बेहद पसंद हो।

यदि यह उपाय भी कारगार न हो तो प्रभु का चिंतन करें तथा सोचें-

"इससे पूर्व अनेक जन्मों में मैं क्रोधित हुआ तथा अपना नुकसान किया। क्रोध तो चला गया किंतु हानि मुझे हुई, परंतु अब मैं क्रोध रूपी विचारों को अपने वर्तमान जीवन को नुकसान नहीं पहुंचाने दूंगा।"

किसी एकांत स्थल में जाकर ध्यान लगाएं। किसी से लड़ाई के तुरंत बाद आत्मविश्लेषण न करें, क्योंकि उस समय व्यक्ति नकारात्मक विचारों से घिरा होता है और इसलिए किसी भी वस्तु की प्रशंसा करने की स्थिति में नहीं होता।

एक दूसरी विचारधारा के अनुसार किसी की भलाई के लिए किया गया क्रोध बुरा नहीं होता।

सच है, यदि आप किसी दूसरे की भलाई के लिए, उसे सहारा देने के लिए क्रोधित हैं, तो उसे सात्त्विक ही माना जाएगा। हालांकि यही पहला और आखिरी आश्रय नहीं है। इसे भौतिक प्रकृति का नियम तो मानेगा किंतु आध्यात्मिक प्रकृति का नियम इसकी हामी नहीं भरता, क्योंकि आध्यात्मिक प्रकृति का व्यक्ति जानता है कि सब कुछ भ्रम है, आम आदमी जिस चीज़ के लिए भी लड़ता है, उसमें कोई सच्चाई नहीं है। हकीकत यही है कि क्रोध की आदत चेतन या अवचेतन रूप से व्यक्ति के जीवन में दु:ख तथा पीड़ा लाती है और उसे सात्त्विक कर्मों के पथ से दूर ले जाती है, अत: क्रोध करना छोड़ दें।

❑

अध्याय 10

अनासक्ति

प्रायः भौतिक सुख-सुविधाओं से अनासक्ति की चर्चा आते ही व्यक्ति को लगने लगता है कि उसे अपनी सारी प्रिय वस्तुओं का त्याग कर देना होगा। वह उसी समय मानसिक चित्रण करने लगता है कि उसने एक साधु बनकर घर-परिवार छोड़ दिया है, वह गेरुए कपड़े पहनकर, लंबी दाढ़ी के साथ हिमालय की किसी गुफा में बैठा है या एक से दूसरे स्थान पर भटक रहा है। पर आप चिंता न करें हम यहां घर, परिवार या काम छोड़ने की बात नहीं कर रहे क्योंकि ऐसा करना तो, घर-परिवार से जुड़े कर्तव्यों से विमुख होना माना जाएगा। भगवद्गीता में कर्तव्य विमुखता को पाप कर्म की संज्ञा दी गई है।

भगवान श्री कृष्ण ने स्पष्ट रूप से कहा है- 'कर्म करना अति आवश्यक है क्योंकि इसके बिना तुम संसार में जीवित नहीं रह सकते। यदि तुम जीवित ही न रहे तो मेरे पथ पर कैसे चलोगे?

कर्तव्य-पूर्ति के अभाव में हम प्रकृति के साथ सामंजस्य नहीं बिठा सके। अनासक्ति अथवा विराग से मेरा अभिप्राय है 'सुख से आनंद की प्राप्ति पर सुखी न होना तथा दुःख मिलने पर दुःखी न होना अथवा समत्व भाव बनाए रखना।

दूसरे अध्याय के निम्नलिखित श्लोकों में प्रभु ने कहा है-

"हे अर्जुन! मन सहित इंद्रियों को वश में कर, मेरा पारायण न होने से मन के द्वारा विषयों का चिंतन होता है तथा विषयों का चिंतन करने वाले पुरुष का उन विषयों में मोह हो जाता है। उसी मोह से विषयों की कामना उत्पन्न होती है तथा कामना से विघ्न पड़ने से क्रोध उत्पन्न होता है।" (62)

"क्रोध से अविवेक उत्पन्न होता है तथा अविवेक से स्मरण शक्ति भ्रमित हो जाती है, स्मृति भ्रम होने से बुद्धि का नाश होता है तथा पुरुष अपने श्रेय साधन से गिर जाता है।" (63)

"परंतु स्वाधीन अंतःकरण वाला पुरुष रागद्वेष से रहित अपने वश में की हुई इंद्रियों द्वारा विषयों को भोगता हुआ अंतःकरण की प्रसन्नता प्राप्त करता है।" (64)

प्रभु ने प्रत्यक्ष रूप से अनासक्ति के पक्ष में तथा आसक्ति के विपक्ष में कहा है। श्लोक 62 में निःसंदेह देखा जा सकता है कि आसक्ति ही क्रोध, भ्रम तथा वासना का मूल कारक है, जिससे स्मृति व बुद्धि की भी हानि होती है। श्लोक 64 में भी हम देख सकते हैं कि अनासक्त व्यक्ति सदा प्रकृति के नियमों के साथ सामंजस्य रखते हुए कार्य करता है, उनके विरुद्ध नहीं जाता।

"जो पुरुष संपूर्ण कामनाओं को त्याग कर, ममतारहित, अहंकाररहित था। अपना पराया भाव न रखकर व्यवहार करता है। वह शांति प्राप्त करता है।" (71)

अनासक्ति तथा विराग का शांति से गहरा संबंध है। यदि आप इंद्रिय सुख, विषयवासना, अधिकार तथा झूठे अहंकार से दूर रहें तो शांति प्राप्त कर सकते हैं। अनेक व्यक्ति ऐसे भी हैं जो धन तथा मान के लोभ से कर्म नहीं करते। वे समाज सेवा को ही अपना ध्येय मानते हैं। ऐसे व्यक्तियों के पास धन तथा मान स्वयं चले आते हैं। यह प्रकृतिं का एक कूट नियम है। यदि आप भौतिक वस्तुओं के मोह में पड़ेंगे तो वे आपसे और भी दूर होती चली जाएंगी।

दूसरे अध्याय की श्लोक संख्या 9 में प्रभु ने कहा है-

"हे धनंजय! यह सब कर्म मुझे नहीं बांधते। मैं इन भौतिक गतिविधियों से अनासक्त तथा तटस्थ हूँ।"

यहां भगवान श्रीकृष्ण कहते हैं कि वे सभी भौतिक गतिविधियों से अनासक्त तथा निष्पक्ष हैं। वे किसी का भी पक्ष नहीं लेते। ईश्वर भी अपने लिए नियम कर्तव्यों का पालन करता है, यदि वह अपना कर्तव्य न निभाए तो उसके संसार में दुःख ही दुःख होंगे, और जनसंख्या की भी अति हो जाएगी अतः ईश्वर संपूर्ण अनासक्ति के साथ अपना कार्य कर रहा है।

यह आपको विरोधाभास लग सकता है क्योंकि इसे समझने में थोड़ा समय लगता है किंतु मेरा विश्वास रखें कि यह कोई विरोधाभास नहीं है, बस हमें यह समझने में थोड़ा वक्त लगाना होगा कि हम क्या चर्चा कर रहे हैं।

'अनासक्ति' का क्या अर्थ है। यदि परिवार, घर, कार्य आदि का त्याग कर साधु बनना अनासक्ति नहीं है तो इसका क्या अर्थ है? इसका अर्थ है कि आप फल की इच्छा न रखते हुए कर्म करें। हम यह मान चुके हैं कि ईश्वर निष्पक्ष है, अतः हमें यह भी जान लेना चाहिए कि वे किए गए प्रयासों के अनुरूप ही परिणाम देते हैं। संभवतः इस धारणा को समझना थोड़ा कठिन हो सकता है, क्योंकि व्यक्ति को बचपन से ही सिखाया जाता है कि उसे लक्ष्य तय करके उसकी पूर्ति करनी है। जीवन में कोई अच्छा लक्ष्य रखना व पूरी ऊर्जा के साथ इसके लिए सुकर्म करना भी अच्छा है, लेकिन इसे तयशुदा अपेक्षाओं के आधार पर पूरा करना या इससे निश्चित प्रकार के परिणाम चाहना गलत है। वे परिणाम आपके कर्म के परिणाम से नहीं जुड़े हैं। यदि आपने लक्ष्य पूरा कर लिया तो आप तत्काल दूसरे कर्म से वैसा ही परिणाम चाहेंगे, यदि परिणाम अपेक्षित न हुआ तो अवसाद ग्रस्त व्यक्ति अपना आत्मविश्वास खो बैठता है। उस पर अनावश्यक दबाव पड़ता है और वह अपने संभावित स्तर से कहीं नीचे कार्य करता है।

रवींद्रनाथ टैगोर ने एक बार कहा था- "यदि आप संसार से कवि तथा उनकी कविताएं हटा दें तो आप शीघ्र ही पाएंगे कि उनकी ग़ैरहाज़िरी में मनुष्य ऊर्जा कैसे पाएगा? ये वे व्यक्ति नहीं जिन्होंने अपनी वस्तुओं को अधिकार में रखा, ये वे नहीं थे जो कर्तव्य की माला जपते रहे, ये वे नहीं थे जो अंत में जीते परंतु वे थे, जिन्होंने प्रेम किया। उन्होंने सच्चे अर्थों में समर्पण किया। उनहोंने पूरी शक्ति से पीड़ा को स्वीकारा तथा उसी शक्ति के बल पर पीड़ा का सामना किया। वे सच्चे आनंद के सर्जक थे, जिसे उन्होंने मोह से बहुत दूर पाया।"

भगवद्गीता में प्रभु ने स्पष्ट रूप से कहा है कि मस्तिष्क को ध्यान द्वारा तथा मोह-माया से दूर होकर ही वश में किया जा सकता है। जीवन में आध्यात्मिक अथवा भौतिक सफलता पाने के लिए आपको निष्पक्ष बनना ही होगा। अनासक्ति का अर्थ यह नहीं कि आपको जीवन का आनंद नहीं लेना चाहिए, बस इसका उद्देश्य भौतिक लाभों की बजाए संतोष व शांति पर केंद्रित होना चाहिए। इस अभ्यास में प्रसन्नता की तुलना में अधिक आनंद प्राप्त होता है। 'प्रसन्नता तथा आनंद' दो भिन्न शब्द हैं। जब मनुष्य अपने किसी स्वार्थ की पूर्ति करता है तो उस निजी लाभ के लिए उसे प्रसन्नता का अनुभव होता है। जब कोई व्यक्ति निजी स्वार्थ से ऊपर उठकर दूसरों की भलाई करता है तो उसे आनंद का अनुभव होता है।

आनंद का स्रोत हमारे हृदय के भीतर है तथा प्रसन्नता भौतिक सुख-सुविधाओं से प्राप्त होती है। अगली बार जब भी आप निःस्वार्थ भाव से किसी की सहायता करें तो उस आनंदमयी भावना के साक्षी हो यह तय करें कि आप प्रसन्नता की बजाए उस आनंद को अनुभव करेंगे, यही अनासक्ति है। अनासक्ति में प्रभु के प्रति आत्मसमर्पण, दूसरों के लिए व भलाई के लिए त्याग, क्षमता, सदाचार व प्रेम शामिल है।

प्रभु के प्रति समर्पण

यहाँ भगवद्गीता से श्लोक दिए जा रहे हैं, जिनमें प्रभु ने स्पष्ट रूप से कहा है कि हमें अपने कर्म प्रभु को समर्पित कर देने चाहिए। जब कोई परिणामों के प्रति अनासक्त होना सीख लेता है तो वह चिंतारहित व आनंदी व्यक्ति के रूप में अपने कर्तव्यों की पूर्ति कर पाता है। उसके अवसाद, अपेक्षा, तनाव, घृणा, नकारात्मकता व अनावश्यक चिंता ओझल हो जाएंगे। कार्य करने की क्षमता में भी कई गुना वृद्धि होगी क्योंकि व्यवित ईश्वर को न केवल चारों ओर पाएगा बल्कि दिव्य रूप में एक मित्र तथा विश्वास पात्र भी पाएगा।

लोग प्रायः कहते हैं कि अर्जुन सौभाग्यशाली था। उसने युद्ध की कठिनाइयों में प्रभु को अपने पास पाया किंतु वे अभागे हैं, क्योंकि प्रभु उनके साथ नहीं हैं। ऐसे व्यक्ति कभी नहीं जान पाते कि प्रभु सर्वत्र हैं। यदि उन्हें स्मरण किया जाए तो वे सदा सहायक होते हैं। ऐसे व्यक्तियों के पास अपने कष्टों का रोना रोने के लिए बहुत समय होता है, किंतु प्रभु-स्मरण के लिए समय नहीं होता। दुर्भाग्यवश, प्रायः ईश्वर को दुःख या जरूरत के समय ही याद किया जाता है। व्यक्ति को रोने-बिसूरने का समय तो मिल जाता है, किंतु केवल ईश्वर को स्मरण करने का समय नहीं है।

आइए, महान ग्रंथ व महाकाव्य महाभारत का एक और उदाहरण लें। यहां मैं आपको एक रोचक प्रसंग सुनाना चाहता हूँ, जब पांडव जुए में अपना ध न तथा संपत्ति हार गए तो उन्होंने द्रौपदी को भी दांव पर लगा दिया। कौरवों ने द्रौपदी के चीरहरण द्वारा उसका अपमान करना चाहा। जब प्रभु ने द्रौपदी का चीर बढ़ाकर लाज रख ली तो द्रौपदी ने उनसे देर से आने का कारण पूछा। प्रभु ने शांत भाव से द्रौपदी को उत्तर दिया।

'मैं आने में देर नहीं लगाता परन्तु तुमने संकट की घड़ी में अपने पति, भीष्म पितामह तथा गुरु कृपाचार्य को पुकारा, परंतु वे तुम्हारी सहायता नहीं कर सके। ज्यों ही तुमने मुझसे मदद मांगी, मैं तुरंत आ गया। जैसे ही तुमने आत्मसमर्पण किया मैं शीघ्र ही पहुंच गया। अत: मैंने आने में देर नहीं की, तुमने आत्मसमर्पण करने में देर लगा दी।'

पांचवें अध्याय में प्रभु ने कहा-

"हे अर्जुन! जो पुरुष सब कर्मों को परमात्मा में अर्पण कर तथा लगाव त्याग कर कर्म करता है, वह पुरुष जल में कमल के पत्ते के समान पाप से लिप्त नहीं होता।" (10)

"अत: निष्काम कर्मयोगी कर्मों के फल को परमेश्वर को अर्पण करके भगवत-प्राप्तिरूप शांति को प्राप्त होता है तथा सकामी पुरुष फल में आसक्त होकर कामना के द्वारा बंधता है। अत: निष्काम कर्मयोग ही उत्तम है।"(12)

श्लोक संख्या 10 तथा 12 में स्पष्ट रूप से वर्णित है कि यदि आप अपने कर्म प्रभु को समर्पित करेंगे तो प्रभु की ओर से सकारात्मक उत्तर पाएंगे। आपको जीवन में शांति तथा संतुष्टि की प्राप्ति होगी। यही आज मनुष्य की सबसे बड़ी इच्छा है। यदि कोई व्यक्ति लोभी बनकर ईश्वर से परिणामों की अपेक्षा रखने लगता है तो वह जीवन के जंजाल में और भी उलझता जाता है और हमेशा भ्रमित रहता है। इसी से स्पष्टता का अभाव वित्तीय होता है तथा कर्म और भी बुरे हो जाते हैं।

चौथे अध्याय में प्रभु कहते हैं-

"हे पार्थ! जो मुझे जैसे भजते हैं, वे भी मुझे ऐसे ही भजते हैं। इस रहस्य को जानकर ही बुद्धिमान मनुष्य सब प्रकार से मेरे मार्ग पर चलते हैं।"

हमें भूलना नहीं चाहिए कि प्रभु के प्रति आत्मसमर्पण कर ही आपकी सफलता तथा असफलता की मात्रा स्थित होती है।

"जो पुरुष सांसारिक आश्रय से रहित सदा परमानंद परमात्मा में तृप्त है। वह कर्म के फल तथा अभिमान को त्याग कर कर्म में अच्छी तरह बरतता हुआ भी कुछ नहीं करता।" (20)

"संपूर्ण शरीर तथा अंत:करण को जीतने वाला तथा संपूर्ण योगों का त्याग करने वाला आशा न रखने वाला पुरुष केवल शरीर संबंधी कर्म करता हुआ भी पाप को प्राप्त नहीं होता।" (21)

सातवें अध्याय की श्लोक संख्या 14 में प्रभु ने कहा है-

'मेरी अलौकिक त्रिगुणमयी माया बहुत कठिन है परंतु जो पुरुष निरंतर मुझे भजते हैं, वे इस माया का उल्लंघन कर जाते हैं, अर्थात् संसार के भवसागर से तर जाते हैं।'

स्वयं को प्रभु के आगे समर्पित कर देने से ही आंतरिक शांति मिल सकती है।

तभी आप प्रकृति के तीनों रूपों पर विजय प्राप्त कर सकते हैं। धनी हो अथवा निर्धन, प्रभु के प्रति पूर्ण रूप से समर्पित हुए बिना प्रसन्न नहीं रह सकता। बाहर से चाहें प्रसन्न जान पड़ें किंतु वह भीतर से अप्रसन्न ही रहता है। प्रत्येक व्यक्ति दूसरों से मेल-जोल करते समय बेहतर बनने की कोशिश करता है। अत: ऐसे व्यक्ति जीवन में कभी सफल नहीं हो पाते जो स्वयं को ही अपने कर्मों तथा भाग्य का नियंता मानते हैं।

त्याग

जब तक व्यक्ति अनासक्त नहीं होगा, सही मायनों में त्याग संभव नहीं है। सच्चे त्याग का अर्थ यह होगा कि व्यक्ति कुछ पाने की इच्छा बिना, स्वेच्छा से कोई चीज दे। हममें से अधिक लोग इस आदर्श का पालन नहीं करते क्योंकि हम जिस समाज में जी रहे हैं, वह हमें 'जैसा को तैसा' का नियम सिखाता है। इस भौतिकवादी जगत में हमें सर्वाधिक प्रभावी, शक्तिशाली, धनी व समृद्ध व्यक्तियों के प्रति भला रहना सिखाया जाता है, क्योंकि माना जाता है कि ये लोग अपनी तरह हमारी भी किस्मत चमका सकते हैं। यही नजरिया हमें यह भी सिखाता है कि अपने से हीन तथा ऐसे व्यक्तियों की ज्यादा परवाह नहीं करनी चाहिए जो हमारी कोई सहायता नहीं कर सकते। आप स्वयं से पूछें कि ऐसा करना उचित है? निश्चित रूप से आप सबका उत्तर न में होगा।

किंतु हमने वर्षों से इस अभ्यास को निरंतर जारी रखा हुआ है और हम इसे आने वाली पीढ़ियों को सौंपते रहते हैं। माता-पिता दावा करते हैं कि वे बहुत अच्छे तरीके से बच्चे का पालन-पोषण कर रहे हैं किंतु माता-पिता में स्वाभाविक रूप से 'तेरे-मेरे' की प्रवृत्ति आ जाती है जो उनके स्वार्थी होने की सूचक है। इससे पता चलता है कि वे भी स्वार्थवश बालक का हर संभव पालन-पोषण करना चाहते हैं।

मोह माया से दूर होकर आप सच्चे रूप से त्याग नहीं कर सकते। सच्चा त्यागी कभी कोई इच्छा नहीं रखता। मैं जानता हूँ कि यह शब्द हमारे गले के नीचे नहीं उतर सकता क्योंकि हम ऐसे युग में जी रहे हैं, जहां 'जैसे को तैसा' का मंत्र जपा जाता है। संसार हमें सिखाता है कि हमें शक्तिशाली, धनी तथा प्रभावी शक्तियों के आगे झुकना चाहिए क्योंकि वे हमें अपने जैसा बना सकते हैं। संसार हमें अपने से छोटे व्यक्तियों की उपेक्षा करना भी सिखाता है।

तीसरे अध्याय में प्रभु ने कहा है-

"यज्ञ से शेष बचे हुए अन्न को खाने वाले श्रेष्ठ पुरुष सब पापों से छूटते हैं, जो पापी अपने शरीर-पोषण के लिए ही अन्न पकाते हैं, वे तो पाप को ही खाते हैं।" (13)

"क्योंकि संपूर्ण प्राणी अन्न से ही उत्पन्न होते हैं तथा अन्न की उत्पत्ति वर्षा से होती है तथा वर्षा यज्ञ से होती है तथा यज्ञ कर्मों से उत्पन्न होने वाला है।'"(4)

"हे पार्थ! जो पुरुष इस प्रकार इस लोक में चलाए हुए सृष्टिचक्र के अनुसार व्यवहार नहीं करता, वह इंद्रिय सुख को भोगने वाला पाप आयु पुरुष व्यर्थ ही जीता है।'"(16)

चौथे अध्याय की श्लोक संख्या 31 में प्रभु कहते हैं-

"हे अर्जुन! त्याग के बिना कोई भी व्यक्ति इस जीवन में अथवा इस पृथ्वी पर सुखी नहीं रह सकता, फिर दूसरे लोक की क्या कहें।'"

नौवें अध्याय में प्रभु कहते हैं-

"हे अर्जुन! संपूर्ण यज्ञों का भोक्ता तथा स्वामी मैं ही हूँ। परंतु वे मुझे यज्ञ स्वरूप परमेश्वर को तत्त्व से नहीं जानते। इसलिए पुनर्जन्म को प्राप्त होते हैं।"' (24)

"हे अर्जुन! तू जो कुछ कर्म करता है। भोजन करता है। हवन करता है, दान देता है तथा अपने धर्मों पर चलकर तप करता है, वह सब मुझे अर्पण करो।" 27)

सत्रहवें अध्याय में प्रभु ने कहा है-

"फल की कामना न रखने वाला शास्त्रविधि से कर्तव्य मानकर किया गया यज्ञ सात्त्विक कहलाता है।" (11)

"हे अर्जुन! जो यज्ञ केवल देने के लिए तथा फल के उद्‌देश्य को ध्यान में रखकर किया जाता है, उसे तू राजस जान।" (12)

"शास्त्रविधि से हीन तथा अन्नदान से रहित एवं मंत्रों तथा दक्षिण के बिना श्रद्धा न रखते हुए यज्ञ तामस कहलाता है।" (13)

"हे अर्जुन! दान देना ही कर्तव्य है इस भाव से जो दान वेश, काल, पात्र के प्राप्त होने पर बदले में किया गया उपकार को न करने वाले को दिया जाए, उसे सात्त्विक कहा गया है।" (20)

"जो दान क्लेशपूर्वक अपना सांसारिक कार्य सिद्ध करने की आशा से अथवा फल को उद्देश्य मानकर दिया जाए उसे राजस कहा गया है।" (21)

"जो दान आदर न करके अयोग्य देशकाल में कुपात्रों के लिए अर्थात् चोरी आदि नीच कर्म करने वालों के लिए दिया जाए, उसे तामस कहा जाता है।" (22)

"वेदों का कथन करने वाले श्रेष्ठ पुरुषों की शास्त्रविधि से नियत की हुई यज्ञ, दान तथा तपरूप क्रियाएं सदा ओम् उच्चारण से ही आरंभ होती हैं।" (24)

"हे पार्थ! श्रद्धा न रखकर हवन, दान तथा तप आदि कर्म असत् कहलाते हैं तथा न तो इस लोक में लाभदायक होते हैं और न ही दूसरे लोक में।"(28)

अट्ठारहवें अध्याय के पांचवें श्लोक में प्रभु ने कहा-

'यज्ञ, दान तथा तपरूप कर्म त्यागने के योग्य नहीं है। यह तो एक कर्तव्य है, क्योंकि यज्ञ, दान तथा तप यह तीनों ही बुद्धिमान पुरुषों को पवित्र करने वाला है?'

यह उन्हीं के पिछले कर्म हैं, जो दुखों तथा कष्टों के रूप में सामने आते हैं। याद रखें कि जीवन एक निरंतर चलने वाली प्रक्रिया है तथा प्रभु पक्षपाती नहीं है।

प्रेम

प्रेम शब्द सुनते ही लोगों के दिमाग में अपने माता-पिता, बहन-भाई पुरुष अथवा स्त्री मित्र के चेहरे घूमने लगते हैं। तथा प्यार में तनाव तथा अलगाव आ जाता है। यदि प्रेम शुद्ध तथा दिव्य है तो इसमें अलगाव क्यों आ जाता है? इसका कारण है 'स्वार्थ पर आधारित प्रेम'। इस प्रेम के आधार पर आप सदा कुछ लोगों से जुड़े रहते हैं।

प्रेम सभी शर्तों अथवा सीमाओं से ऊपर होना चाहिए ताकि आप प्रत्येक व्यक्ति को बिना किसी भेदभाव से अपना सकें। आप पूछ सकते हैं कि जिसे जानते नहीं, उससे प्रेम कैसे किया जा सकता है? परंतु आपको सबसे समान भाव से प्रेम करना ही होगा।

प्रत्येक व्यक्ति को एक ही नजर से देखें। हम जानते हैं कि प्रभु सर्वत्र तथा सबके हृदय में निवास करते हैं। ऐसे में यदि हम भेदभाव रखे हैं तो इसका अर्थ होगा कि हम ईश्वर तथा उनके विधानों की अवहेलना कर रहे हैं। अतः सबसे एक-सा व्यवहार रखें। हो सकता है, इस अभ्यास में आपको परेशनी हो किंतु कुछ ही दिनों में आप इसके आदी हो जाएंगे।

माता-पिता अपने बच्चों की तरक्की चाहते हैं। वे बच्चों के लिए अपने जीवन का भी बलिदान कर देते हैं। बच्चों की अच्छी शिक्षा तथा रहन-सहन के लिए वे रिश्वत तथा जालसाजी से भी नहीं घबराते परंतु वे यह भूल जाते हैं कि प्रभु निरंतर उन्हें देख रहे हैं।

जब वही बच्चे बड़े हो जाते हैं तो माता-पिता अपने द्वारा किए गए बलिदान याद दिला कर उनसे अपेक्षा करते हैं कि वे उनकी इच्छाओं तथा आदेशों का पालन करेंगे व उनका उत्तरदायित्व लेंगे। माता-पिता भूल जाते हैं कि पुत्र का अपने परिवार के प्रति भी नैतिक कर्तव्य बनता है। इस प्रकार कलह चलती रहती है। कई बार ऐसा होता है कि अपने माता-पिता की कामनाओं तथा स्वार्थ से तंग आ कर बच्चे उनसे अनासक्त हो जाते हैं। ऐसी दशा में माता-पिता को कष्ट भी उठाने पड़ते हैं। ऐसे बच्चों से मैं कहना चाहूंगा–

'अच्छे तथा बुरे में भेद करना सीखो। परिस्थिति चाहे जो भी हो, डट कर सामना करो। माता-पिता द्वारा किए गए बलिदान को सदा याद रखो तथा अपने पति/पत्नी को भी सम्मान दो।'

स्वार्थ पर आधारित प्रेम- यह आपके जीवन को केवल तनाव तथा अवसाद ही दे सकता है। निम्न बिंदुओं पर ध्यान दें-

धन के लिए प्रेम, यश की इच्छा, ध्यान तथा देखभाल, पालन-पोषण।

धन के लिए प्रेम-धन के लिए प्रेम से प्रायः तनाव उत्पन्न होता है। धन कमाने में कोई बुराई नहीं, परंतु इसे गलत तरीके से कमाना बुरा है। धन का विचार आते ही व्यक्ति ऐसे लोगों से दूरी बनाने लगता है, जो इस बारे में कोई अहमियत नहीं रखते, यहाँ तक कि अपने परिवार को भी उपेक्षित कर देता है। वह जरूरत से ज्यादा सावधान हो जाता है और ऐसे लोगों को चाहने लगता है, जो उसकी धन प्राप्ति की इच्छा में सहायक हो सकते हैं कुछ लोगों के लिए धन जीवन से भी बड़ा होता है, वे इसे पाने के लिए किसी भी हद तक जा सकते हैं। धन के लिए प्रेम इतना अधिक होता है कि वे परिवारों को त्यागने

के लिए भी तत्पर हो जाते हैं। जब परिवार उपेक्षित होने की शिकायत करते हैं तो उत्तर मिलता है 'तुम्हारे लिए ही तो ये सब कर रहा हूँ।' आजकल लोग अवसर पाते ही विदेश जाने को तैयार हो जाते हैं, जैसे ग्रामीण लोग गाँवों से शहर आ जाते हैं ताकि अधिक धन कमा सकें। वे शहरों में इसलिए नहीं आते कि गाँव में उनके लिए भोजन नहीं है, बल्कि अधिक धन पाने की लालसा ही उन्हें वर्षों घर-परिवार से दूर रखती है। इन सबसे तनाव पैदा होता है। यह इसलिए होता है क्योंकि वे अपनी ही स्वार्थी इच्छाओं से बँधे हैं। धन का जुड़ाव उन्हें परिवार से तोड़ देता है, इस प्रकार वे स्वयं को एक स्वार्थी इच्छा से तोड़कर दूसरे स्वार्थ से जोड़ देते हैं।

पालन-पोषण तथा देखभाल- इस विषय में हम चर्चा कर ही चुके हैं। माता-पिता अपने स्वार्थों की पूर्ति के लिए बच्चों पर अपना हक जताने लगते हैं। उन्हें लगता है कि बच्चे उनके शरीर का एक हिस्सा हैं इसलिए वे उन पर पूरा अधिकार रखते हैं, वे यह भूल जाते हैं कि केवल ईश्वर ही सब पर अधिकार रखते हैं, कोई दूसरा नहीं।

यश अथवा प्रसिद्धि की इच्छा- केवल प्रसिद्धि की चाह रखने वाले व्यक्ति अपने से छोटे तथा हीन व्यक्तियों से संपर्क नहीं रखते। वे धनी-मनी व्यक्तियों के पीछे भागते हैं। वास्तव में उन्हें प्रसिद्धि के अतिरिक्त किसी से प्रेम नहीं होता।

कई लोगों के मन में प्रसिद्धि की गहरी चाह होती है। वे जहाँ भी रहें, लोगों से घिरे रहें व प्रशंसा पाएं वे दूसरों का ध्यानाकर्षण तथा सम्मान चाहते हैं। समृद्ध होने, पहचाने जाने व प्रशंसा पाने की यह विचित्र इच्छा, केवल उनके लिए नहीं बल्कि दूसरों के लिए भी हानिकारक होती है।

वे इस लगाव के लिए किसी भी हद तक जाने को तैयार होते हैं। जीवन में इस प्रकार के स्वार्थी प्रेम का कोई स्थान नहीं होना चाहिए।

क्षमा

क्षमा, प्रेम व सामंजस्य का महान स्रोत है। यदि सभी इसे जीवन में प्राथमिकता देने लगें, तो तनाव व अस्तव्यस्ता का नामोनिशान मिट जाएगा। आजकल 'माफ कीजिए' एक आम शब्द है। सही मायने में इसका अर्थ है कि शब्द बोलने वाला व्यक्ति माफी माँग रहा है अन्यथा दंड मिल सकता है, जो कि गंभीर भी हो सकता है। क्षमादान का एक प्रसंग सुसमाचार में भी आता

है। कुछ व्यक्ति एक महिला को व्यभिचार के आरोप में ईसामसीह के सामने लाए और उनसे कहा "स्वामी, यह महिला व्यभिचारिणी है, हमें मूसा ने कहा है कि इसे पत्थरों से मारना चाहिए, आप क्या कहते हैं?''

ईसा ने कोई उत्तर नहीं दिया किंतु वे बार-बार पूछते रहे तो उन्होंने कहा, "आप सबमें से पहला पत्थर वही मारे, जिसने कभी पाप न किया हो।'' यह सुनते ही लोगों को अपनी भूल का एहसास हुआ और वे एक-एक करके वहाँ से चले गए। जब ईसा उस महिला के साथ अकेले रह गए तो उन्होंने पूछा, "वे दोष लगाने वाले कहाँ गए? क्या किसी ने तुम्हें दोषी नहीं ठहराया," 'उसने कहा, "प्रभु, नहीं," तब जीसस बोले, "मैं भी तुम्हें दोषी नहीं ठहराता; जाओ अब पाप न करना।''

आज हमारा समाज क्षमा के विषय में बात तो करता है किंतु ऐसा कोई अवसर आते ही उसका व्यवहार बदल जाता है। शायद यही कारण है कि अपराधों में लिप्त व्यक्तियों को सामान्य जीवन जीने का अवसर ही नहीं मिल पाता। क्षय रोग आदि रोगों से ग्रस्त रोगियों को परिवार तथा समाज अपनाने से इंकार कर देता है, जबकि इसमें उनका कोई दोष नहीं होता। आधुनिक युग में क्षमा एक शब्द मात्र रह गया है।

यदि आप जीवन में सफल होना चाहते हैं तो आपको क्षमा भाव अपनाना होगा क्योंकि यह प्रभु का ही एक रूप है। मैं यह नहीं कहता कि आप दूसरों को गलती का एहसास कराए बिना क्षमा कर दें। कृपया इसे उपेक्षित न करें क्योंकि हो सकता है, वह व्यक्ति न जानता हो कि वह क्या कर रहा है। ऐसे व्यक्ति से नम्रता:पूर्वक पेश आएं।

याद रखें कि यदि आप इन सबसे लगाव नहीं रखते हैं तो उसकी बुराई आपका कुछ नहीं बिगाड़ सकती है और न ही आपके दिल को ठेस पहुंचा सकती हैं यदि वह व्यक्ति आपकी सहायता लेना चाहे तो पीछे न हटें ताकि वह अपनी भूल न दोहराए। सजगतापूर्वक लोगों को क्षमादान दें। शीघ्र ही आप अनासक्ति का आनंद ले पाएंगे।

आत्म-क्षमादान- कोई भी गलत काम होने पर अपने-आप को क्षमा कर दें तथा उस भूल को भविष्य में न दोहराने का संकल्प लें परंतु हममें से अधिकतर ऐसा कर नहीं पाते। हम अपने कर्मों से भी बँधे हैं। हमें अपने पर गर्व है अत: जब कभी जाने-अनजाने गलती करते हैं, तो हमें पछतावा होता है। मान लें कि आपके किसी अच्छे कर्म ने भी किसी के दिल को ठेस पहुँचाई

है, उसे उदास कर दिया है तब भी क्या आपको अपने प्रति कड़ाई बरतते हुए पछतावा करना चाहिए? इसका उत्तर 'न' ही होगा क्योंकि जब आपने कुछ गलत ही नहीं किया तो पछतावा कैसा? हालांकि सुनने में यह सच्चाई कड़वी लग सकती है। आत्म-क्षमादान से शरीर, मन व आत्मा; सामंजस्य की अवस्था में आते हैं।

आत्मक्षमा से आपका शरीर, आत्मा तथा मस्तिष्क एक-दूसरे से सामंजस्य बिठा पाते हैं। यदि आपने जान-बूझकर भी कोई गलती की है तो भी स्वयं को क्षमा देने का प्रयास करें अन्यथा आपके विचारों में नकारात्मकता बढ़ जाएगी, जिससे स्थिति और भी बुरी हो सकती है।

कोई भी व्यक्ति अपने-आप में संपूर्ण नहीं होता। यदि आपने किसी दिशा में प्रयास किया तो यह आवश्यक नहीं कि आप सफल हो ही जाएंगे। यदि आप पराजय की ग्लानि से न उभरे तो इसका कुप्रभाव आपके अगले कार्य पर भी पड़ सकता है।

प्रकृति व स्वयं से सामंजस्य बनाए रखने के लिए व्यक्ति को, अतीत को बुरे सपने की तरह भूल जाना चाहिए व पिछली गलतियों से सबक लेते हुए, भविष्य में उन्हें न दोहराने का संकल्प लेना चाहिए।

थामस एडीसन को कम से कम दस हजार बार निराश होना पड़ा, किंतु उसने हर बार अपने-आप को माफ कर दिया अन्यथा वह कभी भी सफल नहीं हो पाता। यदि वे अपनी गलतियों पर बिसूरता रहता तो दुनिया में क्रांति नहीं ला सकता था। जो बीत गया, उस पर सिर धुनने से क्या लाभ। दृढ़ संकल्प के साथ लक्ष्य प्राप्ति के लिए जुट जाएं व समय सीमा से न जुड़ें क्योंकि वह आपके वश में नहीं है।

सदाचार

एक अनासक्त व्यक्ति में ईमानदारी के गुण कूट-कूट कर भरे होते हैं। वह अपने कर्मों के फल की चिंता नहीं करता। वह कोई ऐसा कार्य नहीं करता, जिसके कारण उसे व्याकुल होना पड़े। जैसा कि आप जानते हैं कि प्रभु को धोखा नहीं दिया जा सकता तथा उसकी गणना में भी कभी भूल नहीं होती। हम सब जानते हैं कि सब वही पाते हैं, जिसके वे असली हकदार होते हैं।

अब तो उस प्रभु में आपकी आस्था पहले से कहीं मजबूत हो गई होगी. ... आपको यह विश्वास भी होगा कि कर्म आपके हाथ में तथा कर्मफल प्रभु

के हाथ में है। यदि आपके सदाचार, ईमानदारी तथा नैतिक मूल्यों से समझौते का प्रश्न आए तो आपको कम से कम दो बार विचार कर लेना चाहिए।

इस युग में पाप व अत्याचार का बोलबाला है। व्यक्ति प्राय: धन तथा यश की चाह में अपनी सत्यनिष्ठा से समझौता करते हैं। वे ऐसा इसलिए करते हैं क्योंकि उन्हें भ्रम है कि केवल धन ही उनके परिवारों को प्रसन्नता दे सकता है। वे धन तथा आरामदायक जीवन स्तर से इतना लगाव पाल लेते हैं कि उसे पाने के लिए किसी भी हद तक जाने को तैयार होते हैं। बेशक यह प्रकृति के नियमों के विरुद्ध है। अनजान लोग अधिक से अधिक संख्या में, पाप कर्मों में लिप्त हैं, तभी हम इतना दु:ख, पीड़ा व तनाव पाते हैं। दु:ख शब्द केवल निर्धन से नहीं बल्कि उन धनी व्यक्तियों से भी जुड़ा है क्योंकि वे भी पीड़ित हैं। अपने कुकर्मों के कारण ही उनकी यह दशा है। याद रखें कि हर चमकने वाली वस्तु सोना नहीं होती, अत: यदि आप सोचते हैं कि सभी हस्तियाँ, राजनीतिज्ञ व व्यवसायी बहुत प्रसन्न हैं, तो एक बार फिर से सोचें।

आसक्ति के बिना ईमानदार व सत्यनिष्ठ बने रहना कठिन है। यदि आप धन के मोह में पड़े हैं तो ईमानदारी और बेईमानी के बीच का अंतर तक नहीं जान पाएंगे। यह भी हो सकता है कि आप स्वार्थ की पूर्ति के लिए नाजायज तरीके से धन कमाने लगें। यदि आप धन के मोह में नहीं हैं तो वित्तीय दशा खराब होने के बावजूद आप अनुचित साधन से धन कमाने के प्रस्ताव को टाल देंगे। यदि किसी धनी व्यक्ति को उपहार के रूप में नकद मिले, तो उसे उस उपहार से नहीं बल्कि उसमें छिपी भावना से मोह होगा जबकि जिसके पास पैसा नहीं है, ऐसा व्यक्ति दिए गए उपहार या नकद से ही भावनाएं तौलेगा। अत: भौतिक वस्तुओं से मोहग्रस्त व्यक्ति कभी ईमानदारी से नहीं जी सकता क्योंकि इससे उसके मन की भूख झलकती है। वहीं दूसरी ओर अनासक्ति; संतोष, शांति की सूचक है।

यदि दूसरों के साथ ईमानदार होना चाहें तो पहले अपने प्रति ईमानदार हों। ऐसा तभी हो सकता है, जब आप हमेशा फायदा/नुकसान न सोचें। जो लोग हमेशा अपने प्रयासों के परिणामों के विषय में सोचते रहते हैं, वे असंतुष्ट रहते हैं। इन अन्वेषण में उन्हें यही लगता रहता है कि प्रयत्नों की तुलना में लाभ कम हो रहे हैं। यदि किसी व्यक्ति को लगता है कि वह अपने काम की तुलना में अधिक वेतन पा रहा है तो वह उस नौकरी व पद पर बने रहने की कोशिश करता है। संभवत: यही कारण है कि सार्वजनिक उपक्रमों के कर्मचारी

निजीकरण का विरोध कर रहे हैं क्योंकि उन्हें अपनी क्षमता का पता है। उन्हें डर रहता है कि कहीं नए कर्मचारी उनका स्थान न ले लें।

तटस्थ व्यक्ति का मनोभाव

- *कार्य की उपेक्षा नहीं करता।*
- *लोभ में नहीं पड़ता तथा अनासक्त रहता है।*
- *वस्तुओं के मामले में अनिर्णय की स्थिति नहीं होती।*
- *वह वस्तुओं को उतनी ही स्पष्टता से देखता है, जिस तरह योगी जीवन के उद्देश्य को स्पष्टत: देख सकता है।*
- *वह बेईमान होने की बजाए त्याग करने को तत्पर रहता है।*
- *वह झूठ बोलने या धोखा देने में अक्षम होता है।*
- *प्रत्येक का भरोसा जीत लेता है।*

❑

संदर्भ सूची

- भगवत गीता. लेखक ए.सी. भक्ति वेदांता स्वामी प्रभुप्रदा (भक्ति वेदांता बुक ट्रस्ट 1972)
- द पॉवर ऑफ योअर ड्रिम्स (पियातकूस 1992)
- ऑटोबायोग्राफी ऑफ ए योगी लेखक परमहंस योगानंद (सेल्फ-रियलाइज्ड फैलोशिप 1974)
- द होली साइंस लेखक श्री श्री स्वामी श्री युक्तेश्वर गिरी (1990)

डायमंड बुक्स नये प्रकाशन
नेटवर्क मार्केटिंग
संभावनाओं की अनंत दुनिया
लेखक सूर्या सिन्हा
#1 BEST SELLER
नेटवर्क मार्केटिंग के लिये एक बेहतरीन मार्गदर्शिका
आधुनिक दुनिया और चाणक्य नीति
वर्तमान युग में चाणक्य नीति की सटीकता की खोज
सूर्या सिन्हा
काबिल बनो आगे बढ़ो
- सूर्या सिन्हा
'काबिल बनो, आगे बढ़ो'
जानिए कैसे हम अपनी काबिलियत को बढ़ाकर सफलता की ओर अग्रसर हो सकते हैं और क्यों काबिल बनना इतना जरूरी है।
सोच बदलो जीवन बदलो
लेखक सूर्या सिन्हा
Best Seller
सद्विचारों की रोशनी दुर्भाग्य के अंधकार को खत्म कर देती है
मेरी कहानी
जवाहरलाल नेहरू
हिन्दुस्तान की कहानी
जवाहरलाल नेहरू
पिता का पत्र पुत्री के नाम
जवाहर लाल नेहरू
विश्व इतिहास की एक झलक
संक्षिप्त
जवाहरलाल नेहरू
डॉ. बाबासाहेब आंबेडकर
मेरी आत्मकथा
मेरी कहानी, मेरी जुबानी
अछूत कौन थे और वे अछूत कैसे बने?
डॉ. बी.आर. अम्बेडकर
भगत सिंह की जेल डायरी
भगत सिंह
मैं नास्तिक क्यों हूं
डायमंड बुक्स
X-30, Okhla Industrial Area, Phase-II New Delhi-110020
Ph: 011-40712200 email : wecare@diamondbooks.in www.diamondbooks.in